기독교인으로 바로 살기

홍혁기 편저

기독교 기본신앙 시리즈 2

기독교인으로 바로 살기

초판 1쇄 인쇄일	2014년 1월 23일
초판 1쇄 발행일	2014년 1월 24일

지은이	홍혁기 편저
펴낸이	정구형
책임편집	윤지영
편집/디자인	심소영 신수빈 이가람
마케팅	정찬용 권준기
영업관리	김소연 차용원 현승민
컨텐츠 사업팀	진병도 박성훈
인쇄처	월드문화사
펴낸곳	북치는마을

등록일 2006 11 02 제2007-12호
서울시 강동구 성내동 447-11 현영빌딩 2층
Tel 442-4623 Fax 442-4625
www.kookhak.co.kr
kookhak2001@hanmail.net

ISBN	978-89-93047-64-6 *04230
가격	15,000원

진리의 등대지기 홍혁기 목사

섭리란 얼마나 영묘靈妙한 것인가. 홍혁기 목사를 만난 것은 19 80년대 초, 그는 화가의 길을 가고 있던 젊은이였습니다. 진솔이라는 표현이 필요 없는, 아무것도 덧입지 않았고, 덜어낼 것도 없는, 있는 그대로의 사람이었습니다. 그의 친구였던 다른 화가 한韓 모 씨는 같은 시간 같은 자리에서 전도傳道를 받았고 수십 년간 친근하게 지냈건만 홍혁기 목사와는 반대의 길을 고집하다가 자기 갈 길로 갔습니다.

'그리스도인이 된다는 것은 고통이 덜하기는커녕 보통 사람들보다 더 고통스러운 길을 가는 것'임을 터득한 홍 목사의 30여 년은 결코 평탄하지만은 않았습니다. 다만 '고난이 내게 유익有益임'을 깨닫고, 진정 좋은 것은 아직 오지 않았다는 믿음만을 붙들고 지금에 이르렀습니다. 대도회의 번쩍거리는 대형교회에 비하여 가난하고 가난한 '낮은교회'의 목회자 홍혁기 목사는 학설學說이 아닌 신앙의 삶, '먼저 하나님의 나라와 그 의義를 구하는' 구도자求道者의 길을 묵묵하게 걸어왔습니다.

이번에 출간되는 『기독교 기본신앙 시리즈』는 하나님의 나라, 믿음, 십자가, 복음, 성령, 영생, 죄, 회개에 대하여 극명克明하기보다는 예수 그 분의 눈길처럼, 그 분의 음성처럼 잔잔하게 그리고 따뜻하게 본질을 따라 기록한 복음의 해설서입니다. 그가 지금까지 지켜온 절대 진리를 잔잔하나 생명의 불꽃으로, 신자들 가야만 할 영적인 좁은 길을 안내하는 등불로 밝히는 글입니다. 예수께서는 우리를 향하여 '진리가 너희를 자유롭게 하리라' 하셨지만 자유를 어떻게 누려야 할는지, 어떻게 지켜야 할는지 모르고, 오히려 자유를 두려움에 빼앗기는 현대인들을 향하여 진정한 자유가 어떤 것인지 증언한 글입니다.

특히 '신자信者는 문화의 비평가가 되어야 한다'는 2권에서의 홍 목사의 주안점은 과학발달과 편리, 디지털 시대에 이르러 여가, 취미라는 명목으로 눈과 마음과 영혼을 빼앗기며 살아가는 기독교 신앙인들이 이 시대를 어떻게 수용해야 하는가를 밝혀준 글입니다.

방대한 이 책에서는 분석의 힘과 인용의 지혜에서 창조적인 힘을 얻어 그 분께로 다가가는 영혼의 지평을 넓혀가는 길을 제시하고 있습니다.

　　"너희는 예루살렘 거리로 빨리 왕래하며 그 넓은 거리에서 찾아보고 알라 너희가 만일 정의(正義)를 행하며 진리를 구하는 자를 한 사람이라도 찾으면 내가 이 성읍(城邑)을 용서하리라" (예레미야 5:1)

　기독교 기본신앙 시리즈로 엮어진 이 책자가 '낮은교회'에서 흘러나오는, 공의를 행하고 진리를 구하는 생수가 되어 우리 신앙인들의 영혼이 마음껏 해갈하는 계기가 되기를 기원합니다.

소설가
정 연 희

진리는 아는 것보다 행하는 것이 더 중요합니다.

성경을 체계 있게 배우면 누구나 복음진리를 알게 되고 말할 수 있게 되고 진리를 좇아 살 수 있습니다. 다 쉽지 않은 일이지만 그 중에서 진리를 좇아 사는 일, 곧 진리대로 사는 일이 가장 어려울 것입니다. 기독교인은 진리에 속한 사람을 말합니다. 성경은 진리에 속한 사람이라 할 때 진리를 알고 진리를 말하는 사람이 아니라 진리를 좇아 사는 사람, 곧 진리를 행하는 사람을 말합니다(요삼 3, 4절). 그런 점에서 저자는 감히 복음진리를 입에 담고 가르치는 사람이라는 것에 때로는 말할 수 없이 부끄러움을 느끼곤 합니다. 다만 복음진리를 입에 담는 것으로 끝나지 않으려고 노력할 뿐 스스로 생각해도 자신이 과연 진리에 속한 사람인지, 참담한 심정이 될 때가 한두 번이 아닙니다. 그런 점에서 사도 바울의 탄식에 깊이 공감합니다(롬 7:24).

진리의 힘은 언어에 있는 것이 아니라 삶에 있습니다. 예수 그리스도께서 복음진리의 말씀만 교훈하시고 삶으로 나타내시지 않았다면 아무런 효력이 없었을 것입니다. 사도들도, 구약의 선지자들도 말로만 전하고 삶이 없었다면 그토록 강력한 진리의 힘을 나타내지 못했을 것입니다. 1세기 교회로부터 지금까지 교회의 힘, 기독교의 감화력은 언어가 아니라 삶에서 나타났습니다. 삶이 없거나 부족한 기독교는 감화력이 없습니다. 복음이 감화력을 나타내고 세상을 뒤엎는 변화를 일으켰을 때는 복음의 진리가 말로만 아니라 삶이 있었던 때입니다. "하나님의 나라는 말에 있지 않고 오직 능력에 있음이라"(고전 4:20)고 사도 바울은 말만 무성하고 삶이 부실했던 고린도교회를 향해 충고했습니다.

현대 기독교는 지금까지의 어느 시대의 기독교가 누리지 못했던 문명의 이기와 신앙의 자유와 표현의 자유를 누리면서 온갖 신속하고 편리한 현대문명의 매체를 사용하여 복음진리를 전파하지만 그에 비하여 감화력은 날이 갈수록 약해져가고 있음을 생각이 있는 그리스도인이라면 부인할 수 없을 것입니다. 세상은 온갖 인간의 오감을 자극하는 것들을 만들어내고 육신의 욕구를 자극하면서, 갖가지 유해정보와 문화예술이라는 포장으로 감싸고 표현의 자유를 외치며 온갖 종류의 거짓말들을 진리라고 떠들며 남녀노소, 기독교인 비기독교인을 가리지 않고 정신을 세뇌시킵니다. 그에 비하여 정작 생명을 살리는 유일한 복음의 진리는 눈에 띄게 감화력이 떨어져가고 교회들은 세속적인 성공과 숫자와 건물의 크기와 화려함을 힘으로 내세우는 듯한 풍토가 지배적입니다. 진정한 복음진리의 아름다움과 강한 힘은 그러한 데 있지 않습니다. 진리를 바르게 알고 구현하는 데 있습니다. 기독교인들은 진리를 바르게 아는 것도 중요하지만 아는 것으로 만족하지 말고 삶 속에서 진리를 바르게 적용하며 사는 일에 힘써야 합니다. 그 일은 고통을 수반합니다. 때로는 세상의 요구와 상식과 이치와 맞서야 고, 희생과 헌신이 요구되며 때로는 기독교 안에서의 반대와 외면과 핍박에 부딪칠 수도 있기 때문입니다. 결연한 의지와 강한 신념 없이는 복음진리를 꾸준히 따라 산다는 것은 어려운 일입니다.

사도 바울은 모든 서신서에서 복음진리를 바르게 가르치는 것을 힘썼지만 그에 못지않게 진리를 좇아 사는 삶에 대하여 거듭거듭 강조했습니다. 흔히 사도 바울 하면 이신칭의以信稱義를 떠올리지만 진리를 좇는 삶, 곧 기독교인으로 바로 살기에 대하여 사도 바울만큼 힘써 가르친 사도는 없습니다. 그리고 가르치는 것으로 끝나지 않고 가르친 대로 살므로 복음진리를 증명했습니다. 그 점은 우리 주 예수 그리스도께서 먼저 본을 보이셨습니다. 물론 다른 사도들도 사도 바울과 동일합니다. 그리고 기독교사에 나타났던 모든 훌륭한 신앙인들도 동일합니다.

기독교 기본신앙 시리즈 1권『기독교 바로 알기』가 출간된 지 1년이 되었습니다. 그동안『기독교 바로 알기』를 읽으신 독자들께서 2권을 기다리시고 재촉해주신 것 진심으로 감사드립니다. 두 번째 책 제목을 '기독교인으로 바로 살기'로 정한 것은 기독교를 바르게 아는 것이 기독교신앙의 기본이지만 아는 것으로 만족하지 않고 기독교인으로 바로 사는 것은 더 중요한 과제이기 때문입니다. 이 책은 1권과 연장선상에 있습니다. 1권이 복음진리에 대한 기본적인 내용이라면 2권은 복음진리를 믿는 신자가 개인과 가정과 교회와 사회에서 어떻게 복음진리를 바르게 적용하며 살아야 하는가를 다루었고, 날로 변화무쌍해지는 세상 풍조와 세상 문화에 대하여 기독교인들이 어떻게 비판하고 수용할 것인가도 다루었습니다.

따라서『기독교인으로 바로 살기』에서도 비판적인 내용이 다소 언급되었음을 양해구합니다. 신자들이 진리라고 굳게 믿어마지않는 것들 중에 뜻밖에 진리가 아닌 것들이 많은바 그 점들을 짚어가다 보니 1권보다 비판의 강도가 다소 높아졌습니다. 진리는 건전한 비판 없이 수호할 수 없습니다. 비판정신이 없었다면 종교개혁도 없었을 것입니다. 아울러 비판의 대상은 필자 자신이 먼저 해당된다는 점을 말씀드립니다.

21세기 교회는 첨단 디지털 문화의 세례를 받고, 다양한 사상과 이념과 정신없이 변화하는 문화와 종교다원주의 속에서 능력 있게 대처해나가지 못하고 타협하고 수용하는 쪽으로 기울어지는 까닭에, 신자들과 교회는 날로 오염되고 세속화되어 가는 형편입니다. 그러나 세상이 아무리 변하고 또 변해도 진리는 변할 수 없습니다. 타협과 무릎 꿇음이 가능하다면 진리가 아니겠지요.

기독교 진리는 변화하는 세상에 지혜롭게 대응하여 진리를 지킬 뿐 아니라 타락해가는 세상을 진리로 치유하고 변화시키면서 그리스도의 나라를 확장해나가야 합니다. 그럼에도 불구하고 현실은 굴복하는 듯한 상황이 되어버렸으므로 비판은 불가피했습니다.

1권과 마찬가지로 2권도 저자가 직접 쓴 글도 있지만 훌륭한 저자들의 글들을 발췌하여 저자가 다시 풀어 쓴 내용들도 있습니다. 이 책 역시 꼼꼼하게 워드작업을 다시 해준 아내의 노고로 만들어진 책이므로 아내에게 고마운 마음을 전합니다. 아울러 『기독교 기본신앙』 원고를 국학자료원에 강력 추천해주신 소설가 정연희 권사님께 감사드립니다. 또한 기독교 기본신앙 시리즈 전 3권을 출간하기로 힘든 결정을 내리신 정찬용 원장님, 정구형 대표, 수고해준 국학자료원 가족들, 그리고 저자를 위해 늘 기도해주시는 사랑하는 교우들에게 깊이 감사드립니다.

2013년 겨울, 첫눈 내리는 날에
홍 혁 기

- 차 례 -

1장

인생의 제일가는 목적

사람은 누구나 우연히 태어나지 않습니다. 생명의 창조주 되시는 하나님에 의해서 태어났으며 하나님께서는 모든 사람에게 뜻을 두고 태어나게 하셨습니다. 모든 인생은 하나님께로부터 보냄받은 인생이며 하나님께서 각 인생을 세상에 보내실 때는 뜻과 목적을 두고 보내셨다는 것입니다. 의미 없는 인생은 이 세상에 아무도 없습니다. 사람이 보기에 아무리 시원찮게 보이는 초라한 인생이라도 하나님께는 큰 의미가 있는 인생입니다. 하나님의 일반은총으로 보아도 그러할진대 예수 그리스도로 말미암아 구원받은 특별은총 안에서 보면 신자의 일생은 가슴 떨리는 의미가 있습니다.

예수께서 보낸 인생

신자의 인생은 자신의 것이 아니고 보냄 받은 인생입니다(요 17: 18). 이 사실은 너무나 중요한 것임에도 평소에 이것을 잊고 살아가는 신자들이 많고 내 인생은 나의 것으로 여기며 살고 있습니다. 예수님은 "내가 너희를 보냈다"고 하십니다. 신자가 예수님으로 말미암아 세상에 보냄 받은 인생이라는 것은 신자의 신분이 얼마나 귀한 신분이며 신자의 인생이 얼마나 의미 있는 인생이며 책임 있는 삶을 살아야 하는지를 말해줍니다. 나를 세상에 보내주신 분이 있고, 그 분이 나를 왜 보내셨으며 어떤 목적으로 보내신 것을 안다면 신자의 삶은 달라집니다. 자신의 신분에 대한 자각과 인생의 소중함과 삶의 의미와 책임에 대하여 확인하게 되기 때문입니다.

예수님과 신자의 관계는 보낸 분과 보냄 받은 자의 관계입니다. 보낸 분은 만물의 창조주시고 주권자이시며 구세주이시고, 보냄 받은 자는 그 분의 피조물이고 종이며 제자이며 대사입니다. 신자의 신분이 인간적으로 대단치 않은 신분이라도 예수님과 연결될 때 굉장한 신분을 소유하게 되는 것입니다. 그럼에도 신자들은 인간적인 자신의 신분을 의식하는 것은 익숙한데 예수님과 연결된 자신의 신분에 대해서 의식하는 일은 너무 서툴고 부자연스럽습니다.

오늘날 기독교신앙에서 아주 잘못 가르쳐지고 있는 것 중의 하나가 예수님이 우리를 구해주셨다는 구세주(Saviour)라는 개념만 강조되고 있지 예수님이 우리 인생의 주인이요 우리가 예수님께로부터 보냄 받은 인생임을 의식한 주인(Master)이라는 개념은 강조되고 있지 않다는 것입니다. 요즘의 기독교가 너무 사랑의 하나님, 좋으신 하나님만을 강조한 나머지 종종 자신의 위치를 잊고 보냄받은 자로서의 신분을 망각한 채 "하나님이 정말 날 사랑하신다면 나에게 이렇게 하실 수 있습니까? 사랑의 하나님이라면서 나를 사랑하신다는 증거가 어디 있습니까?"라는 식으로 대듭니다.

하나님과 자신을 대등한 관계로 착각하는 기고만장한 신자들이 많다는 것입니다. 하나님께 대한 경외심보다는 하나님이 날 사랑해 주시고 도와주시고 건강하게 잘 먹고 잘 살게 해 달라는 요구를 믿음이라고 여기는 신자가 많습니다. 우리는 언제나 하나님께 육신적인 사랑을 요구하고 하나님은 우리가 요구하는 육신적인 사랑보다 훨씬 높은 영적인 차원의 사랑을 베푸십니다. 물론 하나님은 우리의 육신의 필요도 채워주시는 분입니다. 신자가 만약 하나님의 사랑을 바르게 이해하기만 한다면 그 사람의 신앙은 참되고 아름다운 것입니다. 신앙이 깊고 아름다운 사람들의 공통점은 하나님의 사랑을 성경적으로 바로 이해하고 있다는 것입니다. 신자가 하나님의 사랑을 바로 이해할 때 하나님을 깊이 사랑하고 신앙이 깊어집니다. 어떤 상황 속에서도 불평하거나 하나님의 사랑을 의심하지 않습니다. 예수님은 "너희가 나를 사랑하면 나의 계명을 지키리라"(요 14:15)고 말씀하셨습니다. 서로 대등한 관계의 사랑이라면 이런 말을 할 수 없습니다. 이 말은 한쪽은 절대권위로 명령하고 한쪽은 그 권위에 복종해야 하는 사이에서나 할 수 있는 말입니다. 예수 그리스도와 신자의 관계는 가장 깊이 사랑하고 가장 가까운 사이이며 영원히 함께하는 운명이면서도 대등한 관계가 아니라 절대권위와 그 권위에 순종해야 하는 관계입니다. 신자가 예수님을 주님이라고 부르는 이유가 여기에 있습니다.

예수 그리스도의 주님 되심

오늘날 기독교가 죄나 지옥 같은 이야기를 하면 현대인들이 기독교에 호감을 갖는 데 방해가 된다고 해서 듣기 좋은 사랑이나 축복만을 들려주어서 기독교신앙의 핵심이 상당히 모호해졌을 뿐 아니라 주님 되시는 예수님께 대한 권위 질서가 모호해졌습니다. 따라서 신자들의 신앙형태를 보면 예수 그리스도께서 자신의 인생의 주인이 되시며 자신이 예수님께로부터 보냄 받은 인생이라는 사실을 자각함이 희박합니다. 그냥 자신의 인생은 자신이 주인이며 자신이 원하는 대로 살면서 예수님의 은혜와 도움을 받으며 살다가 천국으로 가는 것으로 생각하는 신자가 많습니다.

그러나 신자는 자신이 삶의 주인이 아니며, 자신이 원하는 대로 살면서 자신의 목적을 성취하기 위하여 사는 존재가 아니며, 자신을 세상에 보낸 분의 목적을 이뤄드려야 하는 존재입니다(롬 14:7-9; 고후 5:15). 기독교 역사상 가장 정통적 신앙고백인 웨스트민스터 신앙고백의 소요리문답 제1문답은

"사람의 제일가는 목적이 무엇입니까?"

"사람의 제일가는 목적은 하나님을 영화롭게 하고 영원토록 그분을 즐거워하는 것입니다"라고 되어 있습니다. 나를 세상에 보내신 하나님의 뜻을 이루는 것이 내 삶의 목적이요 그것이 하나님을 영화롭게 하는 것입니다.

보냄 받은 삶의 모범

보냄 받은 자의 삶이 어떠해야 하는 것을 가장 모범적으로 보여 주신 분은 예수님입니다. 또한 구약의 선지자들이나 신약의 사도들과 초대교회 신자들도 보냄 받은 자의 삶이 어떤 것인지를 잘 보여 주고 있습니다. 예수님은 성부 하나님께로부터 보냄 받은 자의 삶을 사실 때 완전히 자기를 비우고 종의 형체를 취하셨습니다. 그리고 십자가에 못 박혀 죽기까지 그렇게 하는 것이 하나님께서 예수님을 세상에 보내신 목적이었고 예수님은 그 목적을 온전히 이루어드림으로써 하나님을 영화롭게 하셨던 것입니다. 또한 예수

님은 그 일을 이루시면서 하나님께 반항하거나 불평하거나 불순종하려 했던 일이 전혀 없었고 하나님을 지극히 사랑하며 즐거워함으로 하였습니다. 우리는 사도 바울을 통해서도, 중세 이태리의 성자 프란시스를 통해서도 예수님께서 하나님께 보여드린 모습을 그대로 따르는 것을 보게 됩니다. 그들은 예수님께서 "아버지께서 나를 보내신 것같이 나도 너희를 보내노라"고 하신 말씀을 정확하게 이해하고 자신의 삶을 통하여 실천했던 것입니다.

열심 있는 신자들 중에 "이제는 나를 위해 살지 않고 주님을 위해 살겠습니다", "주님을 위해 열심히 충성하겠습니다"라고 말하는 것을 봅니다. 그러나 "주님을 위해 살겠다"라는 것은 성경적인 의미를 바로 알고 하는 말이 아니라 내가 내 인생의 주인인데 내 인생을 주를 위하여 희생하고 바치겠다는 뜻입니다. 원칙적으로 신자가 주를 위해서 살며 자신을 희생한다는 것은 신자의 신분을 올바르게 이해하지 못하는 데서 하는 말입니다. 원래 우리의 인생이 하나님께로부터 보냄 받은 인생이며 우리의 인생의 주인이 우리 자신이 아니고 예수님이시며 우리의 삶이 그 분의 뜻을 이루기 위한 삶인데 새삼스럽게 주를 위해 살며 자신을 희생한다는 것은 생색을 내는 것에 불과할 뿐입니다.

교회의 실수

이 부분에서 교회는 많은 실수를 저지르고 있습니다. 교회가 끊임없이 일을 만들어 신자들을 들볶아대며 주님을 위하여 살라고 목소리를 높입니다. 대개 교회에서 주님을 위하여 살라는 것을 보면 모두 개교회에 관한 목적을 세우고 이루는 것들로 되어 있습니다. 어느 교회의 주보에 실린 표어 중의 하나는 '올해는 대형버스를 운영하는 해'로 되어 있습니다. 그렇게 되기 위하여 신자들이 기도할 것과 헌금할 것을 강조하며 그것이 주님을 위한 일이요 충성하는 것이라고 목소리를 높입니다. 대개의 교회는 신자들에게 개교회에 대한 충성만을 강조하여 신자들 가운데는 개교회를 위하여 죽도록 충성하는 것만을 주님을 위하여 사는 삶으로 생각하는 신자들이 많습니다.

교회가 일을 만들어 충성을 요구하고 신자들은 요구에 따라 바쁘게 움직여야만 열심 있는 신앙생활을 하는 것 같고 그렇게 함으로 안심이 되고 그렇지 않으면 왠지 주를 위하여 살지 못하는 것 같아 불안해하는 신자들이 의외로 많습니다. 물론 신자가 주님의 교회를 열심히 섬기는 것은 마땅한 일입니다. 교회 일에 무관심하거나 구경꾼이 되어서는 안 됩니다. 그러나 무조건 바삐 움직여야만 훌륭한 신앙인이 되는 것은 아닙니다. 또한 원칙적으로 교회에서 요구하는 일이 다 예수님의 뜻과 일치되어야 함에도 불구하고 현실적으로 그렇지 못한 경우도 흔합니다. 신자들과 교회가 일을 많이 만들어서 바삐 움직이므로 그것으로 우리는 열심히 하고 있다고 스스로 위로를 삼으며 신앙의 만족과 불안감을 메우려는 경우가 많습니다. 자신을 보낸 주님의 뜻과 상관없이 열심을 내는 것은 오히려 주님 편에서 볼 때 일을 그르치는 경우가 된다는 것을 생각하는 교회나 신자는 흔치 않습니다.

열심 있는 신자들 중에 가족들과 트러블이 심하고 자신을 이해해주지 못하는 가족들을 '마귀'라 하며 오직 자신의 열심을 알아주는 교회를 피난처로 삼는 경우가 있는데 그것은 정작 자신이 1차로 보냄 받은 곳이 가정인 줄 모르는 어리석은 모습입니다.

보냄 받은 삶의 다양함

신자들은 대개 남이 알아주는 일을 성공적으로 해내야만 하나님께서도 나를 인정하시고 만족해하실 것이라고 생각합니다. 우리는 대개 세상의 기준에 따라 우리 자신과 다른 사람의 삶을 저울질합니다. 그러나 이사야 선지자도 예레미야 선지자도 동시대 사람들의 기준으로 볼 때 실패한 사람이었습니다. 누구도 그들의 말에 귀를 기울이지 않았습니다. 심지어 예수님조차도 당시 사람들의 기준으로 볼 때 실패자로 보였습니다. 십자가에 못 박혀 죽는 것이 무슨 성공이겠습니까? 우리는 남들 보기에 실패자로 여기게 보냄 받을 수도 있고 손가락질 당하는 보냄을 받을 수도 있습니다. 스데반은 단 한 번의 설교를 하고 돌에 맞아죽는 일을 위하여 보냄을 받았습니다. 그러나 남들이 볼 때 실패자로 보였던 이사야, 예레미야, 예수님, 스데반을 실패한 분들이라고 누가 말할 수 있겠습니까?

이처럼 우리가 생각하는 성공의 기준과 하나님의 기준은 다릅니다. 우리는 언제나 하나님의 기준으로 생각하며 살기보다는 세상의 기준으로 살고자 합니다. 보냄 받은 삶에 대해서도 '내가 이런 일을 하면 예수님께서(하나님께서) 좋아하시겠지'라고 생각하고 나름대로 그 일을 위해서 노력하는 편입니다. 그리고 그 일들을 성공적으로 성취하기 위해서 예수님께서 복과 능력과 형통한 은혜를 주셔야 한다고 믿고 그것을 목적으로 기도합니다. 한마디로 내가 원하는 삶을 살기 위하여 좋은 환경으로 바꾸어달라는 것입니다.

그러나 잊지 말아야 할 것은 내가 살고 있는 이 시대, 이 환경, 이 장소가 바로 예수님께서 나를 보내신 곳이라는 것입니다. 우리는 환경 탓을 참 많이 합니다. 환경만 좋다면 얼마든지 주님을 위하여 일할 것 같습니다. 이 시대, 이 환경을 바꾸어놓으면 내가 있을 필요가 없다는 것을 생각할 줄 모릅니다. 나를 아는 모든 사람이 나를 필요로 하고 나 때문에 좋아지도록 내가 보냄을 받았는데 이미 모든 것이 잘 되어 있다면 구태여 내가 보냄 받을 필요가 없다는 사실을 생각하지 못합니다. 우리는 이미 다 갖춰지고 누리게 되어 있는 것만을 찾는 욕심밖에 없습니다. 나로 인해서 좋아지고 변화되고 거룩하고 아름다워지도록 보냄 받았다는, 내가 얼마나 의미 있는 존재라는 가슴 벅찬 사실을 깨닫지 못합니다.

우리는 내 가정에서, 우리가 섬기는 교회에서, 내가 일하는 직장에서, 내가 살고 있는 사회에서, 나라에서, 넓게는 인류를 위하여 그러한 삶을 살아야 하는 것입니다. 그리고 그러한 목적을 이루기 위한 원칙과 기준과 방법과 수단은 하나님 말씀, 곧 진리에 두어야 합니다. 그래야 하나님을 영화롭게 합니다. 그것이 우리가 세상에서 살아야 하는 이유요 목적이며 삶의 자세입니다.

세상에 대하여 못 박힌다는 것

성 마카리우스는 4세기 때 이집트의 대 수도사인데 어느 날 제자들이 찾아와서 "선생님, 예수 믿는다는 것이 무엇입니까? 신앙생활을 어떻게 해야 할까요?"라고 물었습니다. 그러자 마카리우스는 "세상에 대하여 완전히 죽어야 하느니라"고 대답했습니다. 제자들은 무슨 말인지 몰라 "어떻게 하는 것이 세상에 대하여 죽는 것입니까? 가르쳐 주십시오"라고 말했습니다. 그러자 마카리우스는 제자들에게 "공동묘지에 가서 이 나쁜 놈들아! 하고 욕을 하고 돌아오라"고 했습니다.

제자들은 스승이 시키는 대로 하고 돌아와서 "선생님이 시키는 대로 했습니다. 그랬더니 아무 말도 없었습니다"라고 했습니다. 마카리우스는 "그러면 다시 가서 이번엔 훌륭한 분들이여! 라고 소리쳐보라"고 했습니다. 제자들은 시키는 대로 했습니다. 역시 아무 반응이 없었습니다. 그들은 스승에게 와서 "선생님이여, 이번에도 시키는 대로 했습니다만 아무 말이 없습니다"라고 대답했습니다. 그제야 마카리우스는 "바로 그것이 예수 믿는 사람이니라"고 대답했습니다. 제자들은 영문을 몰라서 "선생님 무슨 말씀인지 잘 모르겠습니다. 자세히 설명해 주십시오"라고 말했습니다. 마카리우스는 말하기를 "예수 믿는 사람들은 세상에 대하여 죽은 사람이라는 뜻이다. 죽은 사람은 세상 사람들이 무슨 말을 하든 반응이 없느니라"고 설명하는 것이었습니다. 마카리우스의 말은 단순하지만 그리스도인의 삶이 어떠해야 하는지를 명쾌하게 설명해주고 있습니다.

두 가지 의미의 세상

사도 바울의 서신서를 보면 그리스도인은 예수님과 함께 십자가에 못 박혀 세상에 대하여 죽은 사람이라는 구절이 많이 나옵니다(갈 2:20; 5:24; 6:14; 고후 5:15,16). 신자가 세상에 대하여 못 박혀 죽었다는 것은 기독교신앙에서 아주 중요한 원리이기 때문에 신자들은 이 문제에 대해서 꼭 이해하고 삶 속에서 실천해 나가야 합니다. 그래야 진정한 크리스천의 삶을 살게 됩니다.

여기서 잠시 성경에서 말하는 세상이란 무엇을 의미하는지를 이해해야 합니다. 성경에서 말하는 세상은 대체로 두 가지 의미가 있습니다. 첫째는 하나님이 창조하신 물질세계, 특히 사람이 살고 있는 곳을 가리키며 인류를 의미합니다. 요한복음 3:16의 세상이 바로 그런 의미의 세상입니다. 둘째는 하나님을 거부하고 사단의 지배를 받고 있는 죄로 물든 사악한 세상 사람들의 세계관과 정신과 윤리관을 의미합니다. 요한일서 2:15-17에 언급된 세상, 야고보서 4:4에 언급된 세상이 바로 그런 의미의 세상입니다.

성경에서 하나님이 세상을 사랑하신다거나 불쌍히 여기시고 자비와 긍휼을 베푸시고 구원하신다고 하실 때는 요한복음 3:16의 의미와 동일한 뜻으로 하신 말씀이라고 보면 틀림없습니다. 성경은 신자들도 이와 같이 어느 경우에는 세상을 사랑해야 하고, 어느 경우에는 세상을 거부해야 한다고 가르치고 있으므로 신앙생활을 바로 하려면 이 두 가지 상반된 개념의 세상에 대해서 이해하고 있어야 합니다. 따라서 신자는 무조건 세상을 거부해서도 안 되고, 무조건 세상을 사랑해서도 안 됩니다. 이웃과 사회와 국가와 인류(세상)를 자기목숨처럼 사랑하면서도 한편으로는 하나님을 거부하는 죄로 물든 세상 사람들의 이념과 윤리와 풍조(세상)를 한사코 거부해야 하는 것입니다.

세상에 대하여 못 박힘

신자가 예수님과 함께 세상에 대하여 못 박혀 죽었다는 세상은 곧 나중 의미의 세상입니다. 예수님이 십자가에 못 박혀 죽으신 것은 바로 그러한 세상 죄를 담당하시기 위함이셨습니다. 그런데 신자가 잊지 말아야 할 것은 내가 십자가에 못 박힌 예수님을 믿을 때 옛사람으로서의 나 곧 죄의 종노릇하며 육신의 정욕과 안목의 정욕과 이생의 자랑을 따라 살던 나는 이미 예수님의 십자가 위에서 예수님과 함께 못 박혀 죽은 것으로 처리된다는 것입니다. 이 다시 태어난 사람은 예수 믿기 전의 나하고는 전혀 다른 나 곧 다른 신분, 다른 차원의 나입니다. 예수 믿기 전의 나는 멸망 받을 아담의 후손이었지만 예수 믿은 후의 나는 구원받아 하나님의 자녀가 되어 예수님과 함께 영생부활을 소유한 천국의 영광스러움을 함께 누리는 사람이 된 것입니다.

예수 믿기 전의 나 곧 죄의 종노릇하던 멸망 받은 나(옛사람)는 이미 십자가에 못 박혀 죽었으므로 나는 더 이상 옛사람으로서의 나가 아니며 그의 지배를 받는 사람이 아닙니다. "그리스도 예수의 사람들은 육체와 함께 그 정과 욕심을 십자가에 못 박았느니라"(갈 5:24) 그럼에도 불구하고 이 옛사람은 신자 안에 여전히 그 세력이 남아있어서 그리스도인이 되어 살아가는 나를 훼방하여 걸핏하면 죄를 짓게 만듭니다. 그래서 신자들은 예수 그리스도 안에서 성령을 따라 살며 주님의 강력한 영향력 아래 자신을 복종시키는 삶을 부단히 살아야 합니다. 이 옛사람으로서의 나가 새사람이 된 나를 얼마나 괴롭히는 존재인지 신앙생활을 바르게 하려는 사람들은 너무나 잘 알고 있습니다. 사도 바울은 자신의 옛사람에게 괴롭힘을 당하면서 많은 갈등을 겪고 탄식했던 사람이었습니다(롬 7:15-24).

신자의 삶 속에 나타나는 옛사람

일반적으로 우리는 예수님을 믿으면서도 여전히 옛사람의 속성을 가지고 살아갑니다. 몇 가지만 생각해보면 다음과 같습니다. 우리는 자신에 대한 사람들의 평가에 대하여 매우 민감합니다. 우리는 빈말이나 혹은 단순한 인사말이나 아첨에 불과한 말을 듣고도 하루 종일 기분이 좋은 것은 물론, 두고두고 기분이 좋게 됩니다. 그러나 누구로부터 비난의 소리를 듣거나 나쁜 평가를 받거나 부당한 대접을 받거나 심지어 조그마한 불친절한 일을 당하기만 해도 자존심이 상하고 불쾌하고 분한 마음이 됩니다. 그것이 곧 나가 죽지 않고 살아있기 때문입니다. 우리가 세상에 대하여 정말로 죽어있다면 공동묘지의 시체들처럼 세상의 일로 칭찬을 들었다고 우쭐해져서 기분이 좋아진다거나, 비난의 소리를 듣거나 나쁜 평가의 말을 들었다고 해서 자존심이 상하고 불쾌하고 분한 마음이 되지는 않을 것입니다. 죽은 시체가 무슨 반응을 보이겠습니까!

우리는 다른 사람이 자기자랑을 늘어놓는 것을 보면 참기가 여간 어렵지 않습니다. 자랑할 만한 것이 있는 사람이 자신의 잘난 점을 자랑하는 것도 듣기가 민망한데, 별로 자랑할 것도 없는 사람이 자랑을 늘어놓을 때는 더더욱 참기 어려워집니다. 누구에게 조그마한 선을 베풀거나 마땅히 해야 할 일을 하고나서, 혹은 억지로 하고나서 자기가 얼마나 좋은 일을 했으며 괜찮은 사람인지 공치사를 늘어놓는 사람에게 우리는 혐오스러움을 느낍니다.

그런데 그런 우리 마음을 가만히 들여다보면 우리 안에도 똑같은 마음이 있다는 것을 알게 됩니다. 나도 자랑하고 싶고 공치사할 일이 있지만 꾹 참고 있는데, 다른 사람이 먼저 하니까 잘나지도 못한 주제에 잘난 척 하는 것이 꼴사나워 보이는 것이지요. 결국 내가 세상에 대하여 죽지 않고 있기 때문입니다. 우리는 육체와 함께 그 정과 욕심(옛사람)을 십자가에 못 박았음에도 불구하고 날마다 순간마다 틈만 나면 고개를 뻣뻣하게 쳐들고 있는 자아를 경험하게 됩니다.

우리는 날마다 스스로 의로움에 빠져서 다른 사람의 죄와 잘못을 정죄하고 비난하기에 바쁘고, 하나님 말씀보다 세상의 초등학문을 따라가려고 하며, 혈기를 죽이지 못하고 조그만 일에 화를 내고 분개하며, 틈만 나면 교만해지고 온유와 겸손과 평강의 새 사람으로 길들여진 삶을 살지 못합니다. 심지어는 세상적이며 정욕적인 열심을 가지고 주님께 충성한다는 신자들도 얼마나 많은지 모릅니다. 우리 한국교회는 그동안 하나님께서 요구하시는 말씀을 듣고 순종하기보다는 먼저 개인의 욕심과 바람에 대해서 하나님께 무조건 강요하듯 요청하며 고집스럽게 밀고 나가는 것을 믿음 좋은 것으로 가르쳤고, 하나님의 은혜와 능력을 가지고 개교회의 목적을 이루는 일과 신자 개개인의 목적을 위하여 이용하기에 바빴습니다.

교회는 그동안 하나님의 은혜와 능력을 가지고 현세적 삶의 풍요와 건강과 형통을 누리며 사는 사람을 복 받은 사람이라고 했으며 믿음 좋은 사람이라고 했고, 하나님께서 주신 영적 물질적 복을 나만을 위하고 우리 교회만을 위한 것으로 여겨서 지극히 개인적이고 개교회적인 쪽으로만 사용하여 왔고, 이웃교회들 간에 신자 쟁탈전을 벌이고 시기와 경쟁을 하며 보기 민망한 추태를 보여 왔습니다. 기독교신앙의 기본자세인 자기부정, 자기희생의 덕목보다는 세상에서의 성공과 출세를 더 추구해 왔고, 사랑의 실천과 구제보다는 교회를 건축하고 치장하는 데 더 집착해 왔으며, 사회와 가정에서 예수님의 빛을 발하는 것보다 교회 안에서 빛을 발하는 것을 더 추켜세우므로 그런 교인들을 양산해 냈습니다. 영적이라는 말이나 성령 충만 같은 것을 잘못 인식해서 신자 개인의 종교적 체험과 영적 만족만을 중시하므로 비사회적인 사람이 되어 사회에서 기독교에 부정적인 인상을 끼쳐왔습니다.

신자들은 소형교회에서 감당해야 할 책임을 피하여 초라하다고 여겨지는 작은 교회보다는 화려한 대형교회를 선호해 왔습니다. 소형교회건 대형교회건 신자들이 타지역으로 이사를 가게 되더라도 계속 출석하도록 온갖 방법과 수단을 동원하고, 반대로 타지역에서 이사 온 신자들은 한사코 자기교회 신자로 만들기 위해서 온갖 방법과 수단을 동원하는 지극히 이기적이고 모순된 모습을 보여 왔습니다. 그런 것을 전도라고 하고 부흥이라고 했습니다. 그리고 그것을 지극히 당연하게 여기며 과시합니다. 이러한 일들은 육체와 함께 그 정과 욕심을 십자가에 못 박은 기독교신앙이 아닙니다. 세상 정욕과 욕심을 가지고 주님을 섬기는 세상의 모습입니다.

날마다 죽는 삶

오늘날 우리 기독교신앙이 이렇게 된 것은 성경에서 중요하게 가르치는 세상에 대하여 죽은 삶에 대한 인식부족에서 비롯된 것입니다. 신자들이 신앙생활에서 가장 신경 써야 하는 부분이 자신이 세상에 대하여 죽은 사람이라는 것을 인식하는 것임에도 불구하고 그 점을 인식하고 세상에 대하여 죽은 자세로 사는 신자들이 흔치 않습니다. 신자는 이 문제에 대해서 늘 기도하는 것은 물론이고 세상에 대하여 죽은 삶을 살기 위하여 부단히 훈련하는 것을 게을리 하지 말아야 합니다. 사도 바울이 '나는 날마다 죽노라'고 고백한 것은 그가 얼마나 세상에 대하여 못 박힌 삶을 살기 위하여 애쓴 사람인지를 말해줍니다.

그는 자기가 정욕과 욕심, 혈기와 질투, 미움과 증오, 세상의 영광과 명예와 존귀함을 얻는 일에 대하여 죽은 존재라는 사실을 날마다 기억하고 그때마다 그것들을 포기하고 부인했습니다. 그가 그토록 훌륭한 삶을 산 것은 그 때문이었습니다. 신자가 날마다 죽기를 힘쓰지 않을 때 진정한 신앙생활을 할 수 없습니다.

그리스도를 본받음

신자의 삶의 목표

신자의 삶의 목표와 교회의 존재이유는 무엇이어야 할까요? 진지한 그리스도인이라면 이 문제를 반드시 짚고 넘어가야 할 것입니다. 신자는 생각 없이 살면서 주일이 되면 습관에 따라 교회 출석하는 것으로 세월을 보내지 말고, 다른 신자의 삶을 생각 없이 따르지 말고, 좀 더 진지한 자세로 믿음생활을 해야 합니다. 신자들의 삶의 목표를 보면 그 사람이 진지한 자세로 신앙생활을 하고 있는지 아닌지를 짐작할 수 있습니다.

많은 신자들의 삶의 목표를 보면 믿지 않는 세상 사람들과 별로 다를 바가 없음을 알게 됩니다. 세상 사람들의 삶의 목표가 육신적인 것인데 신자들의 삶의 목표가 육신적인 것이라면 세상 사람들과 무엇이 다르겠습니까? 신자들의 삶의 목표는 예수님은 따르는 것입니다. 그것이 성경에서 보여 주는 그리스도인의 삶의 목표요 목적입니다.

예수님은 자기를 따르는 자의 삶을 요약하여 "누구든지 나를 따라오려거든 자기를 부인하고 자기 십자가를 지고 나를 따를 것이니라"(마 16:24)고 하셨습니다. 또한 "인자가 온 것은 섬김을 받으려 함이 아니라 도리어 섬기려하고 자기 목숨을 많은 사람의 대속물로 주기 위함"(마 20:28)이라고 말씀하셨습니다. 그리고 자신이 말씀하신 바를 온전히 실천하셨습니다. 자신을 낮추시고 제자들의 발을 씻어주셨으며 사람들이 멸시하는 죄인들의 친구가 되어주셨고, 목자 잃은 양 같이 방황하는 무리를 불쌍히 보시며 몸을 아끼지 않으시고 돌보시고 섬기셨습니다. "소외되고 외로운 자들은 다 내게 오라 병든 자들은 다 내게 오라 목마른 자들도 다 내게 오라 수고하고 무거운 짐진 자들은 다 내게 오라 상처 받고 고통 받는 자들은 다 내게 오라 사랑에 굶주린 자들은 다 내게 오라"고 하시며 자신을 바쳐 그들을 사랑하고 섬기셨습니다. 그리고는 마침내 모든 사람의 죄를 대속하시기 위하여 십자가에 못 박혀 죽으셨습니다.

성경은 예수님을 믿는 자들에게 이러한 예수님의 삶을 본받으라고 합니다(빌 2:5-8). 물론 우리가 예수님의 삶을 완벽하게 본받을 수는 없습니다. 그럴 수 있는 사람은 한 사람도 없습니다. 그러나 그리스도인은 예수님의 마음을 품고 예수님을 따르며 그 분을 본받으려는 삶에 목표를 두어야 합니다. 기독교역사에 나타난 훌륭한 신앙인들을 보면 한결같이 모두 진실한 마음으로 예수님을 따르는 것이 삶의 목표였음을 알 수 있습니다. 그들은 예수님을 따르기 위하여 환난과 고난과 능욕을 당하고 모든 것을 잃어버리는 것을 당연하게 여겼습니다(행 5:40,41; 빌 1:29).

세례 요한, 스데반, 사도 베드로, 사도 바울, 사도 요한…… 초대교회 이후의 폴리갑, 이레니우스, 어거스틴, 그리고 존 카시안, 프란체스코, 다미엔, 우리나라의 손양원 목사, 주기철 목사…… 수많은 믿음의 사람들이 한결같이 추구했던 삶의 목표는 자기를 부인하고 자기 십자가를 지고 예수님을 따르는 삶이었으며 궁극적으로는 예수님을 본받는 것이었습니다. 하나님께서 우리를 예수님 안에서 구원해 주신 목적은 신의 성품, 곧 예수님의 성품에 참여하는 자가 되게 하려는 것이었습니다(벧후 1:2-8).

오늘의 그리스도인들

오늘의 그리스도인들의 모습은 어떤지요. 이 시대의 그리스도인들은 경건의 허울만 그럴듯하게 쓰고 있지, 실제의 삶은 이기심으로 단단히 무장한 난공불락의 요새로 겹겹이 두른 옛사람의 자아로 가득한 삶을 살고 있습니다. 우리의 모습은 중세말의 부패한 수도원이나 사생아를 수없이 낳았던 중세 교황을 비판하고 정죄할 자격이 없는 것 같습니다. 이 시대의 기독교의 탐욕과 이기심과 음란과 부패의 정도가 그들 못지않기 때문입니다.

구약의 선지자들이나 세례 요한, 예수님, 사도들이 지금 이 시대에 살아있다면 이 시대의 교회를 향하여 무슨 말을 할까요? 성경에 기록되어 있는 그 분들의 설교보다 훨씬 강도 높은 회개를 촉구하는 설교를 하실 것입니다. 오늘날의 신자들이 겉으로 경건한 모양만 하고 있을 뿐 실제의 삶은 이기심으로 단단히 무장한 난공불락의 요새가 되어 살고 있는 것은 교회가 바른 소리, 선지자적인 메시지를 전하지 않은 영향이 큽니다.

오늘 우리 예수 믿는 사람들의 모습은 남녀노소 빈부귀천을 막론하고 예배당을 드나드는 행위를 제외하면 불신자들과 크게 다를 바 없습니다. 그 이유는 우리의 교회가 타락하고 부패한 인간의 속성인 이기주의를 전혀 버리지 않은 채 이기주의로 찌들어 있기 때문입니다.

오늘의 기독교와 이기주의

이 시대의 기독교 신자들에게서 발견되는 이기주의는 네 가지로 나누어 생각할 수 있습니다.

1. 개인적 이기주의

개인주의란 개인을 기초로 모든 행동을 규정하려는 윤리주의이며, 이기주의란 자기만의 행복과 이익을 추구하는 사고방식입니다. 성경에 비추어 생각해보면 개인주의나 이기주의는 모두 다 반기독교적입니다. 어려운 이웃에 대한 무관심, 병들고 소외된 사람, 고통당하는 사람 때문에 아픔을 느끼지 못한다면 그 속에 예수님의 마음이 없는 것입니다. 물론 신자의 마음속에 개인주의와 이기주의가 전혀 없을 수는 없습니다. 그러나 개인주의와 이기주의를 극복하려는 의지가 없고, 그것 때문에 아픔과 갈등을 겪지 않고, 그로 인한 회개와 기도가 없고, 변화되기를 싫어한다면 입으로는 예수님을 시인하지만 행위로는 부인하는 사람이 되고 맙니다. 개인주의적 이기주의는 "네 마음을 다하고 목숨을 다하고 뜻을 다하여 주 너의 하나님을 사랑하라"는 것과 "네 이웃을 네 몸과 같이 사랑하라"(마 23:37-39)고 하신 예수님의 요구를 정면으로 거부하기 때문입니다.

예수님을 믿고 따르며 예수님을 본받는 것이란 결국 예수님의 마음을 품는 것인데 예수님은 자신을 비워 죄로 멸망할 우리를 구원하시기 위해 자신의 생명까지 아낌없이 내놓으신 이타적인 마음의 소유자이십니다. 그러므로 이기주의는 신자가 싸우고 극복해야 될 중요한 과제입니다. 신자는 자신의 이기주의 때문에 가슴을 치며 애통해할 줄 알아야 합니다.

2. 개교회주의

개인적 이기주의가 교회적으로 나타나는 것이 개교회주의입니다. 개교회주의는 한국교회의 성숙을 저해할 뿐 아니라 교회를 망치는 이기주의의 전형입니다.

개교회주의는 좁게는 목회자와 교회지도자들의 이기심이요 그것을 맹목적으로 따르는 모든 신자들의 이기심입니다. 목회자들은 대개 자기의 교회가 커져야 사례비도 많이 받고 자신의 영향력도 커지고 교인들한테 존경받고 군림할 수 있고 하늘의 상급이 예비되어 있다고 생각하는 이들이 많습니다. 이런 목회자들 중에는 대개 호텔에서 모임을 갖고 세미나나 기도회 하는 것을 좋게 여기며, 많은 돈을 들여 성지순례를 하고 미국에 다녀오고 선교지를 방문하는 등 부지런히 쫓아다녀야 목회자로서 체면이 서는 것이라고 생각하여 아까운 교회재정을 낭비하는 경우가 많습니다.

장로나 안수집사 같은 이들 중에는 자기교회가 커져야 목과 어깨에 힘을 줄 수 있다고 생각하는 이들이 있는데 이런 사람들은 자기교회가 커지고 사회적으로 힘 있는 사람들이 많아지면 자기도

덩달아 힘 있는 사람이 된다고 생각하는 경향이 있습니다. 자기교회가 커지면 커질수록 대통령이나 국회의원 장로는 표밭갈이에 유리하고, 장사하는 사람들은 매상 올리기에 유리하고, 청년들은 시집·장가가기가 쉽습니다. 평신도들 중에는 자신이 큰 교회에 속해 있다는 것으로 갑자기 목이 뻣뻣해져서 이웃의 작은 교회 알기를 우습게 아는 이들이 있습니다.

대부분의 목회자들은 자기교회 교인이 피치 못할 사정이 생겨서 인근교회에서 예배드리는 것을 노골적으로 싫어합니다. 아무리 멀리 떨어져있어도 반드시 자기교회에서 예배를 드리도록 합니다. 이와 같은 태도들은 예수님을 따르고 본받는 것과는 별로 관계가 없는 이기주의적 자기사랑일 뿐입니다. 자기교회가 외적으로 성장함으로 자기가 높아지며 자기의 영향력이 커진다고 만족하거나 자기교회만을 위하여 공을 세우고 충성하는 것만을 주님께 충성하고 헌신하는 것이라고 여겨 만족하는 것은 아직 예수 믿는 것이 무엇인지 잘 모르는 것입니다.

물론 우리 모두는 어느 개교회 신자가 되어 혹은 개교회 장로가 되고 목사가 되어 주님을 섬기도록 되어 있습니다. 그러나 하나님 나라는 개교회를 섬기는 차원에 머무르는 것이 아니라, 개교회적이면서도 전체 교회를 주님의 교회로 섬겨야 하는 것임을 신약성경이 가르치고 있음을 알아야 합니다. 그것은 요한복음 17장의 예수님의 기도로부터 시작하여 모든 사도들의 가르침 속에 있고, 신약교회가 그대로 따랐음을 보여 주고 있습니다. 성경의 교회형태는 오늘날 대부분의 교회가 보이고 있는 개교회주의적인 모습이 아닙니다. 그들은 한 하나님, 한 예수 그리스도 안에서 지체요 가족이요 형제라는 의식으로 모든 교회를 한 교회로 보았습니다. 그들은 한 교회 신자의 아픔이 전 교인의 아픔이요, 한 교회의 아픔을 곧 다른 교회 전체의 아픔으로 여겼습니다.

예수 믿는 것은 자신의 이익을 추구하고 자신의 힘을 키우고 세력을 확대하고 높아지는 것이 아니라 도리어 자신을 희생하고 낮추고 축소하고 끝내는 없어지는 것을 목표로 삼는 것입니다. 자아를 살찌우는 것을 부인하고 예수 그리스도의 나라만을, 하나님 나라만을 아름답게 세워나가며 하나님께 영광 돌리는 것이 신자의 목표요 교회의 목표가 되어야 합니다. 오늘날 여러 교회에서 경쟁적으로 벌이고 있는 교인배가운동 등도 극히 유의하지 않으면 개인과 교회의 이기적 야망에 근거한 행사가 되기 쉽습니다.

3. 개선교단체주의

한국에는 여러 선교단체들이 있는데 주로 자기가 속한 선교단체만을 사랑하며 자기가 속한 단체의 세력 확장과 힘을 키우는 데 충성하라는 식으로 운영되고 있습니다. 그뿐 아니라 자기가 소속되어 있는 선교단체가 가장 훌륭하다는 교만함들이 있어서 타선교단체나 기존교회들을 무시하며 경쟁의식을 갖고 있습니다. 그것은 예수님을 따르는 것과 본받는 것하고는 거리가 먼 이기주의의 또 다른 형태라 할 수 있습니다. 이러한 이기주의는 교회보다 더 많은 헌신을 요구하는 선교회나 여타의 기독교 단체들에게서 볼 수 있습니다. 자기교회, 자기선교회, 자기단체만을 생각하는 것은 아무리 종교적인 열심이 대단해 보일지라도 예수님이 요구하시는 신앙과는 거리가 멀다고 보아야 합니다.

어떤 교회나 선교단체가 정말 예수님의 방법을 따르기 원한다면 그러한 이기주의를 포기해야 합니다. 그들의 세력이 확장되는 것이 조직의 힘과 이기심에 의한 것이 아니라 예수님을 본받고 따르려는 열망으로 충만한 사람들이 모여서 그렇게 될 때 정말 하나님이 기뻐하시고 영광 받으시며 세상을 변화시키는 힘을 발휘할 수 있습니다. 중세 이탈리아에서 일어났던 아시시의 프란체스코 수도회의 청빈운동이 그런 경우였습니다. 그들은 누가 권해서 그런 것도 아니고 강요해서도 아니고 자기들의 세력을 확장시키려고 마음먹은 것도 아니고 세상에 자기들의 존재를 알리고 어떤 종교적 명성과 이익을 추구하려던 것도 아니었습니다. 그냥 프란체스코를 중심으로 예수님의 삶을 본받으려는 사람들이 자발적으로 거지(?)가 되어 하나 둘 모이기 시작해서 저절로 프란체스코 수도회가 생기고 그들의 청빈운동이 전 유럽으로 확산되었던 것입니다.

교황청에서 그들의 세력이 불어나는 것을 경계하여 막아보려고 했으나 프란체스코를 불러 조사하던 교황이 프란체스코의 순수한 신앙에 감화를 받고 부끄러워하며 오히려 축복했습니다.

4. 개교파주의

자기가 소속된 교단만을 키우려하며 자기교단의 이익만을 챙기며 교단간에 서로 시기 경쟁하는 것도 예수님과 거리가 먼 일입니다. 오늘날 교단지도자들의 이기심으로 개교회들에게 자기교단에 대한 맹목적인 충성을 강요하며 한국교회에서 제일 큰 교단, 제일 영향력 있는 교단을 추구하며 힘 있는 교회들의 영입을 확보하려 하고, 장자교단 운운하며 세력이 약한 교단을 은근히 얕잡아보는 것도 예수님을 따르는 것이 무엇인지 모른 채 서로 누가 크냐, 누가 높으냐를 따지며 천방지축 기고만장했던 주님의 제자들의 철없던 시절과 흡사합니다. 여기에 영향 받은 신자들 중에는 "이 교회는 어느 교단 소속입니까?"라며 교단을 굉장히 따집니다. 물론 우리가 정체모르는 이단에 속지 않기 위해서는 교단에 대해 너무 무신경한 것도 좋은 일은 아닙니다. 그러나 맹목적인 교단주의는 신앙의 도움이 안 됩니다. 우리나라에 교단이 많아진 것은 신학적인 견해 차이보다는(그런 경우가 있기는 하지만) 대부분 교계 지도자들의 이기심이 더 많이 작용한 결과입니다. 인간은 이권문제가 개입되면 어느 한쪽에서 포기하고 희생하지 않는 한 반드시 분열하게 되어 있습니다. 예수님을 믿고 본받는다는 것은 더 이상 이기심의 노예가 되지 않겠다는 것인데 이기심 때문에 교단이 많이 생기고 나뉘는 것은 실로 모순이 아닐 수 없습니다.

5. 이기주의의 결과

이처럼 이기주의는 기독교 안에 있는 이 땅의 교회가 하나님을 사랑하고 경외하며 예수님을 따르며 본받기보다는 자기 자신, 자기교회, 자기선교단체, 자기교단만을 사랑하고 집착하며 힘을 키우고자 안간힘을 쓰게 하는 원인이 되고 말았습니다. 이러한 이기주의에 젖게 되면 겉으로는 경건한 열심이 있는 것 같지만 속으로는 하나님 나라와는 거리가 먼(예수님을 따르는 것과는 거리가 먼) 자아를 살찌우는 짐승과 다를 바 없습니다. 모든 관심이 자기 자신, 자기교회, 자기선교단체, 자기교단에만 집중되어 있으면 우리는 하나님 말씀에 우리 자신을 맞추는 것이 아니라 자기행위와 목적을 정당화하기 위해 하나님 말씀을 인용하는 데 익숙해지며 그것을 신앙이라고 착각하는 무서운 오류를 범하게 됩니다. 성경의 선지자들이나 예수님의 기준에 의하면 이런 종류의 신앙을 회개하지 않으면 심판의 대상이 될 뿐입니다.

그럼에도 이 땅의 교회는 자기사랑의 중병, 이기심의 몸살을 앓고 있습니다. 신자 개인이나 교회나 선교단체나 교단의 존재이유와 궁극적 목표는 예수님을 따르고 본받는 것이어야 합니다. 자신의 것, 자신에게 있는 세상적 힘과 능력과 이기심을 모두 부인하고 오직 예수님을 본받는 것을 목표로 삼을 때 우리는 감히 예수님을 신앙하는 자라고 할 수 있을 것입니다. 신자는 예수님을 본받기 위하여 부단히 힘써야 하는 것이지 세상에서 잘 먹고 자기를 살찌우며 힘을 확장해 나가는 사람이 아닙니다.

자기 십자가를 지고 예수님을 좇지 않는 자는 내게 합당치 않다고 예수님은 말씀하셨습니다. 예수님을 신앙하기 위하여 모든 이기심을 포기했을 때 우리는 비로소 예수님을 믿는 바른 신앙의 궤도에 들어섰다고 할 수 있습니다. 사도 바울이 부단히 추구했던 삶이 바로 예수님을 본받는 것이었고, 그의 가르침의 핵심도 그것이었음을 잊지 말아야 하겠습니다.

"우리는 내가 그리스도를 본받는 자가 된 것 같이 너희는 나를 본받는 자가 되라" (고전 11:1)

내적內的 성찰

현실생활 속에서 지독하게 이기적이며 자기만 알고 인간성이 안 좋은 사람이 영화나 TV드라마에서 자신과 똑같은 사람을 보면서 "저럴 수가, 못된 인간 같으니라구!" 하면서 분개하는 것은 일반적인 일입니다. 자신은 전혀 그렇지 않은 사람이라고 생각하기 때문이지요.

히틀러와 스탈린이 영화광이었는데 영화를 보면서 그렇게 잘 울었다는 것입니다. 그리고는 주인공을 괴롭히는 악당을 향하여 분개했다는데 영화 속의 악당이 아무리 자기들보다 무지막지한 악당이겠습니까? 그래도 그들은 그것을 전혀 모르고 자신을 선하고 좋은 사람이라고 여기고 있었다는 것이지요.

자기를 보지 못하는 인간

사사건건 따지기를 좋아하고 자기와 관련된 일이라면 지나치리만큼 이해득실을 따지기 때문에 주위사람들을 늘 피곤하게 하는 어떤 사람이 정색하며 하는 말이 "난 너무 따지지를 못해서 나에게 돌아올 이익을 늘 놓치며 산다"는 것입니다. 어떤 사람은 한 번 의사를 밝히면 자기 의사가 관철될 때까지 어떤 일이 있어도 자기 의사를 철회하지 않는데, 늘 하는 말이 "나는 너무 자기 의사를 표현하지 않고 다른 사람의 의견에 따라가기만 하다가 집사람한테 핀잔만 듣는다"는 것입니다.

우리는 정치인들의 그럴 듯한 궤변을 참 많이 들어왔습니다. 그 중에서 유명정치인들이 자주 사용하는 말 중에 '마음을 비웠다', '마음을 비우겠다'가 있습니다. 그리고는 상대 정당 사람들이 얼마나 잘못된 점이 많은지를 성토합니다. 그 내용은 거의 상대방의 비리들입니다. 그런데 야릇한 것은 마음을 비웠다는 사람들이 자신의 정치적인 목표를 포기하거나 상대방과의 정치적 싸움에서 한 발자국도 물러서지 않고 더욱 오기를 부리고 집착한다는 것입니다. 인간의 죄인됨이 가장 명백한 증거는 이처럼 자신의 죄인됨을 전혀 모르고 있다는 것이고, 자기 자신이 어떤 사람인지를 전혀 모른다는 것입니다.

다른 사람을 통해서, 소설이나 영화나 TV드라마 속의 인물들을 통해서, 혹은 세상을 요란케 한 사건들을 통해서 우리는 또 하나의 우리 자신의 잘못된 모습을 거울로 보듯이 볼 수 있는 일이 그렇게 많건만 좀처럼, 아니 전혀 그 속에서 자신의 모습을 발견하지 못하고, 자신과 다를 바 없는(오히려 덜할 수도 있는) 사람을 향하여 흥분하고 분개하며 자신은 그런 사람과는 질적으로 다른 사람으로 알고 있습니다.

자신이 얼마나 다른 사람을 불편하게 하고 고통스럽게 하고 피해를 주고 있는지 모르고 오히려 자신이 피해자라고 우기며, 자신은 그렇게 인색한 삶을 살면서도 다른 사람의 인색함에 대하여 비난하며, 자신은 양심에 철판을 깔고 살면서 자기보다 선한 양심을 가진 사람을 양심도 없는 인간이라고 비난합니다. 자신은 지독한 이기주의자이면서 다른 사람의 이기주의를 참지 못하고, 자신도 몰상식하기 짝이 없으면서 자기보다 덜 몰상식한 사람을 향하여 몰상식한 인간이라며 핏대를 올립니다. 자신은 늘 궤변을 늘어놓으며 약속을 안 지키면서, 다른 사람의 궤변을 비난하며 약속을 안 지키는 것에 대하여 흥분합니다. 자신의 성격은 괴팍하고 강퍅하기 짝이 없으면서 다른 사람의 괴팍함과 강퍅함을 비난하고, 자신은 게을러서 손끝 하나 까딱하기 싫어하면서 자신이 고용한 사람의 이유 있는 게으름을 보고 "저렇게 게으르니 저 모양으로 살지!"

하며 핀잔을 줍니다.

이처럼 인간은 자신의 죄인됨을 깜깜하게 모르는 정도가 아니라 의도적으로 부인하거나 정반대로 주장합니다. 인간은 자신의 모습을 똑바로 볼 수 있는 능력이 없습니다. 남녀노소 빈부귀천 지식의 고하를 막론하고 자신을 볼 줄 모릅니다. 자신의 모습을 바로 보지 못하므로 자신을 교정할 수도 없습니다. 인간이 자신에 대하여 모르고 있는 것은 그 정도가 덜하든 더하든 의도적이든 아니든 인간이 죄인으로 태어나 전적으로 부패해 있다는 성경말씀이 진리임을 증명합니다(시 14:24; 롬 3:9-18).

하나님 말씀의 일차적 적용

인간이 자신의 상태에 대해서 모르는 것은 어떤 특정한 사람만의 현상이 아니라 모든 사람의 공통된 모습입니다. 그중에서 예수 그리스도 안에서 성령으로 거듭나 성경말씀에 비추어 자신을 부단히 성찰하는 사람, 자신의 내면을 정결케 하기 위하여 부단히 힘쓰는 사람이 조금은 자신을 볼 줄 안다고 할 수 있습니다. 신자가 자신을 성찰함이 없다면 자신을 볼 줄 모를 뿐 아니라 다른 사람을 비난하고 정죄하는 일에만 능한 사람이 되기 쉽습니다.

하나님 말씀은 일차적으로 자신에게 적용해야 합니다. 그래야 자신을 탐색하고 자신이 누구이며 어떤 사람인지, 어떤 모습으로 살고 있는지, 자신의 내면이 어떠한지를 알게 됩니다. 하나님 말씀은 생명 없는 활자가 아니라 살아계신 하나님의 입에서 나온 생명의 말씀이기 때문에 사람의 인격을 변화시키는 능력이 있습니다. 영혼을 수술하는 칼이 있다면 바로 하나님 말씀입니다. 말씀의 칼은 세상의 어떤 검보다도 예리하여 사람의 인격 깊은 곳에 숨어있는 더러운 것까지도 드러내고 깨닫게 해줍니다(히 4:12, 13).

그래서 자신의 더러운 모습을 보게 하고 회개하도록 해줍니다. 병든 인격을 수술하는 것이지요. 그러므로 사도 바울은 하나님 말씀을 성령의 검(엡 6:17)이라고 했습니다. 그런데 신자들 가운데는 하나님 말씀으로 자신의 생각과 마음과 말과 행실을 비춰보고 진단하고 성찰하고 회개하고 삶의 기준으로 삼는 것이 아니라, 말씀 속에서 축복과 위로와 문제해결만을 찾으면서 한편으로는 다른 사람을 비방하고 정죄하는 데 사용하는 사람이 많이 있습니다. 예수님 당시의 유대 종교인들이 그랬던 것처럼. 당시의 유대인들은 어떻게 하면 율법에 저촉되는 사람을 찾아내서 정죄할 것인가에 혈안이 되어 있었습니다. 그들의 표적 중의 하나가 예수님이었습니다. 그들은 예수님을 집요하게 따라다니며 말 한마디 행동 하나하나를 체크해 가며 율법에 저촉되는 부분을 지적하고는 트집 잡았습니다.

그러나 사실은 예수님이 율법에 저촉되는 일을 하신 적은 한 번도 없었습니다. 예수님은 완벽하게 율법의 요구를 이루신 분이셨습니다(마 5:17, 18). 단지 유대 종교인들이 율법을 피상적으로만 알고 그 깊은 뜻을 이해하지 못했기 때문에 예수님의 언행을 오해했던 것뿐입니다. 그들은 하나님 말씀을 다른 사람에게만 적용하여 정죄할 줄 알았지 자신에게 적용하여 성찰할 줄 몰랐습니다. 그러나 예수님은 항상 하나님 말씀으로 다른 사람을 판단하고 정죄하기 전에 자신을 먼저 성찰할 것을 요구하셨습니다(마 7:1-5; 요 8:7).

올바른 비판법

우리가 하나님 말씀을 오해하면 다른 사람을 비판하는 것을 무조건 나쁜 것으로 여기기 쉽습니다. 물론 악의에 찬 비판은 나쁜 것입니다. 그러나 건전한 비판은 반드시 필요합니다. 그나마 세상에 정의가 존재하기 위해서는 올바른 비판이 있어야 합니다. 그러나 타인을 비판하기 전에 그 비판의 저울로 자신을 먼저 저울질 해 보라는 것입니다. 나는 다른 사람에게 비판 받을 것이 없나, 내 인격, 내 생각과 말과 행실은 어떤가? 내가 비판하려는 사람보다 나는 더 나쁘지 않은가? 이 점을 꼭 짚고 넘어간다면 우리는 우리 자신에 대하여 좀 더 객관적으로 볼 수 있게 되고 자신에 대해서 덜 착각하게 될 것입니다. 자신을 먼저 보게 되면 자신이 비판하는 대상과 자신이 별 차이가 나지 않거나 오히려 더 심하거나 적어도 자신에게도 고쳐야 될 점이 있음을 자각하게 될 것입니다. 예수님은 우리가 남을 비판할 때 그 비판을 먼저 우리 자신에게 적용한다면 내가 받을 비판이 훨씬 크다고 말씀하셨습니다. 그 차이가 티와 들보라는 것입니다(마 7:4,5).

예수님은 다른 사람을 비판하지 말라고 하신 것이 아니라 올바른 비판법에 대해서 말씀하신 것입니다. 다른 사람을 비판하고 정죄하기 전에 먼저 자신의 잘못된 점을 발견하고 자기부터 고치라는 것입니다. 그런 후에 다른 사람을 비판할 때 설득력이 있고 효력이 나타난다는 것이지요. 이는 우리의 삶 속에서 확인되는 일입니다. 정말 훌륭한 인격을 가지고 모범적인 삶을 사는 사람이 사회의 잘못을 지적하고 비판한다면 대부분 그 말에 귀를 기울이고 공감하지만 흠 있는 인격을 가지고 진실하게 살지 못하는 사람이 잘못을 지적하고 비판하면 사람들은 코웃음 칩니다.

요즘 정치인들이 무슨 소리를 해도 믿지 않고 사람들이 그들을 존경하지 못하고 신뢰하지 않는 것은 그들의 인격과 삶에서 진실을 보여 주지 못하면서 항상 목소리 높여 상대방을 비판하고 정죄하며 자기들만 옳다고 우기기 때문입니다. 교회에 대한 세상의 시선이 부정적이고 비판적인 것도 같은 이유 때문입니다. 결국 자기 성찰이 없거나 부족하기 때문에 존중받지 못하고 권위를 잃어버린 것입니다. 신자가 성경을 읽고 묵상하고 설교를 들어야 하고 성경을 공부해야 하고 기도해야 하는 중요한 이유 중의 하나가 자기를 볼 수 있는 사람이 되어가기 위함입니다.

내적 성찰의 훈련

신자가 자기를 볼 줄 아는 사람이 되어야 비로소 성숙한 신자가 되어갑니다. 요즘 교회가 신자들로 하여금 자기를 볼 줄 아는 사람으로 이끌어주기보다는 사랑의 하나님, 좋으신 하나님, 축복의 하나님, 문제해결의 하나님으로만 강조하고 외적으로 부흥하고 치장하는 쪽으로만 필사적으로 진력하다보니 신자들이 자기를 볼 줄 아는 눈이 없어졌습니다. 열심 있는 목회자들이나 신자들 중에 자기를 볼 줄 모르는 분별없는 사람이 너무 많습니다.

인간의 철저한 자기기만과 자기중심적인 착각을 생각해 보면 왜 하나님께서 보시는 모든 인간이 죄인인지, 왜 모든 인간이 죄로 멸망할 수밖에 없다고 성경이 말하고 있는지, 왜 인간이 스스로 죄 문제를 해결할 수 없는지, 왜 예수님께서 십자가에 못 박혀 죽지 않으면 안 되었고, 예수님을 믿음으로만 죄 문제를 해결할 수 있다고 하는지 깨닫게 됩니다.

사람들은 흔히 교육이 인간을 선하게 할 수 있고 좋은 사회를 만들 수 있다고 기대하지만 교육은 인간을 교양 있고 세련된 죄인으로 만들 뿐 인간의 죄성을 고칠 수 없고 정결케 하지 못합니다. 인간은 십자가에 못 박혀 죽으시고 부활하신 예수 그리스도를 믿고 거듭나서 하나님 말씀이라는 거울로 자기 모습을 비춰보고, 말씀의 검으로 수술을 받기 전에는 변화될 수 없습니다. 예수 그리스도를 믿는 신자는 일단 자기 모습을 바로 볼 수 있는 영역에 들어온 사람입니다. 그러나 얼마나 자기를 바로 볼 수 있는지는 예수 그리스도 안에서 살아계신 하나님의 말씀 앞에 자신을 비춰보고 성찰하고 진단 받고 수술 받고자 하는 훈련을 부단히 힘쓰느냐 그렇지 못하느냐에 달려 있습니다.

단순한 생활

비판받아야 할 크리스천들의 생활양식

미국의 인기 있는 방송 복음전도자들에게는 매년 수천만 달러나 되는 천문학적인 기부금 명목의 헌금이 들어옵니다. 그들 중 대부분이 그 천문학적인 기부금의 50퍼센트는 자신의 개인적 수입으로 계산한다고 합니다. 그들은 호화저택을 비롯하여 고급승용차와 기타 할리우드의 연예인 못지않은 물질적 특권을 누리고 있다고 미국의 시사주간지 『타임』(Time Magazine)지는 비판적 기사로 다루었습니다.

더욱 문제되는 것은 그들 방송 복음전도자들의 메시지가 기복주의, 은사주의, 신비주의에 치우친 비 복음적인 요소가 많다는 것과, 그들의 사생활이 경건치 못하고 문란하다는 것을 지적한 일입니다. 그들의 메시지나 생활양식은 성경의 그리스도인의 생활양식과는 거리가 먼 모습입니다. 비단 그들뿐 아니라 우리나라의 유명 대형교회의 목회자들 중에도 일반 목회자들이 상상할 수 없는 높은 수준의 물질적 풍요를 누리며 상당한 재산을 축적하고 있는 일들은 종종 세상의 비판의 대상이 되고 있습니다. 또한 크리스천 사업가들 중에도 비정상적인 방법으로 사업을 운영하며 재물을 축적하면서 호화롭고 사치스런 생활을 하고 있는 사람들이 많습니다. 그렇게 살만한 능력이 없어서이지 만약 능력만 된다면 여타의 크리스천들도 재물을 축적하며 호화롭고 사치스런 생활을 하고 싶어 합니다. 능력이 주어진다 해도 그러한 생활을 외면할 크리스천들은 희박합니다.

「단순한 생활양식을 위한 국제협의회」(International Consultation On Simple Lifestyle)란 모임이 있습니다. 그 모임에 참석한 콜롬비아에서 온 한 복음전도자는 다음과 같은 이야기를 했습니다.

"극도로 탈진한 정도의 전도활동이었습니다. 나는 그 마을의 목사의 집에 머물고 있었는데, 아주 지친 마음과 엄청난 배고픔의 느낌을 가지고 그 집에 돌아왔습니다. 목사, 그의 부인, 그리고 다섯 아이들이 거기 있었으나 식탁 위에는 접시가 오직 하나밖에 없었습니다. 물론 그 접시는 그 집에 묵고 있는 나를 위한 것이었습니다. 내가 자리에 앉으니 목사부인이 접시 위에 한 개의 계란과 하나의 작은 감자를 올려놓았습니다. '아니? 이것이 전부야? 난 배고파 죽을 지경인데……' 나는 속으로 이렇게 생각했습니다. 그럼에도 불구하고 머리를 숙여 내 앞의 음식에 대하여 하나님께 감사를 드렸습니다. 나는 막 계란을 먹으려다가 다른 사람들은 식사를 했는지 물어보았습니다. 그때 목사부인은 허둥대며 '다른 식구를 위해서는 조금 후 다른 것을 준비해 차려 줄 것이니 어서 드십시오'라고 당황하며 대답했습니다. 그때가 이미 10시 30분이었기 때문에 저는 이상한 생각이 들어 목사부인에게 계속 캐물었습니다. 그 결과 한 개의 계란과 작은 감자 하나 외에는 그 집에는 아무 돈이나 음식이 없다는 것을 알게 되었습니다. 나는 목사부인에게 다른 접시 일곱 개를 더 가져오라고 했습니다. 그리고 내 접시에 놓인 계란 하나와 감자 하나를 여덟 개로 나누어 모두의 접시에 올려놓았습니다. 그리고 다시 머리 숙여 감사기도를 드렸습니다."

이러한 일들은 얼마든지 더 있습니다. 우리나라만 하더라도 지난 1980년대까지 개척교회를 하는 목사들은 실제로 굶기를 밥 먹듯 한 일이 많았습니다. 양식이 없기 때문에 '굶식 기도'를 하는 목사들이 많았습니다.

살아있는 신앙의 힘

똑같은 하나님의 백성이요 자녀들이요 종들인데 이처럼 엄청난 생활수준의 차이, 생활양식의 차이가 납니다. 과연 재벌처럼, 할리우드의 연예인처럼 호화롭게 사는 인기 있는 방송 복음전도자들은 하나님께서 복을 주신 것이고, 계란 하나 감자 하나를 여덟 조각으로 나눠먹어야 하는 궁핍한 복음전도자들은 복을 받지 못한 사람들인지 어느 쪽이 더 하나님을 영화롭게 하는 그리스도인인지 생각할 필요가 있습니다.

크리스천 극작가 머레이 와츠Murray Watts는 이러한 실화를 이야기했습니다.

"귀머거리로 태어나 좋은 중류 기독교가정에서 자란 어떤 사람이 인도에서 기차를 타고 가다가 우연히 있었던 어떤 일을 통하여 예수 그리스도에 대한 살아있는 신앙을 가지게 되었습니다. 그는 전심으로 하나님을 찬양하고 있는 걸인이 그 기차에 타고 있음을 알게 되었습니다. 그것은 실로 충격적인 광경이었습니다. 그 귀머거리는 그때 비로소 항상 자기 주위에 있었던 하나님의 사랑이 자기마음속으로 흘러들어오는 것을 느낄 수 있었습니다."

현대의 교회, 현대의 크리스천들은 물질주의에 팔린 매춘부처럼 되어가고 있고, 세상은 더 이상 교회의 목소리에 귀를 기울이지 않습니다. 교회가 순결하고 거룩할 때, 그리고 청빈하고 검소하며 자비와 사랑을 보일 때 세상은 교회의 목소리에 귀를 기울이며 존중해 줍니다. 그러나 현대의 교회와 대다수의 크리스천들은 세상보다 한 발 앞서 풍요와 물질을 추구합니다. 물질적 풍요와 영적 빈곤함은 종종 동시에 나타납니다. 반대로 물질적 빈곤과 영적 풍요 또한 종종 동시에 나타납니다. 물질적으로 풍요를 누릴 때 영적으로 잠을 자며 바닥을 헤매던 나약한 그리스도인들 중에, 물질적으로 궁핍해지므로 영적인 잠에서 깨어나 진정한 그리스도인으로 거듭나는 사람들을 보는 것은 흔히 있는 일입니다.

오직 하나님 외에는 아무것도 소유한 것이 없는 사람이 하나님만을 믿고 의뢰하며 기쁨으로 하나님을 찬양하는 것을 보게 될 때, 우리는 진정으로 하나님을 기쁨으로 신앙하는 것이 무엇이며, 살아 계신 하나님을 믿는 신앙의 힘이 어떤 것인지를 목격하게 됩니다.

실천의 미덕

오늘날 우리 주변에는 경건한 말이나 신앙의 확신이나 청빈과 절제, 사랑과 자비에 대한 토론이나 영성에 관한 이야기들이 부족하지는 않습니다. 말들은 넘쳐납니다. 그러나 세상은 그리스도인들이 입술로 선포하는 말들의 잔치보다는 실제의 삶으로 증명해 보여줄 것을 기대하고 있습니다. 예수님은 말씀하시는 것으로 끝나지 않고 항상 말씀하신 바를 그대로 행동으로 삶으로 보여 주셨습니다. 사도들과 초대교회도 말잔치로 끝나는 것이 아닌 실제적 행동과 삶을 보여 주었습니다. 사랑, 자비, 희생, 봉사, 온유, 친절, 나눔, 무소유, 절제, 인내, 정직, 청빈, 검소······.

기독교 역사상에 나타났던 위대한 성자들이 후세 사람들로부터 존경받을 수 있는 것은 그들이 입으로 말한 것 때문이 아니라 자신의 입으로 말한 것을 행동과 삶을 통하여 실천했기 때문입니다. 말만 하는 사람은 아무리 훌륭한 가르침이라도 사람들에게 영향을 끼치지 못합니다.

단순한 삶의 양식

사람들에게 존경받는 사람, 그리고 영향을 끼친 사람은 한결같이 물질에 대한 욕심이 없었고 물질에 대하여 초연한 삶을 살았으며 지극히 검소하고 단순한 삶의 양식을 따랐습니다. 그것은 그들이 성경에서 요구하는 삶의 양식을 따랐다는 것입니다. 그들은 부지런하되 탐욕스럽지 않았으며, 물질을 소중히 여기되 나눠주었으며, 풍족해도 낭비하지 않았고, 궁핍해도 불평하지 않았습니다. 그들은 사람의 생명이 소유의 넉넉함에 있지 않다는 예수님의 말씀(눅 12:15)의 뜻을 잘 알고 있었으며, 눈에 보이는 것(세상 나라)보다는 보이지 않는 것(하나님 나라)을 바라보고 살았으며, 하나님께 자신의 삶을 맡김으로 무엇을 먹을까, 무엇을 입을까, 무엇을 마실까로 염려하지 않고 자유로울 수 있었습니다. 그래서 바울은 "어떠한 형편에든지 나는 자족하기를 배웠노니 나는 비천에 처할 줄도 알고 풍부에 처할 줄도 알아 모든 일 곧 배부름과 배고픔과 풍부와 궁핍에도 처할 줄 아는 일체의 비결을 배웠노라"(빌 4:11,12)고 말했던 것입니다.

이것이 바로 그리스도인의 자유롭고 단순한 삶의 양식입니다. 사람이 무엇에 얽매이게 되면 자유롭고 단순한 생활을 할 수 없습니다. 돈에 얽매이면 끊임없이 돈을 추구하고 돈 때문에 마음 졸이는 생활을 할 수밖에 없고, 명예와 권력에 얽매이면 끊임없이 명예와 권력을 추구하며 그것 때문에 마음 졸이는 생활에서 벗어날 수 없으며, 연예인처럼 인기와 명성에 얽매이면 끊임없이 인기와 명성을 구하며 마음 졸이는 삶을 벗어나지 못합니다. 그러므로 결국 그런 것들에게 자신을 팔아버린 채 노예처럼 자유롭지 못한 인생을 살 수밖에 없습니다. 사람이 무엇에 얽매인 채 살게 되면 자연히 죄의 썩은 냄새를 풍기게 됩니다. 탐욕, 이기심, 거짓, 위선, 인색함, 무정함, 방종, 게으름, 간음, 폭력, 음란, 알코올중독……

한경직 목사가 귀감이 되고 존경을 받는 것은 그의 삶이 지극히 단순했고 자유로웠기 때문입니다.

물질적 가르침에 대한 순종

예수님께서는 뜻밖에 돈과 재산에 관계된 가르침을 많이 남기셨습니다. 예수님의 많은 가르침이 돈과 재산에 관계되어 있는 것은 그리스도인으로 살기 위해서는 돈과 재산에 대한 태도를 바르게 이해하고 살아야 하기 때문입니다. 돈과 재산에 대한 태도를 바르게 하지 못하면 절대로 진정한 그리스도인으로서 단순한 생활양식을 따라 살지 못하며 자유를 누리지 못합니다. 순종의 중요성에 대해서 성경이 얼마나 강조하고 있는지를 모르는 그리스도인은 없을 것입니다. 그런데 대부분의 신자들이 다른 교훈에 대한 순종보다 물질과 관계된 교훈과 명령에 대하여 유난히 순종하기를 어려워하는 것은 그만큼 돈과 재산에 대하여 얽매어 있고, 욕심을 버리지 못하고 하나님을 전적으로 신뢰하지 못하기 때문입니다.

장 카를로스 오르티즈Juan Carlos Ortiz는 대부분의 그리스도인들이 자신이 위로받는 성경구절들은 선호하면서 자신을 괴롭히는(부담을 주는) 성경구절은 무시하는 성향에 대해서 지적했습니다. 우리는 예수님의 위로의 말씀에는 즐겁게 반응합니다. "적은 무리여 무서워 말라 너희 아버지께서 그 나라를 너희에게 주시기를 기뻐하시느니라"(눅 12:32) 이런 말씀은 참 좋아하지만 그 다음에 나오는 구절 "너희 소유를 팔아 구제하라"는 기뻐하지도 않고 순종하려고 하지도 않습니다.

그러나 실제로 "너희 소유를 팔아 구제하라"는 말씀에 순종하는 것이야말로 하나님께서 우리에게 그의 나라(하나님 나라)를 허락하시는 결정적인 방법이라는 사실을 알아야 합니다. 우리는 예수님께서 말씀하신 것 중에 우리의 죄의 본성을 거스르는 내용(사랑, 용서, 희생, 나눔)이 기독교신앙의 황금률이며 그 가르침에 순종하는 것이야말로 우리를 얼마나 복되고 유익하게 하는 것인지를 알아야 합니다.

그러나 우리는 그런 것은 건너뛰고 그보다 덜 중요한 위로의 말씀만을 중히 여기는 잘못을 범합니다. 그러기 때문에 그리스도인들이 세상에서 존경과 신뢰를 받는 대신 비판의 대상이 되기 쉽고, 성령 충만한 능력 있는 삶 대신 무기력한 삶을 살게 되는 것입니다. 성령 충만은 하나님의 뜻에 일치한 순종하는 사람에게 나타납니다.

두 주인을 섬기지 못함

마태복음 6:19-24에서 예수님은 우리가 빠지기 쉬운 함정들을 예리하게 대조하시면서 말씀하셨습니다. 즉 '두 주인(하나님과 재물) 사이에서 하나님을 주인으로 섬길 것이냐 재물을 주인으로 섬길 것이냐'를 선택해야 한다고 하셨습니다. 쉽게 표현하자면 우리는 누가 혹은 무엇이 우리의 삶(인생)에서 가장 중요하며, 중심이 되며, 우선이 되어야 하는가를 끊임없이 질문하며 선택해야 한다는 것입니다. 그리고 이 질문에 대한 응답은 재물을 대하는 우리의 전체적인 태도에서 잘 드러납니다.

예수님께서는 사유재산의 소유를 금하지 않는다는 것을 강조하신 점을 주목해야 합니다. 신자들 사이에 함께 나누는 일이 가장 잘 이뤄지고 있을 때에도 교회는 사유재산을 포기하라고 강요하지 않았습니다. 단지 자발적으로 헌납하는 것을 받아 나눠주었을 뿐입니다.

> "땅이 그대로 있을 때에는 네 땅이 아니며 판 후에도 네 임의로 할 수 없더냐" (행 5:4)

이 말은 가장 성령 충만했던 초대교회가 사유재산권을 존중해 주었다는 것을 보여줍니다. 뿐만 아니라 예수님께서는 미래를 위하여 현명하게 예비하는 것을 결코 반대하시지 않았습니다. 애굽의 총리가 된 요셉은 7년 기근에 대비하여 창고를 짓고 풍년이 들었을 때 곡식을 쌓아두었습니다. 확실히 성경은 물질을 경멸하도록 가르치지 않았습니다. 단지, 그것을 하나님보다 우위에 두거나 하나님 이상으로 귀중히 여기며 섬기며 노예가 되지 말라고 하셨으며 바르게 관리하고 사용하라고 가르치셨습니다. 사도 바울은 이렇게 말했습니다.

예수님이 강하게 반대하셨던 것은 자신을 위하여 재물을 쌓아
두는 것이었습니다. 왜냐하면 땅에 속한 재물들은 조만간 부패해
버리든지 사라질 것이기 때문입니다. 혼자서 재물을 한없이 소유
하고자 하는 욕심은 재물이 세계도처의 모든 사람에게 골고루 필
요한 것이라는 관점에서 볼 때 이기적인 죄악입니다. 한마디로 하
나님의 사랑의 법을 부인하는 일이지요. 무엇보다 가장 나쁜 것은
그것은 우상숭배가 되기 때문입니다. 주님께서 "네 보물 있는 그
곳에는 네 마음도 있을 것"이라고 하신 말씀에(마 6:21) 그 점이 잘
드러나 있습니다.

재물은 그리스도인의 마음을 예수님으로부터 빼앗는 강력한 힘
을 가지고 있습니다. 그리스도인들은 예수님께 대한 충성 대신 재
물에 집착하기 쉽습니다. 물론 입으로는 주님께 충성을 강조하지
요. 그러면서 실제로는 재물을 충성을 다하여 섬깁니다. 예수님보
다 재물을 더 사랑하며, 더 의지하며, 재물로부터 더 위로받으며,
재물을 피난처로 삼지요.

'눈은 몸의 등불'이라고 예수님은 말씀하셨습니다(마 6:22). 눈의
초점이 상실되면 나의 몸 전체는 어둠 속에서 걷고 행할 수밖에 없
다는 것입니다. 눈이 어두워지면 아무것도 명백하게 볼 수가 없습

니다. 여기서 예수님께서 말씀하신 눈은 마음을 상징합니다. 우리의 마음이 예수 그리스도에게 고정되었을 때 우리의 삶은 어둠(죄) 속에서 방황하지 않고 빛(건강한 영적인 삶) 가운데 행할 수 있는 것입니다. 그러나 우리의 마음(눈)이 다른 주인에게 가 있고 그를 섬긴다면(눈은 동시에 둘을 볼 수 없고, 마음은 동시에 둘을 사랑할 수 없다) 우리의 삶은 시력을 잃은 눈처럼 어둠(죄) 속에 묻혀버리고 맙니다. 그래서 바울은 "돈을 사랑하는 것이 일만 악의 뿌리"(딤전 6:10)가 된다고 경고했던 것입니다.

그러기에 예수님께서는 사랑스럽고 재능 있고 장래가 촉망되며 율법적으로 훌륭한 부자인 젊은 관원에게 "네가 온전하고자 할진대 가서 네 소유를 팔아 가난한 자들에게 주라 그리하면 하늘에서 보화가 네게 있으리라 그리고 와서 나를 따르라"(마 19:21)고 말씀하셨던 것입니다. 그러나 그 청년은 재물이 많았고, 재물을 예수님 따르는 것보다 중히 여겼으며, 재물을 천국보다 더 사랑했고, 예수님보다 재물을 의지했으므로 근심하며 떠나갔습니다. 예수님께서는 떠나는 그 청년을 붙잡지 않으셨습니다. 그 청년의 마음을 잘 아셨기 때문에, 그 청년이 두 주인(예수님과 재물)을 섬길 수 없음을 잘 아셨기 때문입니다.

단순한 삶으로의 부름

여기서 주목할 것은 예수님께서 그 부자청년의 소유를 전부 처분하라고 하지 않으셨으며, 다시는 재물을 모으지 말라거나, 가난해지라고 하시지 않았다는 것입니다. 단지 '가난한 자들에게 나눠주고 나를 따르라'고 말씀하셨습니다. 즉 그 청년으로 하여금 나눔과 사랑의 삶을 살라고 하신 것입니다. 그 청년의 그때까지의 삶(재산을 사랑하고 의지하고 나누지 않았던)에서 돌이키라고 하셨던 것이지요. 여기서의 핵심은 순종입니다. 그 청년은 예수님의 요구에 순종하지 않았습니다. 왜냐하면 재물을 예수님보다 중히 여겼기 때문입니다. 그 청년은 재물과 예수님 둘 중에 재물을 택했고 예수님을 잃는 쪽(포기하는 쪽)을 택했습니다. 그 청년의 눈(마음)이 어둠 속(죄가운데)에 있었음을 보여줍니다. 결국 재물에 대한 탐욕 때문에, 예수님보다 재물을 더 사랑하고 중히 여겼기 때문에 그 청년관원은 천국을 잃어버렸습니다. 예수님께서는 그 청년이 돌아간 뒤에 이렇게 말씀하셨습니다.

"내가 진실로 너희에게 이르노니 부자는 천국에 들어가기가 어려우니라 다시 너희에게 말하노니 낙타가 바늘귀로 들어가는 것이 부자가 하나님의 나라에 들어가는 것보다 쉬우니라" (마 19:23,24)

예수님은 부자는 무조건 구원받지 못한다는 뜻으로 말씀하시지 않았습니다. 예수님을 따르는 것보다, 순종하는 삶보다 부자로 사는 것을 중히 여기며, 예수님보다 재물을 사랑하고 의지하고 보배로 여기는, 재물에 눈이 멀어 어두워진 사람을 두고 하신 말씀입니다. 결국 소유욕, 세속의 것에 대한 집착은 마음을 죄로 어둡게 하며 재물보다 비교할 수 없이 귀중한 하나님 나라를 잃어버리게 한다고 예수님은 경고하신 것입니다.

예수님께서 사람을 부르실 때는 예수님과 재물 두 주인을 섬길 수 없으니 참된 주인 되시는 예수님을 선택하여 따르라는 단순한 삶으로 부르신다는 사실을 잊지 말아야 합니다.

단순하게 살지 못하는 원인

"그러므로 내가 너희에게 이르노니 목숨을 위하여 무엇을 먹을까 무엇을 마실까 몸을 위하여 무엇을 입을까 염려하지 말라 목숨이 음식보다 중하지 아니하며 몸이 의복보다 중하지 아니하냐 공중의 새를 보라 심지도 않고 거두지도 않고 창고에 모아들이지도 아니하되 너희 하늘 아버지께서 기르시나니 너희는 이것들보다 귀하지 아니하냐" (마 6:25, 26)

마태복음 6:25-34의 핵심적 교훈은 무엇을 신뢰하는가, 누구를 신앙의 대상으로 삼는가의 양자택일에 관한 것입니다. 우리의 창조주이시며 피조물을 보살펴주시는 하나님 아버지를 신뢰할 것인가 아니면 어떤 세상적 피난처를 신뢰할 것인가에 관한 것입니다.

물질을 의지하고 신뢰하는 것은 염려를 불러일으킵니다. 우리는 원하는 것을 갖기 위하여 충분한 돈을 소유하려고 하지만 그것이 잘 안 될 때 걱정하고 염려합니다. 그리고 돈을 가지게 되면 그것을 안전하게, 또 좋은 조건하에 보관하면서 불리기 위해 또 다른 염려를 합니다. 또한 불경기, 인플레 등으로 염려합니다. 사람은 물질을 의지하고 신뢰하고 사는 한 물질을 아무리 많이 소유하더라도 염려와 걱정에서 벗어날 수 없습니다. 가난한 사람보다 돈이 많은 사람이 여러 가지 걱정이 훨씬 많습니다(전 5:12). 사람이 염려에서 놓여나지 못하면 단순한 생활을 할 수 없습니다.

예수님께서 그러한 염려로 인하여 야기되는 영적 손상에 대하여 자주 경고하셨습니다. 특히 하나님의 말씀의 씨가 우리 마음(밭)에 뿌려질 때 결실로 연결되지 못하는 원인 중의 하나는 "이생의 염려와 재리와 일락에 말씀이 막혔기 때문"이라고 말씀하셨습니다(마 13:19). 그러므로 재물에 관한 염려와 근심은 신앙성장을 막는 가장 강력한 장애요소가 됩니다. 예수님께서는 또 재물에 대한 집착과 염려로 인하여 영적으로 우둔해져서 잠자는 사람에 대한 경고를 하셨습니다.

"너희는 스스로 조심하라 그렇지 않으면 방탕함과 술취함과 생활의 염려로 마음이 둔하여지고 뜻밖에 그 날이 덫과 같이 너희에게 임하리라" (눅 21:34)

만약 우리가 하나님 아버지의 성실성에 대한 믿음을 가지고 있다면 우리는 하루하루 복잡한 염려와 근심 없이 단순하게 살아갈 수 있을 것입니다. 그래서 예수님은 "내일 일을 위하여 염려하지 말라 내일 일은 내일이 염려할 것이요 한 날의 괴로움은 그 날로 족하니라"(마 6:34)고 말씀하신 것입니다.

예수님께서 몸소 실천하시고 가르치신 생활양식은 지극히 단순했습니다. 하나님의 자녀들이 누리는 하나님의 은혜와 능력은 모든 면에서 하나님을 얼마나 신뢰하는가에 달려있습니다. 하나님을 신뢰하지 않고 세상의 힘과 자신을 믿고 신뢰하는 사람은 자연히 염려와 근심에 얽매일 수밖에 없습니다. 세상 모든 일들이 자신이 원하는 대로 의지대로 되지 않고 반대로 되는 일들이 많기 때문입니다.

예수님께서는 제자들을 파송하시면서 "가면서 전파하여 말하되 천국이 가까이 왔다 하고 병든 자를 고치며 죽은 자를 살리며 나병 환자를 깨끗하게 하며 귀신을 쫓아내되 너희가 거저 받았으니 거저 주라 너희 전대에 금이나 은이나 동을 가지지 말고 여행을 위하여 배낭이나 두 벌 옷이나 신이나 지팡이를 가지지 말라……"(마 10:7~10)고 말씀하셨습니다. 실제로 이런 삶을 살기 위해서는 물질에 대한 집착과 물질을 의지하는 마음이 없어야 가능합니다. 그 대신 하나님만을 의지하고 신뢰할 수 있어야 합니다. 대부분의 그리스도인들은 이러한 수준에 쉽게 도달할 수 없다는 것을 시인할 것입니다. 그리스도인이 되고나서도 대부분의 사람들은 하나님보다는 재물의 힘을 의지하고 살고 있기 때문입니다.

하나님의 사랑의 실재성을 체험하는 길

예수님께서 떡 다섯 개와 물고기 두 마리를 가지고 5천 명을 먹이시고 넉넉히 남게 된 것을 목격하고도 제자들은 예수님을 따르면서 여전히 떡 때문에 걱정했습니다(마 16:7). 예수님께서는 그러한 제자들을 보시고 "믿음이 적은 자들아 어찌 떡이 없음을 서로 논의하느냐 너희가 아직도 깨닫지 못하느냐 떡 다섯 개로 오천 명을 먹이고 주운 것이 몇 바구니며 떡 일곱 개로 사천 명을 먹이고 주운 것이 몇 광주리였는지를 기억하지 못하느냐" 하시고 부드럽게 책망하셨습니다(마 16:8-10).

확실히, 물질적인 문제로 염려하고 근심하며 무엇을 먹을까 무엇을 마실까 무엇을 입을까에 집착하는 것은 믿음이 적은 이유 때문이며 영적으로 연약한 자임을 의미합니다. 그리스도인들이 물질적인 문제로 초연하고 자유로운 상태가 될 때, 즉 하나님(또는 그리스도)을 신뢰하므로 그 분께 그 문제를 맡기는 상태가 되었다는 것은 믿음이 강하다는 것이고 신앙이 성숙했다는 증거입니다. 그렇게 되면 비교적 단순한 삶의 궤도에 진입했다고 볼 수 있습니다.

또한 그런 상태가 될 때 하나님의 사랑의 실재성(하나님께서 자기 백성을 먹여주시고 입혀주신다는)을 확실하게 체험하게 됩니다. 하나님의 사랑의 실재성을 체험하지 못하는 그리스도인이 있다면 그가 하나님이 아닌 세속의 물질과 세속의 힘과 방법을 의지하고 집착하며 신뢰하며 살고 있다는 증거입니다.

진정한 신앙

우리 대부분의 그리스도인들은 하나님과 세속물질의 힘을 적당히 의지하는 양다리를 걸친 상태로 살고자 합니다. 하나님 나라를 구하며 하나님을 믿고 섬긴다하면서도 여전히 땅의 재물들에 마음이 끌리며 그것을 힘입어 안전을 보장받으려고 합니다. 오히려 하나님께 재물을 많이 달라고, 재물을 많이 주심으로 안전을 보장해 주시라는 식의 기도를 부단히 합니다. 그러나 우리가 두 세계(하나님과 세상)의 힘을 다같이 차지하려고 한다면 하나님 나라의 힘을 상실하게 된다는 사실을 잊어서는 안 됩니다.

그리스도인이 하늘의 보화보다 땅의 보화를 선호하고 집착하는 것은 신앙이 부족하기 때문입니다. 우리가 하늘의 보화를 정말 믿는다면 땅의 보화를 선호하고 집착하다가 하늘의 보화를 놓치게 되는 어리석은 짓을 하지 않을 것입니다. 하늘의 보화는 상징적인 것이며 종교적 꿈에 불과하다고 믿기 때문에 실제로는 땅의 보화를 선호하고 집착하게 되는 것이지요. 그러나 예수님은 땅의 보화보다 하늘의 보화를 선호하고, 그것을 위하여 사는 것이 진정한 신앙이라고 거듭 말씀하셨습니다.

현실적 필요를 채워주시는 예수님

예수님께서는 예수님을 위하여 모든 것을 버렸다고 생각하는 제자들에게 다음과 같은 약속을 하셨습니다.

"내가 진실로 너희에게 이르노니 나와 복음을 위하여 집이나 형제나 자매나 어머니나 아버지나 자식이나 전토를 버린 자는 현세에 있어 집과 형제와 자매와 어머니와 자식과 전토를 백 배나 받되 박해를 겸하여 받고 내세에 영생을 받지 못할 자가 없느니라" (막 10:29,30)

예수님께서는 결코 내세에서의 영생만을 책임지시는 분이 아님을 분명히 밝히셨습니다. 현세에서의 필요도 백 배(완벽하게)나 채워주시고 책임지시겠다고 약속하셨습니다. 예수님을 따르는 사람들이 자신의 필요한 모든 것을 하나님의 손에 맡겼을 때, 하나님은 자신의 백성들을 위하여 결코 부족하지 않게 넉넉히 채워주신다는 것을 제자들은 초대교회의 공동체 생활에서 완벽하게 체험했습니다.

그들은 함께 살았으며, 함께 일했으며, 함께 나눴으며, 함께 기도했으며, 함께 배웠습니다. 그들은 자신의 소유에 대한 모든 소유권을 포기했으며, 그 결과로 보다 더 많은 것을 얻게 되었습니다. 신자들이 재정적 어려움을 당할 때 의지해야 할 분은 우리에게 재정적 필요를 채워주시는 예수님과 성부 하나님이십니다. 그리하면 예수님과 성부 하나님의 능력을 확인하게 될 것입니다. 하나님의 능력은 세상의 물질을 많이 쌓아두고 그것을 의지하는 사람에게 나타나기보다는 물질을 소유하지 않은 사람, 오직 하나님만을 의지하는 사람 사이에서 명백하게 증명됩니다.

영적 빈부를 결정짓는 물질에 대한 자세

세상물질에 대하여 가난한 사람이 신앙에 있어서(영적 문제)는 부자이며 복인 것을 성경은 가르칩니다. 반대로 세상물질을 많이 소유하고 있는 사람은 영적으로 가난해질 수 있으므로 조심해야 한다고 가르칩니다. 예수님께서 가난한 자가 복이 있다고 말씀하신 이유는 부자보다 가난한 사람이 하나님을 더 간절히 의지할 수 있기 때문이었습니다. 계시록에 언급된 일곱 교회 중 물질적으로 제일 가난한 교회는 서머나 교회였습니다. 그러나 예수님께서는 그들을 향하여 부요한 자들이라고 하셨습니다.

현실적으로는 환난에 시달리고 가난하지만 그러기에 더욱 하나님만을 간절히 믿고 신뢰하므로 영적으로 부자라는 것입니다. 반면에 계시록에 언급된 교회 중에 제일 부요한 교회는 라오디게아 교회였습니다. 그러나 그들은 현실적으로 부요하며 아쉬울 것이 없었으므로 하나님을 간절히 믿고 의지하는 마음이 없고, 자신들의 물질적 부요만을 신뢰하며 즐기며 자랑했습니다. 예수님께서는 그들을 향하여 영적으로 눈멀고 헐벗은 빈털터리라고 말씀하셨습니다.

"네가 말하기를 나는 부자라 부요하여 부족한 것이 없다 하나 네 곤고한 것과 가련한 것과 가난한 것과 눈 먼 것과 벌거벗은 것을 알지 못하는도다" (계 3:17)

여기서 물론 부자라고 해서 모두 영적으로 가난하다는 얘기는 아닙니다. 부자도 물질이 아닌 하나님 자신만을 굳게 의뢰하고 순종하는 사람은 영적으로도 부요할 수 있습니다. 아브라함, 이삭, 야곱, 요셉, 다윗 같은 사람은 물질적인 세계에서 뿐 아니라 영적세계에서도 부자였습니다. 물질적으로 넉넉했지만 그들은 자신에게 있는 물질보다 하나님을 존귀히 여기며 의지하고 순종했기 때문입니다. 가난한 자라고 무조건 영적으로 부자가 되는 것도 아닙니다. 물질적으로도 영적으로도 가난한 자는 얼마든지 있습니다. 그러므로 물질에 대한 자세가 어떠냐에 따라 영적 가난뱅이도 될 수 있고 영적 부자도 될 수 있습니다.

탐욕에 단련된 거짓 선지자들

기만과 부패를 가져오는 거짓 선지자(거짓 교사)에 의한 계속적인 위험 때문에 바울을 비롯한 초대교회 지도자들은 자신들의 가르침과 실생활의 일치되는 완전무결함을 보여 주었습니다. 복음의 메시지를 전하는 자가 가르침과 실생활이 일치되지 않으면 권위와 변화케 하는 능력이 없습니다. 예수님은 자신을 비판하는 자들에게 이렇게 말씀하셨습니다.

"너희 중에 누가 나를 죄로 책잡겠느냐" (요 8:46)

당대의 부요한 영적 지도자들의 기만성 때문에 예수님께서는 단순한 생활양식을 통해서 공생애 사역의 신뢰성을 구축하셨습니다. 예수님과 제자들은 공동으로 자금을 운영했으며 가난한 자들에게 정기적으로 기부했습니다(요 13:29). 예수님과 제자들은 물질적 부요와 생활을 편안하게 만드는 것을 스스로 거부했습니다. 초대교회의 가르침은 이 점에 대하여 충실히 따랐습니다(딤전 6:8, 9; 히 13:5).

거짓 선지자(거짓 교사)의 특징 중 하나는 물질에 대한 탐욕에 연단된(단련된) 마음(벧후 2:14)입니다. 그들은 사람들에게 '물질적인 이를 얻기 위하여 아첨'합니다(유다서 1:16). 그런 점에서 볼 때 오늘날의 기복신앙(물질적인 복을 추구하는 신앙)은 진정한 기독교신앙과 거리가 먼 사이비 신앙에 가깝습니다.

현대는 상업주의가 지배하는 시대이며 광고 만능 시대입니다. 복음을 전하는 교회도 마치 유능한 세일즈맨들이 상품을 판매하듯이 복음을 판매(?)합니다. 자연히 판매하고자 하는 상품이 화려하고 구매심리를 촉구하는 상품이어야 사는 사람의 마음을 잡아끄는 것처럼, 교회에서도 복음에 여러 가지 화려한 것을 덧입히고 포장해서 세일즈를 합니다. 경쟁자들에게 고객을 빼앗기지 않으려면 고객의 구미를 당기는 것들을 많이 준비해 놓아야 합니다. 그것들 중에는 그리스도를 따르는 단순한 생활양식에 역행하는 육신적 번영과 만족을 추구하는 것들이 많습니다.

가난한 자들과 자신을 동일시하시는 예수님

성경전체를 통해서 하나님은 명백하게 가난한 자들의 편에 서 계신 것처럼 여겨집니다. 하나님은 결코 사람을 차별대우하시는 분이 아니며, 자신을 믿고 신뢰하는 모든 사람에게 똑같이 후히 주시지만(약 1:5), 하나님은 정의의 하나님이시므로 탐욕한 부유한 자들이 가난한 자들을 압제하며 강포를 행하고 착취할 때 언제나 가난한 자들의 편에 서 계셔야만 했습니다.

더 나아가서 하나님께서는 자신과 가난한 자들을 동일시하십니다. 우리가 가난한 자들에게 친절하게 대했을 때 우리는 하나님에게 꾸이는 것이라고 했고(잠 19:7), 배고프고, 목마르고, 외롭고, 헐벗고, 아프고, 또 감옥에 갇힌 자들을 돌아보았을 때 그것은 바로 예수님 자신을 섬기며 대접하는 것이라고 친히 말씀하셨습니다(마 25:34-40). 예수님께서 보통 사람들, 특히 가난하고 천대받는 사람들에게 환영받고 사랑을 받은 이유는 예수님께서 그들과 함께 자신을 동일시하셨기 때문이었습니다. 예수님은 가난한 자에게 복음을 전하려고 오셨으며, 그들처럼 머리 둘 곳도 없었기 때문에 그 일을 행하실 수가 있었습니다.

초대교회는 예수님께서 하신 일을 계속하였습니다. 베드로와 요한은 성전 미문에서 구걸하는 앉은뱅이에게 주고 싶은 금이나 은은 전혀 없었지만 예수 그리스도의 성령의 능력이 있었습니다. 만약 그들에게 금이나 은이 있었다면 그들은 성령의 능력으로 앉은뱅이를 고쳤을 뿐 아니라 금과 은도 주었을 것입니다. 초대 예루살렘 교회가 영적으로 크게 부요할 수 있었던 중요한 이유 중의 하나는 그들이 가난한 자들을 섬기는 것을 소홀하지 않았기 때문입니다. 그들은 기꺼이 각 사람의 필요에 따라 나누는 삶에 대한(행 2:45; 4:32; 6:1-6) 예수님의 가르치심과 행하심을 그대로 따랐습니다. 그리하여 가난한 자들과 궁핍한 자들, 병든 자들, 과부들 사이에 하나님의 말씀이 그토록 빠른 속도로 확산되었던 것입니다.

그러나 현대의 대부분의 교회는 풍요로운 중산층에 대하여 호소합니다. 많은 사람들이 "교회도 돈이 있어야 다닌다", "돈 없으면 교회도 다니지 못한다", "장로가 되려면 돈 있어야 한다", "권사가 되려면 돈 있어야 한다"는 말들을 많이 합니다. 또한 교회당을 날로 고급스럽게 건축하는 것을 선호합니다. 실제로 가난한 사람들은 들어가기가 주저되는, 가난한 사람들을 기죽게 하는 교회들이 많습니다. 1세기의 예수님의 가르침이나 행하심이나 관심사하고는 너무나 동떨어진 모습을 하고 있는 것을 많이 목격할 수 있습니다.

진정한 교회의 힘

1~3세기의 교회야말로 교회역사상 가장 풍요롭고 아름다운 교회였습니다. 그런데 그 기간에는 교회가 건물도 없었고 물질적 재산도 없었고, 정치적 사회적 힘도 없었고, 오직 하나님만을 의지하는 힘밖에 없었던 때라는 것을 기억할 필요가 있습니다. 세속적으

로 교회가 그때처럼 힘없고 가난했던 때는 없었습니다. 그렇지만 그때처럼 교회가 가난한 사람들에 대하여, 힘없는 사람들과 병든 사람들을 대하여 필요를 채워주며 예수님께서 보여주신 단순한 생활양식을 따랐던 때가 없었습니다. 교회의 생명력은 물질적 힘도 아니요 정치적 힘도 아니라 오직 영적인 힘만이 생명력이며, 영적인 힘은 복음 안에서 하나님만을 의지하는 성경적인 단순한 생활양식에서 비롯됩니다.

사랑의 힘

성경적인 단순한 생활양식을 통해서 나타나는 영적인 힘의 중심(핵심)은 사랑입니다. 만약 교회가 사랑의 힘이 없다면 교회의 모든 유창하고 감동적인 설교는 시끄러운 꽹과리 소리에 불과할 것입니다. 초대 그리스도 교회를 강하게 통치했던 힘은 사랑이었습니다.

"우리가 이같이 너희를 사모하여 하나님의 복음뿐 아니라 우리 목숨까지도 너희에게 주기를 기뻐함은 너희가 우리의 사랑하는 자 됨이라" (살전 2:8)

초대 그리스도인들이 보여준 사랑은 사람을 교회로, 그리고 주님께로 강하게 끌어당겼습니다. 가난한 자들과 소외당한 자들, 병든 자들, 불구자들, 과부들, 멸시받는 자들, 이방인들, 종들, 심지어 몇몇 부자들마저도 모두가 사랑의 힘에 자석처럼 끌려 주님께로 나왔습니다. 하나님의 말씀(복음)을 거역하는 강퍅한 사람을 제외하고 말입니다. 초대 그리스도인들은 서로 헌신적으로 사랑함으로써 그들이 예수의 제자들이며, 또한 하나님이 그들 가운데 함께 하신다는 사실을 명백히 보여 주었습니다. 왜냐하면 사랑은 언제나 세상에서 가장 위대한 것이고 그 위대한 사랑의 근원이 하나님이시기 때문입니다.

사랑은 어떤 유창한 말보다 훨씬 사람을 감화시키는 힘이 있습니다. 사도행전의 첫 몇 장에는 초대 그리스도인들이 그들의 소유를 아낌없이 나누어 하나님의 사랑이 그들 가운데 확실하게 있다는 증거를 보여 주었으며, 그것을 본 다른 사람들로 하여금 불가항력적으로 예수 그리스도에게 나갈 수밖에 없게 만들었다는 사실을 보여 주고 있습니다(행 2:44,45,47; 행 4:32-35). 그래서 사도 바울은 사랑은 더욱 큰 은사요, 제일 좋은 길이라고 했고(고전 12:31), "천사의 말을 할지라도 사랑이 없으면 소리 나는 구리와 울리는 꽹과리가 되고 예언하는 능력이 있어 모든 비밀과 모든 지식을 알고 또 산을 옮길 만한 모든 믿음이 있을지라도 사랑이 없으면 아무것도 아니라"(고전 13:1,2)고 했던 것입니다.

그들이 보여준 사랑에는 어떤 강제성도, 압력도 없었습니다. 그러나 그들 가운데 있는 하나님의 사랑이 워낙 강했기 때문에, 자기의 소유를 기꺼이 그리스도 안에서 형제자매가 된 자들을 향하여 나눠줌으로써 그들의 물질적 필요를 채워주었고, 그것을 통하여 자신들의 사랑을 표현했던 것입니다.

> "누가 이 세상 재물을 가지고 형제의 궁핍함을 보고도 도와 줄 마음을 닫으면 하나님의 사랑이 어찌 그 속에 거하겠느냐" (요일 3:17)

이러한 사랑은 초대 예루살렘 교회에만 국한된 것이 아니라 이방 교회에도 똑같이 나타났습니다. 안디옥 교회는 예루살렘에 기근이 있었을 때 예루살렘 교회 형제자매를 위하여 헌금을 모금하여 보내줌으로써 사랑을 표현했고(행 11:27-30), 마게도냐 지역의 성도들은 "환난의 많은 시련 가운데서 그들의 넘치는 기쁨과 극심한 가난이 그들의 풍성한 연보(헌금)를 넘치도록 하게 하였고, 그들이 힘대로 할뿐 아니라 힘에 지나도록 자원하여"(고후 8:1-3) 예루살렘 교회를 도움으로써 그들의 사랑을 표현했습니다. 바울은 그들을 향하여 "오직 너희는 믿음과 말과 지식과 모든 간절함과 우리를 사랑하는 이 모든 일에 풍성한 것 같이 이 은혜에도 풍성하게 할지니라"(고후 8:7) 하고 그들의 사랑을 격려했습니다.

돈을 피난처로 삼은 그리스도인들

대부분의 그리스도인들은 신앙, 사랑, 봉사, 선교 등에 관한 가르침에는 쉽게 공감하고 동의합니다. 그러나 돈, 재산, 단순한 생활양식에 대한 가르침에는 쉽게 동의하지 않습니다. 꿈쩍도 하지 않는다는 표현이 알맞을 것입니다. 왜 그럴까요? 그 이유는 돈이나 재산이 사람들의 궁극적인 피난처이기 때문입니다. 그리스도인이 되고나서도 황금의 신을 피난처로 삼고 있는 것은 쉽사리 고쳐지지 않습니다. 아무리 의식적으로는 그것을 부인하려고 해도 실제적으로는 여전히 황금의 신을 피난처로 삼고 있는 그리스도인이 많습니다. 오히려 그리스도인이 되고나서 돈과 재산을 더 적극적으로 밝히는 사람이 되지 않으면 다행입니다.

대부분의 그리스도인들은 돈으로 대표되는 세상의 압력보다 하나님을 피난처로 삼아야 한다는 의식을 가지고 있으면서도 실제로는 그렇게 살 수 없다는 생각을 가지고 있습니다. 신자들도 의식의 지배를 받기보다는 본능의 지배를 받는 삶을 살기 쉽습니다. 그러므로 겉으로는 그리스도인이지만 실제로는 황금의 신의 지배를 받는 비그리스도인들과 다를 바 없이 살게 됩니다. 그리스도인들도 비그리스도인들처럼 가구를 소유하기 위하여 많은 돈과 시간을 투자하는 것을 당연하게 여기면서도 가난한 자들 병든 자들 돌아보는 일, 제3세계의 굶주린 사람들을 위하여 은밀히 구제금을 기부하는 일 등에는 지나치게 소극적인 자세로 사는 사람이 많습니다. 자신의 보다 나은 삶을 위해서는(풍요롭고 세련된) 아낌없이 노력하고 투자하면서도 어려운 동료인간을 위해서 헌신하고 희생하는 삶의 태도는 쉽게 찾아볼 수 없습니다.

가장 확실한 표적

부와 가난의 극단적인 현상은 하나님이 원하지 아니하는 것입니다. 성경은 부자들이 가난한 자들에 대하여 아무런 도움도 주지 않은 채 오히려 학대하고 착취하는 탐욕을 무섭게 정죄합니다. 신약성경에서 하나님의 백성들이 보여준 가장 확실한 표적이 있다면 재물을 모두 함께 나누며 살았다는 것입니다. 그것은 그리스도인이 아니고는 누구도 흉내 낼 수 없는 일반인들에게는 충격이었습니다. 그것보다 확실한 효과적인 복음전도는 없었습니다. 사람들은 교회의 그런 모습을 보고 신선한 충격을 받고 자석처럼 이끌렸습니다(행 2:44-47).

만약 교회가 이와 같이 나누는 것을 잃어버렸다면 교회가 외치는 말들은 공허한 말들이 될 것입니다. 믿지 않는 사람들은 그리스도인들의 신앙이 실제적으로 무엇인가 의미 있고 감동적인 모습을 보여줄 때 교회의 말에 귀를 기울이게 됩니다.

제임스 박스터James K. Baxter는 이렇게 말했습니다.

"초대 그리스도인들은 오순절에 성령의 폭탄이 그들 마음속에서 폭발하기 전까지는 자유스럽고 완전한 방법으로 자기들의 물건들을 서로 나누지 아니했다. 그때가 오기 전에는 그들이 그러한 자유롭고 기쁨이 넘치는 나누는 삶을 감당할 수 없었던 것이다. 소유하려는 습관은 인류의 깊은 본능에 뿌리를 내린 습관이다. '이것은 당신들의 것이다. 나의 것이 아니라'라고 말하며 다른 사람에게 나눠주는 일은 마치 하나님이 죽은 자를 다시 살리는 것만큼 기적적인 일이다."

오늘날의 교회에서 가장 중요하게 여기는 사명은 교회당을 짓는 일입니다. 임대교회는 어떻게 해서라도 자체 건물을 가지기 위해 마치 집 없는 사람이 내 집 마련하듯 오직 그 일에만 전념하면서 나누는 일에는 엄두도 내지 못합니다. 신자들에게 교회당 건축하는 일을 마치 그리스도인의 지상 최대의 사명인 것처럼 강조합니다. 이미 교회당을 건축한 교회도 더 큰 교회당과 더 다양한 시설로 확장하기 위하여 기획하고 전념하는 일을 제1순위에 두는 것은 마찬가지입니다.

그리스도인의 사명

그리스도인의 사명은 교회당을 짓는 일이 아니라, 동료인간들에게 하나님의 사랑을 증명해 보이는 것입니다. 만약 그리스도인들이 교회당 짓는 일과 다른 일에 전념하느라고 다른 사람에게 하나님의 사랑을 구체적으로 증명해 보이는 일을 소홀히 한다면 기독교는 생명력 없는 세속종교로 전락해 버립니다. 서구 기독교역사가 그것을 뼈아프게 보여 주었습니다. 영국 작가 포스터E. M. Foster는 그러한 기독교에 대하여 "가난하며, 수다스러우며, 소인배적인 사람들로 구성된 집단"이라고 꼬집었습니다. 물론 가난하다는 말은 영적인 가난, 정신적인 가난을 뜻합니다. 영적으로, 정신적으로 가장 부요해야 하는 그리스도의 교회가 가난뱅이에다, 빈말만 무성한 수다쟁이에다, 나누기 싫어하고, 베풀기 싫어하며, 자기 성만 굳건하게(교회당) 쌓아올리는 옹색한 집단이라는 소리를 듣게 되는 것은 뼈아픈 지적이 아닐 수 없습니다.

사도 요한은 이렇게 말했습니다.

"자녀들아 우리가 말과 혀로만 사랑하지 말고 행함과 진실함으로 하자" (요일 3:18)

청지기로서의 삶

사람의 욕심처럼 거대한 그릇은 없습니다. 그 그릇에는 아무리 많은 것을 채워도 채워지지 않습니다. 사람의 욕심을 채우기 위한 노력은 밑 빠진 독에 물붓기와 같습니다. 사람의 생각이 근본적으로 바뀌지 않는 한 사람은 이 세상에 사는 동안 밑 빠진 독에 물붓기와 같은 일을 죽을 때까지 계속하게 되고, 그것처럼 헛된 일은 없을 것입니다.

탐욕의 원인

성경은 인간의 분별없는 탐욕이나 낭비, 무절제한 삶은 하나님의 소유권에 대해서 모르거나 알더라도 인정하기를 거부하고 순종하지 않은 데서 비롯된다고 말합니다. 인간의 탐욕과 낭비와 무절제, 혹은 인색함 같은 것은 모든 것의 주인이 바로 자기 자신이라고 주장하기 때문이라는 것입니다.

사탄의 유혹으로 범죄하여 타락한 아담과 하와 이후의 모든 인간의 가장 분명한 죄인됨의 증거는 모든 것의 주인이 바로 자기 자신이라고 주장하는 것입니다. 사탄은 끊임없이 사람들의 마음에 속삭입니다. "네가 네 생명의 주인이다. 네가 네 목숨의 주인이요, 인생의 주인이며, 재물의 주인이며, 재능의 주인이고, 시간의 주인이다. 네가 네 인생의 왕이다. 그러므로 네 맘대로 할 수 있다." 그래서 사람들은 사탄에게 속아 "내가 내 모든 것의 주인이다"라고 착각하며 살고 있습니다. 도둑은 남의 것을 도둑질해서 자기 것으로 삼으면서 양심의 가책을 느끼지만 하나님의 소유권을 모르는 인간은 전혀 그러한 양심의 가책도 느끼지 못한 채 지극히 당연한 것으로 여깁니다.

거듭난 사람의 특징

예수 그리스도를 믿고 거듭난 사람은 이러한 사실을 깨닫고 회개하게 됩니다. 보통 우리가 예수님을 알기 전에는 윤리적인 죄와 법을 어기는 것만을 죄라고 생각하지 그 외에는 전혀 죄의식이 없습니다. 그래서 자신이 법을 어긴 일이 없고 윤리적으로 떳떳하다고 생각하는 사람은 성경에서 말하는 죄의 의미를 잘 모르기 때문에 회개하라고 하면 회개할 것이 없다고, 내가 무슨 죄를 지었느냐고, 난 남에게 나쁜 짓 하지 않고 정직하게 살고 있으며 착하고 선한 사람이라고 주장합니다.

그러나 예수님을 믿고 성령의 역사로 진리의 말씀에 눈이 떠지면 비로소 자신이 얼마나 가증하고 뻔뻔스러운 죄인이었나를 깨닫고 회개하게 됩니다. 성경에서 말하는 인간의 가장 근본적인 죄는 자신을 지으시고 자신에게 모든 것을 주신 만물의 창조주시며 주권자이신 하나님을 인정하지 않는 것입니다. 성경은 모든 만물의 소유권이 창조주 하나님께 있음을 수 없이 선포합니다(골 1:6; 롬 11:36; 시 24:1).

태초에 만물을 창조하신 하나님께서는 인간을 피조세계의 대표로 세우시고 하나님이 창조하신 세계를 다스리고 관리하고 가꾸고 계발하라는 청지기로 세우셨습니다(창 1:27,28). 그러나 타락한 인간은 자신이 청지기인 신분을 망각한 채 주인이라고 착각하여 주인행세를 해 왔던 것입니다. "하나님의 것이 아니라 다 내 것이다"라고 우깁니다. 그리고는 욕심껏 소유하기 위하여 탐욕을 채우기 위하여 피땀을 흘립니다. 어떤 사람은 수단방법을 가리지 않고 욕심껏 자기 소유를 더 많이 쌓아놓으려 하고, 어떤 사람은 비교적 정직하고 바른 자세로 사는 것 같지만 목적은 같습니다.

탐욕의 대상들

세상에 있는 것들은 무엇이든지 인간의 탐욕의 대상이 될 수 있습니다. 의식주에 관한 것을 비롯해서 성적 욕구, 명예, 인기, 학식 같은 것과 얼핏 고상하게 여겨지는 취미활동까지도 탐욕이 될 수 있습니다. 값비싼 골동품이나 문화예술품들을 소장하는 것을 취미로 삼거나 몇 천만 원짜리 골프 회원권이나 헬스클럽 회원권을 지니고 다니면서 여가생활을 즐기는 것도, 난蘭 화분 하나에 수백만, 수천만 원 하는 것들을 수집하는 것도 격조 높은 취미가 아니라 탐욕입니다. 물론 건강하고 풍성한 삶이 되게 하는 소박한 취미생활이나 여가활동은 예외입니다.

탐욕의 대상은 얼마든지 있습니다. 언뜻 보기에 거룩하게 보이는 것들도 탐욕의 대상이 될 수 있습니다. 이를테면 가장 아름다운 예배당을 건축하는 일도 탐욕이 될 수 있고, 세계 최대 규모의 교회당을 짓는 것도 탐욕이 될 수 있고, 세계 최대교회로 부흥케 하겠다는 것도 탐욕이 될 수 있습니다. 세계 최대의 메머드교회임을 자랑하는 우리나라 어느 교회는 몇 십만이나 되는 교인 수가 성이 차지 않아서 각처에 제일 성전, 제이 성전, 제삼 성전…… 이런 식으로 체인교회를 세워 마치 대기업을 방불케 하는데 그것을 부러워하는 여타의 교회들도 능력만 된다면 그렇게 하고자 하는 것은 거룩의 탈을 쓴 탐욕이랄 수밖에 없습니다.

세계 최대의 교단이니, 한국의 장자교단이니, 세계적인 부흥사니, 한국교계의 거목이니, 총회장이니, 노회장이니 하는 타이틀에 야심이 생기는 것과 세력을 키워나가는 것도 극히 조심하지 않으면 거룩의 탈을 쓴 탐욕으로 탈바꿈하게 됩니다. 이 시대의 교회들은 거룩한 탐욕의 중병을 앓고 있습니다.

탐욕은 세속적인 탐욕이든 거룩한 탐욕이든 무한대의 용량을 가진 그릇이요 밑 빠진 독과 같아서 그 무엇으로도 도저히 채울 수가 없습니다. 인간은 유한한 존재이지만 인간의 탐욕은 무한합니다. 인간의 탐욕은 끝이 없고 만족함을 모릅니다. 돈을 탐하는 자는 돈으로 만족함을 얻지 못하고, 권력을 탐하는 자는 권력으로 만족함을 얻지 못하고, 명예를 탐하는 자는 명예로 만족함을 얻지 못하고, 학식을 탐하는 자는 학식으로 만족함을 얻지 못하고, 색을 탐하는 자는 색으로 만족함을 얻지 못하다 죽게 됩니다(전 5:6,7,10). 탐욕은 인간의 마음에서 만족함과 평안과 행복을 빼앗아가고 근심, 걱정, 염려, 시기, 질투, 거짓, 음모, 무정함, 무자비, 미움, 다툼, 분열, 살인, 간음, 도적질 등 온갖 죄의 동기가 되며(엡 6:9,10), 결국 멸망에 이르게 됩니다.

소유권에 대한 올바른 개념과 그 모델들

이러한 탐욕에 빠지지 않기 위해서는 무엇보다도 먼저 자신과 자신의 모든 것의 소유권에 대한 올바른 개념을 가지고 있어야 합니다. 곧 모든 것의 소유권이 나에게 있는 것이 아니라 하나님께 있다는 것을 알아야 합니다. 이에 관한 가장 좋은 모델을 성경에서 찾아보면 욥과 요나단과 세례 요한이 있습니다.

1. 욥

욥은 어마어마한 거부였습니다. 그는 양이 칠천이요 약대(낙타)가 삼천이요 소가 오백겨리요 암나귀가 오백이요, 종도 무척 많이 거느린 동방 제일의 거부였습니다. 또 아들 일곱 딸 셋 십남매를 슬하에 둔 다복한 사람이었습니다. 그런데 어느 날 갑자기 상상도 하지 못한 재앙이 덮쳐서 자녀와 전 재산을 잃는 변을 당했습니다. 보통 사람 같으면 그런 때 자신의 소유물을 잃은 것에 대하여 애통하며 절망할 것이고 하늘을 원망스럽게 생각할 것입니다.

그러나 욥은 그러한 엄청난 재난을 당한 후 곧 땅에 엎드려 하나님께 경배하며 "내가 모태에서 알몸으로 나왔사온즉 또한 알몸이 그리로 돌아가올지라 주신 이도 여호와시요 거두신 이도 여호와시오니 여호와의 이름이 찬송을 받으실지니이다"(욥 1:21)라고 고백했습니다. 이것이 곧 하나님의 소유권을 인정하며 자신이 하나님의 청지기임을 시인하는 성경적 모델입니다. 오늘날 신자들은 입으로는 자신에게 있는 것이 다 하나님의 것이라고 인정하면서도 실제로는 자신의 것으로 여기며 사는 사람이 대부분입니다. 그것은 청지기로서의 삶이라고 할 수 없습니다.

2. 요나단

요나단은 사울 왕에 이어 이스라엘의 왕위를 이을 왕자였습니다. 그러한 요나단에게 다윗의 등장은 강력한 라이벌이요, 정적이 될 수 있었습니다. 그러나 정작 다윗을 라이벌로 여기며 정적으로 삼은 사람은 요나단이 아니라 사울이었습니다. 사울 왕은 다윗을 시기 질투하여 미친 사람이 되어 그를 없애려고 날뛰었지만 요나단은 목숨 걸고 다윗을 지켜주며 자기 목숨처럼 사랑하며 이스라엘의 왕이 되도록 격려해 주었습니다. 권력의 핵심부에 있는 사람이 그럴 수 있다는 것은 놀라운 일입니다. 요나단에게 조금이라도 권력에 대한 탐욕이 있었다면 사울 왕보다 더 다윗을 경계하고 죽이려 했을 그런 입장이었습니다. 요나단은 하나님께서 다윗에게 이스라엘의 왕위를 맡기실 것을 신앙 안에서 확신하고 다윗을 사랑하고 지지했던 것입니다.

3. 세례 요한

세례 요한이 사역을 시작했을 때 많은 사람이 그를 메시야로 오해할 정도로 그는 특별한 영적 권세와 감화력이 있었습니다. 그가 회개의 메시지를 전파하며 예수님의 길을 예비하고 있을 때 많은 사람들이 그를 두려워하며 존중했습니다. 심지어 악의 대명사 같은 헤롯왕도 세례 요한을 두려워하며 존중했습니다. 그를 따르는 추종자도 늘어났습니다. 그때 예수님께서 세례 요한에게 세례를 받으시고 공생애를 시작하셨습니다.

예수님께서 천국복음을 전파하시며 권세 있는 교훈을 하시며, 병자를 고치시고, 귀신을 쫓으시고, 이적과 기적을 행하셨을 때 수많은 사람들이 세례 요한을 제쳐두고 예수님을 따르기 시작했습니다. 심지어 세례 요한의 제자들도 예수님께로 가버렸습니다. 자신이 사람들로부터 외면당하고 잊혀져가고 있다는 것, 자신을 따르던 자들이 자신을 떠나 다른 사람을 따른다는 것은 참으로 괴롭고 고통스러운 일이며 배신감을 강하게 느끼게 되는 일입니다. 그러나 세례 요한은 놀라운 정도로 평강을 누릴 뿐 아니라 오히려 자신의 제자들에게 예수님을 소개시켜 그들을 떠나보내며 기뻐했습니다. 그러면서 그것이 자신이 해야 할 일이라고 했습니다(요 1:35-37; 3:28-30). 요한이 예수님에게 길을 열어주고 자신은 무대 뒤로 사라진 것은 요나단이 다윗의 길을 열어주고 자신은 무대 뒤로 사라진 것과 같습니다.

세례 요한과 요나단이 이처럼 인간으로서 가장 어려운 일을 할 수 있었던 것은 자신이 하나님의 청지기임을 정확하게 알고 있었기 때문이며 청지기로서의 삶에 만족했기 때문입니다. 욥, 요나단, 세례 요한, 이들은 자신의 본분을 잘 알고 있었으며 하나님의 소유권에 도전하지 않았습니다.

청지기로서의 인생

이러한 사람들은 소유한 것이 적을지라도 불평하지 않고 소유한 것이 많을지라도 교만하지 않으며, 권세가 없더라도 불평하거나 권세자들을 부러워하지 않고 권세가 있더라도 그것에 집착하고 연연하지 않으며 아름다운 삶을 살게 됩니다. 인생을 그렇게 사는 사람이 진정한 크리스천입니다. 이런 사람은 욥처럼 부자 중에도 있을 수 있고, 요나단처럼 권력의 핵심에도 있을 수 있고, 세례 요한처럼 탁월한 사역자 중에도 있을 수 있습니다. 이러한 사람들은 주어진 삶, 주어진 직분에는 충실하나 절대로 탐욕을 부리며 세상 것에 집착하거나 연연하지 않고 범죄 하지 않습니다. 지극히 성실하며 아름답습니다. 포기할 줄 알고 떠날 때를 압니다.

그러므로 성경은 신자가 청지기로서의 삶에 충실한 경우 부자가 되는 것을 정죄하지 않으며, 가난을 미덕으로 보지도 않고, 권세를 악으로 보지 않으며, 물질을 죄악시하지 않습니다. 모든 것이 하나님이 맡기신 것이기 때문입니다. 그것들을 자기 임의대로 사용하고 자기 임의대로 욕심내고 오용하고 자기 것으로 영원히 소유하려는 것을 정죄합니다.

제자로서의 삶(제자도)

현대의 많은 사람들이 기독교를 외면하고 있고 기독교가 쇠퇴하고 있다고는 하지만 아직도 기독교는 지구상에서 유일한 진리이며 생명력 있는 종교입니다. 지구 인구 중 4분의 1이 기독교인입니다. 예수 그리스도의 복음보다 이 세상에서 더 좋은 소식은 없으며 복음보다 사람을 변화시키는 능력은 없습니다.

그렇지만 그렇게 엄청난 수의 신자에도 불구하고, 그렇게 인간의 실존에 적중되는 탁월한 메시지임에도 불구하고, 그렇게 위대한 영적인 능력에도 불구하고 오늘날 왜 기독교가 빛을 잃어가고 무능력하다는 말을 듣게 되었을까요?

제자도의 의미

솔제니친은 1976년 3월에 영국 BBC 파노라마에서 다음과 같이 말했습니다.

"나는 서구의 갑작스런 몰락 그리고 임박한 서구의 멸망에 대하여 그리 놀라지 아니한다…… 소비에트 연방은 핵전쟁을 준비하지 않아도 될 것이다. 서구는 곧 아무것도 가진 것이 없이 망할 것이기 때문이다."

솔제니친이 왜 이런 말을 했을까요? 그것은 기독교가 그리스도의 제자가 된다는 의미를 절대적으로 무시해왔기 때문입니다. 기독교인들의 대부분은 교인들, 교회의 자리를 채우는 사람들, 빈 마음으로 찬송을 부르는 사람들, 설교를 입맛대로 맛보는 사람들이기 때문인데, 그 점은 우리 한국교회도 예외가 아닙니다. 솔제니친은 선지자적 안목이 있는 그리스도인으로서 그 점을 꿰뚫어본 것입니다.

그리스도인이 된다는 것은 그리스도의 제자가 된다는 뜻이기도 합니다(마 28:19; 행 6:7; 11:16,19). 그러나 대부분의 신자들이 제자가 되기를 원치 않고 교인들 곧 교회에 다니는 사람으로 머물러 있습니다. 그들 중에는 거듭나 성령 충만한 사람도 있습니다. 만약에 우리가 제자도의 참의미를 배우기 원하고 또 실제로 제자가 되고자 한다면 오늘날 전 세계의 기독교는 엄청난 변화가 있을 것이며 사회에 미치는 교회의 영향력이 오늘날처럼 미약하지는 않을 것입니다. 오늘날 이 땅에만 하더라도 교회가 사회에 영향을 끼치기는커녕 오히려 비난의 대상이 되는 일이 허다합니다. 그것은 그리스도인들이 그리스도의 제자가 되지 않고 단지 교회에 다니는 사람으로 머물러있기 때문입니다.

1세기 소수의 그리스도인들이 대 로마제국을 3세기만에 완전히 굴복시키는 엄청난 영향력을 끼친 것은 그들이 예수 그리스도의 제자로서의 삶을 살았기 때문입니다. 그들은 교회를 다니는 사람이 아니라, 교회의 자리를 채우고 설교를 들으러 다닌 사람이 아니라 제자로서의 삶을 살았습니다. 제자란 예수님을 따르며 본받는 사람, 변화된 사람을 말합니다. 또한 다른 사람에게 강한 영향을 끼치는 사람을 말합니다. 그 생각과 세계관과 말과 행실이 예수화된 사람을 말합니다. 금세기 최고의 혁명가라고 일컫는 쿠바의 체 게바라Che Guevara는 이렇게 말했습니다. "만약에 우리의 혁명의 목표가 사람들을 변화시키는 것이 아니라면 나는 아무 관심도 없다."

그렇습니다. 진정한 혁명은 사람을 변화시킵니다. 세상을 **변화**시킵니다. 아마도 혁명이라는 말이 가장 적절하게 적용되는 것이 죄인이 그리스도의 제자가 되는 일일 것입니다. 죄인이 예수 그리스도의 제자가 되면 운명이 변화되어 전혀 다른 운명이 됩니다. 성령의 능력으로, 하나님의 말씀의 능력으로 죄인이 전혀 새로운 운명의 삶을 살게 됩니다. 그러므로 그리스도인이 된다는 것은 자신의 인생을 뒤바꿔놓는 엄청난 혁명을 경험하는 것을 의미합니다. 이 점은 기독교역사의 여러 인물, 여러 사건을 통하여 명확하게 드러났고 지금도 계속되고 있습니다.

그러나 이러한 혁명은 그리스도인들이 고귀한 제자도의 대가를 지불할 때에 한합니다. 제자가 되는 대가를 지불하지 않는 신자는 결코 자신의 인생을 뒤바꿔놓는 혁명을 경험하지 못합니다.

제자도의 목적

어떤 공산주의자가 그리스도인에게 이같이 말했습니다.

"복음은 사회를 새롭게 하는 데 우리 마르크스적인 철학보다 더 강한 무기이다. 그러나 궁극적으로 우리가 당신들에 대하여 승리할 것이다…… 우리 공산주의자들은 말로만으로 끝나지 않는다. 우리는 현실주의자들이다. 우리는 우리의 목적을 달성하기 위하여 온갖 방법을 동원한다. 우리는 그러한 방법들을 어떻게 획득하는지도 안다…… 어떻게 사람들이 복음의 최상의 가치를 믿을 수 있겠는가? 만약에 당신이 이것을 전파하지 아니한다면, 만약에 당신들이 이것을 위하여 시간도 돈도 희생하지 아니한다면 말이다…… 우리는 우리의 공산주의의 메시지를 믿는다. 그리고 우리의 모든 것을, 심지어 우리의 생명까지도 희생할 준비가 되어 있다······ 그러나 당신들은 손에 흙을 묻히는 것조차 두려워하고 있다."

제자도는 한 마디로 세상을 구하고 변화시키기 위한 예수 그리스도의 계획입니다. 그럼에도 대부분의 역사적 교회와 오늘날의 교회가 이 사실을 무시해 왔습니다. 지금도 많은 그리스도인들은 제자도라는 말조차 듣지 못한 채 교회를 다니고 있습니다. 예수님을 믿고 따르는 것이 무엇을 의미하는 것인지 다시 생각해야 합니다. 그것은 예수님의 제자로서의 삶을 말합니다.

제자도로의 부름

"그리스도께서 사람을 부르실 때는 그로 하여금 와서 죽으라고 명령하시는 것이다"라고 독일의 신학자요 나치에게 순교했던 디트리히 본회퍼는 말했습니다. 이 경악스런 진술이야말로 진정한 그리스도인의 제자도의 근본적이며 결정적인 본질이 내포되어 있습니다.

인간의 죽음의 형태는 다양합니다. 모든 그리스도인들은 본회퍼가 그러했던 것처럼 문자적인 순교로 부름 받지는 않습니다. 그러나 모든 그리스도인들은 명백하고 헌신된 제자로 부름(소명) 받은 것이 사실입니다(데이빗 왓슨). 예수님이 남자들과 여자들에게 자기를 따르라고 부르셨을 때 제자도의 일반적인 개념은 결코 새로운 것이 아니었습니다. '제자가 되다'(원뜻은 배우다 manthano)라는 동사는 신약성경에 25회, '제자'(mathetes)라는 명사는 264회 이상이나 나옵니다.

성경시대의 제자는 누구의 제자가 되었든(모세의 제자가 되었든, 바리새인의 제자가 되었든, 사두개인의 제자가 되었든) 그들의 스승(랍비)에게 헌신했으며, 스승으로부터 철저히 훈련을 받아야 했습니다. 특히 세례 요한의 제자들에게서 그 점이 더욱 분명히 드러나는 데 그들은 세례 요한을 따라 금식, 금욕, 절제를 했으며(그들을 엣세네파라고 함), 유대 종교지도자들에게 대항했으며, 세례 요한이 투옥된 기간에도, 심지어 그가 죽은 후에도 제자들의 그에 대한 충성은 변치 않았습니다(마 11:2; 막 2:18; 6:29; 눅 11:1; 요 3:25).

이러한 제자도는 예수님을 따르는 제자들에게서 더욱 분명하게 드러납니다. 예수 그리스도는 자기를 따르는 사람들에게 온전한 순종을 요구하셨을 뿐 아니라 처음부터 자신을 따르는 자들은 고통을 당하게 될 것임을 경고하셨고, 마음을 다하여 하나님과 예수님과 사람을 섬길 것을 가르치셨습니다. 예수님은 결코 자신을 믿고 따르는 현세에서 평안하고 행복하고 형통할 것이라고 사기(?)치지 않으셨습니다.

예수님에 의한 부름

당시 랍비 세계에서는 제자가 자기를 가르칠 랍비를 선택하여 그의 학교에 자발적으로 들어갔습니다. 이 점은 오늘날의 교육제도와 비슷합니다. 그러나 예수님의 제자도는 독특했습니다. 여느 랍비들과 달리 예수님은 자신이 친히 개인적으로 제자들을 선별하여 "나를 따르라"고 명령하셨고, 제자들은 예수님의 명령을 거역하지 않고 부름을 듣는 즉시 따랐습니다. 간혹 제자가 되길 희망하는 사람이 예수님께 와서 제자가 되겠다고 요청하면 예수님은 예수님을 따르는(제자가 되는) 일에 대한 비싸고 전인적인 헌신을 요구하시면서 나를 따르라고 하셨습니다. 그러나 그럴 경우 제자가 되기 원했던 사람은 엄두를 내지 못하고 고민하다가 예수님을 따르는 것을 포기하고 돌아갔습니다(마 18:16-22).

유대 관원이며 바리새인이었던 니고데모나 아리마대 요셉 같이 예수님의 인격의 완전함과 고귀한 가르침과 기적의 능력에 끌려 온 자도 있었는데, 그들은 하나님께서 그런 방식으로 예수님께로 이끌어 오신 것이지 그들 스스로 예수님께 나온 것은 아닙니다(요 3:1,2; 19:38,39). 사람은 누구든 스스로 예수님께 나와서 제자가 되는 일이 없습니다. 하나님(예수님)께서 불러주셔야 예수님께 나오도록 되어 있습니다. 자기 발로 예수를 믿겠다고 걸어 나오는 사람도 하나님께서 불러주셔서 그렇게 될 수 있는 것입니다.

"너희가 나를 택한 것이 아니요 내가 너희를 택하여 세웠나니……" (요 15:16)

"내가 그리스도인이 되기로 결정했다" 혹은 "내가 특정 교회에 나가기로 선택했다"는 것은 성경적인 하나님의 부르심을 전혀 이해하지 못한 생각입니다. 하나님께서(예수님께서) 불러주신 것에 사람이 믿음으로 응답해서 그리스도인이 되기로, 또는 교회에 나가기로 결정하게 된 것입니다. 여기서 믿음도 하나님의 선물입니다 (엡 2:8). 그러므로 사람이 내세우고 자랑할 것은 하나도 없습니다 (엡 2:9).

"로마에서 하나님의 사랑하심을 받고 성도로 부르심을 받은 모든 자에게 하나님 우리 아버지와 주 예수 그리스도로부터 은혜와 평강이 있기를 원하노라" (롬 1:7)

"너희의 믿음의 역사와 사랑의 수고와 우리 주 예수 그리스도에 대한 소망의 인내를 우리 하나님 아버지 앞에서 끊임없이 기억함이니 하나님의 사랑하심을 받은 형제들아 너희를 택하심을 아노라" (살전 1:3,4)

이러한 증거들은 성경에 무수히 많습니다.

예수님께서 우리를 부르실 때는 예수님과 우리와 삶을 같이 나누고 사랑하고 연합하는 공유公有의 제자도로 부르십니다. 초대교회는 이와 같은 공유의 제자도를 완벽하게 실천했습니다(행 2:44-47;

4:32-35). 그러므로 그들이 그리스도의 제자인 것을 드러내고 불신자들에게까지도 칭송을 받았고, 그로 인해 믿는 자의 수가 늘어갔습니다(행 2:47). 그것이 바로 제자도의 열매입니다. 제자도가 결코 쉬운 것은 아닙니다. 아픔과 눈물이 있을 수 있습니다. 그러나 예수 그리스도를 진지하게 따르려는 사람은 누구나 아픔과 눈물이 없을 수 없습니다. 그리스도께서 우리를 부르셨을 때는 우리로 하여금 그 분의 제자가 되라고 부르신 것이지 세상의 도를 따르라고 부르신 것이 아닙니다. 그래서 예수님을 따르는 길은 좁고 협착하며 쉽지 않습니다.

"좁은 문으로 들어가라 멸망으로 인도하는 문은 크고 그 길이 넓어 그리로 들어가는 자가 많고 생명으로 인도하는 문은 좁고 길이 협착하여 찾는 자가 적음이라" (마 7:13,14)

예수님에게로의 부름

예수님에 의한 부름은 예수님에게로의 부름입니다. 즉 예수님께서는 사람을 부르셔서 그 분과 특별한 관계(인격적인)를 맺으십니다. 부름 받은 사람은 죄를 회개하고 예수님을 따라야 하고, 그 분과 연합해야 하며, 그 분께 헌신해야 하고, 신앙해야 하며, 섬겨야 하며, 신뢰하고 순종하며, 그 분을 본받고 닮아가야 합니다. 예수님께서 사람을 불러 자신의 제자가 되라고 하실 때에는 그들과 함께 삶을 나누시기 위함이며, 고난과 영광을 함께 하도록 하기 위함입니다.

순종의 도

예수님의 제자가 된다는 것은 그 분을 따른다는 것, 그 분이 가는 길을 나도 간다는 것, 나의 삶을 위한 그 분의 뜻을 받아들인다는 것입니다.

> "누구든지 나를 따라오려거든 자기를 부인하고 자기 십자가를 지고 나를 따를 것이니라" (마 16:24)

이 명령은 지금까지의 내가 주체가 되어 나를 위한 삶에 대해서는 "아니요"(No)라고 하며, 예수님의 뜻에 순종하는 것에는 "예"(Yes)라고 말하는 것입니다. 내적 신앙은 외적인 순종을 동반하는 것이어야 합니다. 키에르케고르Soren Kierkegaard는 이렇게 말했습니다. "믿기 어렵다는 것은 순종하기가 어렵기 때문이다." 순종이 없다면 진정한 믿음도, 진정한 제자로서의 삶도 없습니다.

예수 그리스도께서 사람을 부르셔서 자기 제자를 삼으실 때는 "순종하라"는 명령이 포함되어 있습니다. 그러나 우리가 순종에 대한 부름에 반응하지 않고, "하지만……", "그것만은 못하겠습니다"라고 이유와 핑계와 구실을 대며 순종하기를 거부한다면 참된 제자로서의 삶은 불가능합니다. 현대의 많은 그리스도인들이 여러 가지 단서와 이유와 핑계와 구실을 붙여가며 그리스도께 온전히 순종하기를 거부하고 순종할 수 있는 것에 한해서만 순종합니다. 그러한 태도는 생명의 주시며 만왕의 왕이요 만주의 주되시는 예수 그리스도를 한낱 직장의 상사만큼도 대접해 드리지 않는 것입니다. 예수님께서 우리를 위해 먼저 생명을 내놓으시고 우리를 부르신 것은, 또한 그 분의 성령을 우리 마음에 두신 것은 첫째 그분을 위하여 순종하게 하기 위함이었습니다(롬 14:7-9; 고후 5:15).

섬김의 도

제자들은 예수님과 함께 있기 위하여 부름을 받았습니다. 또한 하나님 나라를 선포하고 병든 자를 고치고, 귀신을 좇아낼 것을 위하여 부름 받았습니다(마 10:8). 그것은 섬김과 봉사를 위한 부름이었습니다. 그럼에도 불구하고 제자들은 섬김과는 반대되는 유혹에 빠져갔습니다. 그것은 높아지려는 야망과 섬김 받으려는 것이었습니다. 그들은 자기들 중에 누가 제일 높은가 논쟁을 벌였고, 예수님에게 나아가 제일 높은 자리를 줄 것을 요청했습니다. 예수님은 그들의 요청을 꾸짖으셨으며, 높아지고 싶으면 오히려 자신을 낮추어야 한다고, 남을 섬기는 자가 높아진다는 섬김의 도에 대해서 말씀하시면서 너희들은 섬기는 자가 되어야 한다고 말씀하셨습니다(마 20:26-28).

예수님은 십자가에 못 박히시기 전날 밤 결코 영원히 잊지 못할 방법으로 섬김의 도에 대하여 몸소 보여 주셨습니다. 그것은 허리에 수건을 차고, 무릎을 꿇은 채 제자들의 발을 정성껏 씻어주신 일입니다(요 13:4-8). 그리고 제자들에게 명하셨습니다.

> "내가 너희에게 행한 것을 너희가 아느냐 너희가 나를 선생이라 또는 주라 하니 너희 말이 옳도다 내가 그러하다 내가 주와 또는 선생이 되어 너희 발을 씻었으니 너희도 서로 발을 씻어주는 것이 옳으니라 내가 너희에게 행한 것 같이 너희도 행하게 하려 하여 본을 보였노라" (요 13:12-15)

섬김의 도를 방해하는 유혹의 하나는 자기연민의 감정입니다. 제자들은 예수님을 희생적으로 따르는 대가가 무엇이냐고 물었습니다. 그것은 부자청년이 예수님께 나왔을 때 "네가 온전하고자 할진대 가서 네 소유를 팔아 가난한 자들에게 주라 그리하면 하늘에서 보화가 네게 있으리라 그리고 와서 나를 따르라"고 하셨을 때 그가 근심하며 돌아가자 예수님께서 "부자는 천국에 들어가기가 어려우니라 다시 너희에게 말하노니 낙타가 바늘귀로 들어가는 것이 부자가 하나님의 나라에 들어가는 것보다 쉬우니라"고 말씀하심을 듣고 베드로가 한 말입니다(마 19:16-27).

> "보소서 우리가 모든 것을 버리고 주를 따랐사온대 그런즉 우리가 무엇을 얻으리이까" (마 19:27)

　그리스도를 섬기는 사람이, 또한 신앙 안에서 다른 사람을 섬기는 사람이, 어떤 조건을 요구하거나 보상이나 대가를 바라는 것은 진정한 신앙의 자세, 섬김의 자세가 아닙니다. 그리스도의 제자들은 그런 것을 요구해서는 안 됩니다. 섬김의 종(그리스도의 제자)은 자기의 모든 권리를 포기하고서도 평범한 안락과 보상조차도 기대할 수 없는 것입니다. 예수 그리스도를 따르기 위하여 희생하는 대가로 어떤 특권과 지위와 사람들로부터의 존경을 원하는 것은 예수님의 방법, 곧 제자도가 아닙니다.

　불행하게도 오늘날의 많은 복음전도자들의 메시지는 예수 그리스도의 제자도를 따르도록 하기보다는 인간중심으로 살도록 왜곡하고 있습니다. 예수님은 믿는 자들이 필요로 하는 모든 것을 충족시켜 주시는 분으로 제시하며 사람들을 교회로 이끌어오는 것만을 힘씁니다. 그래서 그리스도의 제자가 아니라 교인(Church Man)이 되게 합니다.

　"당신은 근심하는가? 예수께서 당신에게 평화를 주실 것이다. 당신은 어찌할 바를 모르고 사는가? 예수께서 방향을 제시하실 것이다. 당신은 문제가 있는가? 예수께서 해결해주실 것이다. 병들었는가? 고쳐주실 것이다. 가난한가? 부자가 되게 해주실 것이다. 당신은 절망하는가? 예수님은 당신에게 희망을 주실 것이다." 이런 식입니다.

예수님께서 우리 각자의 깊은 소망을 충족시켜 주시는 것은 복음의 한부분에 불과합니다. 그것을 복음의 전부처럼 이해하기 때문에 현대 그리스도인들 대부분은 그리스도의 제자로 살기에 힘쓰기보다 그리스도로 말미암아 자신의 목적과 뜻을 이루려고 힘쓰게 되는 것입니다. 이러한 신앙은 성경에서 가르치고 요구하는 기독교신앙과 상당한 거리가 있습니다. 예수님께서는 그리스도인을 향하여 먼저 제자도를 따르라고 요구하셨고, 그리하면 모든 것을 예수님께서 보장해주실 뿐 아니라 더욱 큰 것을 주실 것이라는 확신을 주셨습니다.

"너희는 먼저 그의 나라와 그의 의를 구하라 그리하면 이 모든 것을 너희에게 더하시리라" (마 6:33)

"예수께서 이르시되 내가 진실로 너희에게 이르노니 나와 복음을 위하여 집이나 형제나 자매나 어머니나 아버지나 자식이나 전토를 버린 자는 현세에 있어 집과 형제와 자매와 어머니와 자식과 전토를 백 배나 받되 박해를 겸하여 받고 내세에 영생을 받지 못할 자가 없느니라" (막 10:29,30)

만약 그리스도인이(제자가) 제자의 길보다 세상에서의 부귀영화, 높은 지위와 인기를 원한다면 그는 하나님(예수님)께 전혀 쓸모없는 존재일 뿐 아니라 세상에서 빛이 되지 못할 것입니다. 그리스도인은 섬김의 도를 위하여 부름 받은 그리스도의 제자입니다.

단순한 삶의 도

신약시대의 랍비의 제자는 토라를 공부하기 위하여 자기의 대부분의 물질적인 이익을 포기해야 했습니다. 그러나 나중에 그가 랍비가 되고 나면 물질적인 보상을 받을 수 있었습니다. 그러나 예수님은 전혀 달랐습니다. 그 분은 이 땅의 모든 안락과 물질적인 행복을 포기하셨습니다. 심지어 머리 둘 곳도 없었습니다(눅 9:58). 하룻밤을 편히 지낼 곳이 없었을 때가 있었다는 것입니다. 예수님은 모든 것을 전적으로 하나님의 사랑과 신실하심에 의지하시면서 이 땅의 삶을 사셨습니다.

예수님께서는 자신의 제자들까지도 겸손과 절제의 삶으로 부르셨습니다. 그들은 자신의 재산을 팔아 다른 사람을 구제하도록 가르침 받았으며, "여행을 위하여 배낭이나 두 벌 옷이나 신이나 지팡이를 가지지 말라"(마 10:9,10)고 주님께서는 명령하셨습니다. 그들은 전적으로 자신들의 물질적 필요에 대해서 하나님 아버지께 맡기고 신뢰해야 했으며(마 6:25-34), 거저 받았으니 거저 주어야 한다고 주님께서는 말씀하셨습니다(마 10:8).

그것은 모두 하나님 나라를 위해서였습니다. 그러나 그들이 주님의 말씀에 순종하여 먼저 그의 나라(하나님 나라)와 그의 의(하나님 나라의 의)를 추구할 때, 그들에게 필요한 모든 것들은 넉넉하게 충족되리라고 약속해주셨고(마 6:33), 제자들은 그것을 실제로 체험했습니다. 이러한 제자도는 먼저 예수님과 함께 온전한 공동체의 삶을 살았던 12제자들에게 적용되었고, 나중에 그리스도인으로 부름 받은 초대교회 모든 제자들에게 확대 적용되었습니다(행 2:44, 45; 4:32-37).

오늘날 그리스도인들은 비교적 풍요한 삶을 누립니다. 뿐만 아니라 대부분의 그리스도인들은 풍요한 삶을 추구하며 물질적 풍요가 그리스도인으로서 누리는 마땅한 복이라고 확신해 마지않습니다. 그리고 개인의 치부를 위하여 노력을 아끼지 않습니다. 이러한 삶의 자세는 그리스도인의 제자도에 걸림돌이 됩니다. 하나님께서는 그리스도인이 진정으로 하나님을 섬기고 황금을 섬기지 않을 때까지 영적인 삶의 능력과 풍성함을 허락하지 않으실 것입니다. 그리스도인이 물질적인 부에 마음을 빼앗기지 아니하고, 신약성경이 말하는 삶의 원리를 추구할 때 풍성한 영적인 은혜와 복을 허락하실 것입니다.

십자가의 도

예수님께서 사람들에게 자신을 따르라고 부르셨을 때 그들은 기꺼이 자신을 부른 예수님의 길을 걸어야 했습니다. 그의 길이란 바로 십자가의 길이었습니다. 예수님께 부름 받은 자들의 삶이 예수님과 함께 모든 것을 나누는 삶이라면 기쁨뿐 아니라 고난 곧 십자가의 삶까지도 함께 나눠야 했습니다.

"그리스도를 위하여 너희에게 은혜를 주신 것은 다만 그를 믿을 뿐 아니라 또한 그를 위하여 고난도 받게 하려 하심이라" (빌 1:29)

"제자들의 마음을 굳게 하여 이 믿음에 머물러 있으라 권하고 또 우리가 하나님 나라에 들어가려면 많은 환난을 겪어야 할 것이라" (행 14:22)

"자녀이면 또한 상속자 곧 하나님의 상속자요 그리스도와 함께 한 상속자니 우리가 그와 함께 영광을 받기 위하여 고난도 함께 받아야 할 것이니라" (롬 8:17)

예수님은 자신이 받은 고난(십자가 죽음)과 제자들이 체험해야 할 고난에 대하여 말씀하시므로 제자들로 하여금 고난을 준비하도록 하셨지만 당시의 제자들은 그 말씀을 이해하지 못했을 뿐 아니라 이해하려고 노력하지도 않았고 오히려 지금의 그리스도인들처럼 예수님을 따르는 것으로 말미암아 받을 현세적인 복(성공, 권세, 재물 등)에 대하여 기대하고 있었습니다(마 10장; 마 16:21-26; 20:20,21). 그러나 주님께서 자신을 따르는 사람에게 일관되게 요구하신 것은 "누구든지 나를 따라오려거든 자기를 부인하고 자기 십자가를 지고 나를 따를 것이니라"(마 16:24)는 말씀이었습니다.

  그리고 주님의 삶은 스스로 말씀하신 대로 거절과 고통과 괴로운 죽음으로 끝이 나고 말았습니다. 제자들은 주님께서 그렇게 죽으신 후에야 비로소 주님께서 생전에 하셨던 말씀이 사실이었다는 것에 대해서 깨닫기 시작했습니다. 그렇기 때문에 자신들에게 말씀하신 고난(십자가의 도)에 대해서도 점점 사실로 받아들이기 시작했습니다. 그러나 그때는 두려워하거나 싫어하지 않았습니다. 예수님께서 그러한 고난과 죽음을 당하셨지만 부활하셨기 때문입니다. 자신들도 부활하리라는 것을 믿었던 것이지요.

  초대교회의 그리스도의 제자들은 실로 엄청난 고난을 당해야 했습니다. 처음에는 동족인 유대인의 박해를 받기 시작해서 로마 제국으로부터 본격적으로 견디기 힘든 박해를 당했습니다(3세기

초까지). 그 사이에 사도들을 비롯해서 수많은 그리스도인들이 참혹한 순교를 당했습니다. 그것이 이미 예수님께서 예언하신 것으로(마 10장), 예수님의 제자들(신자들)은 박해로 인하여 신앙을 부인하거나 믿음이 약해지지 않고 더욱 담대하고 강해졌습니다.

기독교역사를 통해 박해가 없었던 시대는 없었습니다. 물론 박해 없이 잠잠한 시대는 있었지만 그런 시대에도 그리스도를 진심으로 따르려는 자들에게는 가까운 가족을 비롯해서 세상에 속한 비그리스도인들로부터 크고 작은 핍박과 훼방과 멸시를 당해야 했습니다. 지금도 세계도처에서 여전히 어떠한 형태로든 박해는 계속되고 있습니다. 그리스도인에게 있어 십자가의 도 곧 고난이나 박해는 이상한 일이 아니라 필연적인 일입니다. 오히려 그런 일이 없으면 이상한 것입니다(벧전 4:12).

예수님께서는 예수님을 따르는 일로 박해를 당하는 사람이 복이 있다고 분명히 말씀하셨으며, 예수님에 관하여 예언한 선지자들도 박해를 당했음을 말씀하셨고, 박해받는 사람들에게 상급이 있으므로 기뻐하라고 말씀하셨습니다(마 5:11,12). 베드로도 예수님과 같은 말을 했습니다.

"너희가 그리스도의 이름으로 치욕을 당하면 복 있는 자로다 영광의 영 곧 하나님의 영이 너희 위에 계심이라 너희 중에 누구든지 살인이나 도둑질이나 악행이나 남의 일을 간섭하는 자로 고난을 받지 말려니와 만일 그리스도인으로

고난을 받으면 부끄러워하지 말고 도리어 그 이름으로 하나님께 영광을 돌리라" (벧전 4:14~16)

고난은 그리스도인의 제자도와 떨어질 수 없는 요소입니다. 윌리엄 브레이크William Blake는 "기쁨과 슬픔은 서로 떼어낼 수 없을만큼 결합되어 있다"고 말했습니다. 하나님께서 그리스도인의 삶안에서 가장 심오하게 역사하시는 은혜는 고난을 동반합니다.

자격에 관계없는 부름

예수님 당시의 랍비들은 제자들을 받아들이는 데 엄격한 기준을 두었습니다. 첫째, 율법의 기준에 의하여 의로운 사람, 둘째, 랍비가 되고자 하는 단호한 결심과 함께 율법을 배우고 가르칠만한 지적 능력이 있는 사람이어야 합니다. 이에 반하여 예수님은 신기하게도 사회의 각계각층의 사람들을 아무 자격제한 없이 부르셨습니다. 비천하고 결코 지적이지 못한 어부들, 사람들에게 멸시받던 세리, 지적인 것과 상관없는 열심당(독립운동단체)원 등이 주로 예수님의 제자가 되었습니다.

흥미로운 것은 예수님을 배반했던 가룟 유다인데, 예수님은 그가 장차 예수님을 배반할 것을 미리 아셨음에도 그를 부르셨던 것입니다. 그럼에도 예수님은 유다를 끝까지 사랑하셨으며 끝까지 제자로 대해주셨습니다. 그것은 구약성경에서 예언한 메시아에 관한 예언 중에 사랑하는 제자에게 배반당할 것에 대한 예언의 말씀 속에서 스승을 배반하는 가룟 유다의 역할까지 아셨기 때문입니다. 심지어 은 30이라는 상세한 것까지 아셨습니다.

유다의 배신이 구약에 예언되어 있고(시 41:9; 슥 11:12,13), 유다가 그 예언을 성취할 사람인 것을 아셨다고 해서 유다의 죄와 책임이 없어지는 것은 아닙니다. 유다의 배신과 죄가 미리 예언된 것은 하나님께서 유다의 죄를 통해서 하나님의 뜻을 이루는 도구로 사용하신다는 것이지, 유다에게 배신자의 역할을 맡기신 것이 아니었습니다. 유다는 하나님의 계획에 의해서 죄를 지은 것이 아니라 사탄에게 유혹당하여 죄를 지은 것이며, 자기 의지대로 죄를 지은 것이므로 죄책을 면할 길이 없습니다.

이처럼 예수님께서는 인간적으로 볼 때 전혀 제자로 받아들일 수 없는 자들을 제자로 선택하셨습니다. 아마 우리가 만약 제자를 선택한다면 가룟 유다 같은 사람이나 지적知的인 데라곤 없는 어부들을 선택하지는 않을 것입니다. 우리에게 선택권이 주어진다면 그들보다 더 좋은 자격이 있는 사람을 골랐을 것입니다.

그러나 하나님의 방법은 우리의 방법과 다르고 그의 생각은 우리의 생각과 다릅니다. 예수님의 제자들은 세상적인 기준으로 볼 때 어중이떠중이들이었으며 실수투성이 사람들이었습니다. 그런 사람들을 훈련시커서 교회의 모체로 삼으신 것입니다(마 16:18). 예수님의 12제자 뿐 아니라 초대교회 때 두드러지게 활약했던 복음의 일꾼들 중에는 이러한 어중이떠중이 부류에 속한 사람이 예수님을 믿고 새사람이 되어 제자가 된 사람이 많았습니다.

"형제들아 너희를 부르심을 보라 육체를 따라 지혜로운 자가 많지 아니하며 능한 자가 많지 아니하며 문벌 좋은 자가 많지 아니하도다 그러나 하나님께서 세상의 미련한 것들을 택하사 지혜 있는 자들을 부끄럽게 하려 하시고 세상의 약한 것들을 택하사 강한 것들을 부끄럽게 하려 하시며 하나님께서 세상의 천한 것들과 멸시받는 것들과 없는 것들을 택하사 있는 것들을 폐하려 하시나니 이는 아무 육체도 하나님 앞에서 자랑하지 못하게 하려 하심이라" (고전 1:26-29)

예수님께서 보여 주시고 가르치시고 명하신 제자도의 개념은 열두 제자에게만 국한되지 않습니다. 예수님의 부르심을 받고 그분을 자기의 구세주와 주님으로 믿고 따르는 모든 사람에게 관계된 것입니다. 순종의 도, 섬김의 도, 단순한 삶의 도, 고난의 도……이러한 제자도는 예수님을 믿고 따르는 모든 사람들에게 동일한 부름입니다.

제자도의 목적

예수님의 제자가 된다는 것(신자가 된다는 것)은 우리의 이익을 추구하기 위한 목적이 아닌 그 분을 위한 것이어야 합니다. 우리가 그 분에게 요구하는 것을 그 분이 받아들이는 것이 아니라 그 분이 우리에게 요구하는 것을 진지하게 받아들이는 것입니다. 우리는 더 이상 우리의 것이 아니라 우리는 그 분에 의해서 선택받았으며 새 생명을 얻었으며, 그 분의 죽으심과 부활하심으로 인하여 그 분에 의하여 값 주고 사신 바 되었으며, 그 분의 것이 되었으며, 그 분과 하나가 되었습니다. 예수님은 우리에게 우리는 하나님께 속하게 되었습니다. 우리는 그 분을 위해 존재하고 있으며 그 분을 위해 살아야 합니다(롬 14:7-9; 고후 5:15-17).

이것이 신약성경에서 일관되게 가르치고 있는 진리입니다. 이러한 제자도가 쉽든지 어렵든지, 기쁘든지 고통스럽든지 사실로 받아들이는 사람이 진정한 의미의 크리스천입니다. 그러한 사람에게 주님은 무한한 영광과 특권과 보상을 약속해 주셨습니다(요 17:22-24).

현대 기독교신앙의 심각한 병폐 중의 하나는 이와 같은 사실을 외면하고 나의 인생을 후원하고 도와주기 위한 예수 그리스도 즉 나를 위한 그리스도로 알고 있다는 것입니다. 그 결과 대부분의 신자들이 성경적인 제자도와 상당히 거리가 먼, 완전히 뒤바뀐(예수님과 신자의 위치가) 채 살고 있는 신자들이 많습니다.

> "우리 중에 누구든지 자기를 위하여 사는 자가 없고 자기를 위하여 죽는 자도
> 없도다 우리가 살아도 주를 위하여 살고 죽어도 주를 위하여 죽나니 그러므로
> 사나 죽으나 우리가 주의 것이로다 이를 위하여 그리스도께서 죽었다가 다시
> 살아나셨으니 곧 죽은 자와 산 자의 주가 되려 하심이라" (롬 14:7-9)

위의 진술 속에 예수 그리스도와 우리의 관계가 어떤 관계인지,
우리가 어떤 자세로 살아야 하는지에 대해 잘 나타나 있습니다.

개인을 부르심

하나님은 국가나 인류의 문제에 더 관심을 기울이실까, 개인의
일에 더 관심을 기울이실까 하는 문제는 짚고 넘어가야 할 문제입
니다. 어떤 사람은 '하나님께서 어떻게 그 수많은 사람의 삶에 관
심을 기울이시고 간섭하시겠는가? 골치 아프고 성가시게 여기실
거야. 하나님은 전체의 일을 중히 여기실 뿐이지'라고 생각합니다.
그러나 이러한 생각은 하나님을 잘 몰라서 하는 생각입니다. 하나
님의 관심은 절대적으로 한 사람 한 사람 개인에 대한 것임을 성경
은 보여 주고 있습니다. 물론 그러면서도 전체에 대한 관심도 소홀
히 여기지 않으십니다. 하나님의 관심은 전체적인 동시에 개인적

이며 개인적인 동시에 전체적입니다.

하나님은 우리 개인을 알고 계시며, 우리의 이름과 우리에 대한 모든 것, 우리가 우리 자신에 대해서 모르는 것까지도 알고 계시며, 우리에 대하여 개인적인 사랑을 가지고 계시며, 개인적인 교제를 원하십니다. 예수님께서는 "삭개오야", "마리아야", "나사로야", "마르다야"라고 부르셨듯이 지금도 우리 각자의 이름을 부르시며 개인적인 인격과 교제와 사랑을 원하십니다. 예수님께서 개인을 부르셨다는 사실은 분명 복음의 위대함입니다.

공동체로 부르심

그러나 예수님께서 개인을 부르실 때는 그로 하여금 혼자 있게 하기 위함이 아니라 함께 부르심을 받은 자들과 공동체로 연합하게 하기 위함이라는 사실도 중요합니다. 예수님은 열두 제자를 부르시어 자신과 함께 살게 하셨을 뿐 아니라 함께 부르신 하나님의 백성들과 함께 살도록 하셨습니다. 그들은 매일 서로 교제하며 살면서 함께 나누고, 함께 누리며, 이기심을 버리고, 서로 의존하며, 서로 사랑하며 사는 방법을 배워야 했습니다. 그렇게 함으로 그들은 기쁨도 슬픔도 고통도 재산도 함께 나누며 누렸습니다. 그렇게 하여 왕이신 예수님의 메시아적 공동체를 형성하게 되었습니다. 그럼으로써 그들은 예수 그리스도 안에서 같이 부름 받은 동료들과 함께 하나님의 자녀가 되고 하나님의 가족이 되었습니다.

예수님은 3년 동안 제자들과 친밀한 관계를 유지하심으로 그들을 사랑하셨으며, 그들의 필요를 채우셨으며, 그들을 가르치셨으며, 그들의 언행심사를 고쳐주셨으며, 그들의 신앙을 자극하셨으며, 자신의 이름으로 제자들을 파송하셨으며, 그들에게 용기를 주셨으며, 그들을 섬기셨으며, 잘못을 용서하셨으며, 그들도 서로에게 똑같이 행하라고 명령하셨습니다.

초대교회는 예수님께서 보여 주시고 가르치시고 명하신 이러한 공동체의 참모습을 그대로 따랐습니다(행 2:44; 4:32). 예수님은 제자들에게 하나님 나라의 진리를 가르치셨지만 무엇보다도 예수님 자신을 알 것을 원하셨습니다. 예수님은 자신을 아는 것이 곧 영생이라고 말씀하셨습니다.

"영생은 곧 유일하신 참 하나님과 그가 보내신 자 예수 그리스도를 아는 것이니이다" (요 17:3)

여기서 예수님을 안다는 것, 하나님을 안다는 것은 '남자가 그의 아내를 안다' 혹은 '여자가 그의 남편을 안다'라고 할 때 사용되는 단어와 동일한 단어로서 깊고, 친밀하며, 개인적이며, 인격적인 결합을 뜻합니다.

이러한 앎을 완성하기 위하여 예수님께서는 자기 사람들을 공동체로 부르신 것입니다. 예수님께서 사람을 구원하시려고 하나님의 백성으로 삼으실 때는 예수님과 자신의 사람들, 그리고 성부 하나님과 구원받은 백성들, 구원받은 백성들 상호간에 교제와 나눔의 공동체가 되게 하기 위함입니다.

아버지여, 아버지께서 내 안에, 내가 아버지 안에 있는 것 같이 그들도 다 하나가 되어 우리 안에 있게 하사 세상으로 아버지께서 나를 보내신 것을 믿게 하옵소서" (요 17:21)

초대교회 신자들은 예수님께서 원하신 완벽한 공동체를 통해서 하나님께(예수님께) 뿐 아니라 서로에게 온전한 헌신을 했습니다. 그들은 서로를 부를 때 자연스럽게 형제, 자매로 불렀고, 호칭뿐 아니라 실제로 가족공동체로서 끈끈한 사랑을 보여 주었습니다.

이러한 사실을 감안해 볼 때 현대기독교인들의 개인주의적인 성향, 개교회주의, 개교파(교단)주의, 무관심, 무정함, 교회간의 치열한 신자유치 쟁탈전 등은 모든 그리스도인이 공동체로 부름 받았다는 사실을 망각한 처사이며 비기독교적인 모습입니다. 현재 전 세계에는 9천여 개의 교파가 예수님의 공동체를 모욕하고 있으며 복음을 부정하고 있습니다. 오늘날 개교회 안에서는 어느 정도 공동체적인 교제가 이루어지기도 합니다. 그러나 대형교회나 중형교회 같은 데서는 진정한 그리스도인의 공동체라기보다는 기업이나 관공서의 조직사회 같은 면이 짙습니다. 소형교회에서도 진정한 성경적 공동체를 누리고 있는 교회는 극히 드뭅니다.

많은 교회가 누리고 있는 피상적인 교제 속에서는 공동체의 모습을 발견하기 어렵습니다. 예수님에 대한 개인적인 믿음, 정기적인 예배와 기도생활, 봉사생활, 교회출석의 성실성만 가지고는 충분하지 않습니다(그것만 해도 다행스러운 정도지만). 그리스도인들은 한 가족, 한 몸의 지체로 부름 받은 자들입니다. 그래서 예수님께뿐 아니라 서로에게 강한 사랑과 헌신으로 하나 되어 하나님 나라를 위해 힘쓰며 모든 것을 함께 나누는 자들입니다.

실제적인 삶

그리스도인의 제자도는 실제적인 삶과 나누는 삶을 포함합니다. 그리스도인은 자신의 삶을 예수님과 그리고 동료 신자(제자)들과 나누기 위하여 부름 받은 사람입니다. 그러나 대부분의 그리스도인들은 실제적인 삶과 나누는 삶을 제대로 살지 못합니다. 그 이유는 이에 대하여 알지도 못하고 확신도 없기 때문입니다.

현대인들은 대부분의 시간을 환상에 빠져 살고 있습니다. 텔레비전과 인터넷과 각종 오락산업의 발달은 사람들을 더욱 현실세계와 동떨어진 환상의 세계로 인도합니다. 컴퓨터 게임 같은 가상의 세계에 중독되어 가는 사람이 점점 늘어가고 있습니다. 그런 사람일수록 현실세계의 실제적인 삶 속에서는 기쁨을 얻지 못하고 적극적이지 못합니다. 그중에는 명색이 크리스천이라는 사람들도 상당합니다. 이미 인터넷을 통해 예배를 드리고 헌금을 하는 사람들이 늘어가고 있습니다. 그들은 자신이 예수님과 그리고 동료신자(제자)들과 나누기 위하여 부름 받은 사람임을 전혀 알지 못하거나 부인하는 사람입니다.

예수님의 제자(신자)가 되는 것은 현실로부터의 도피가 아닙니다. 예수님과 예수님의 제자들은 철저히 현실적인 삶과 나누는 삶을 사셨고, 가르치셨으며 명했습니다. 예수님은 현실적이며 실제적인 상황에서 결코 도피하지 않으셨습니다. 예수님은 사람들과 함께 하시며 사람이 겪는 모든 것을 완전히 체험하시며 나누셨습니다(시험, 기쁨, 고난, 굶주림, 배반, 능욕, 조롱, 폭행, 버림받음, 죽음). 예수님은 거짓 선지자들처럼 세상에 평화가 없음에도, 임박한 환난을 앞두고도 '평화, 평화, 평화'라고 외치지 않으셨으며, 그 시대 사람들에게 하나님의 심판이 도래할 것을 경고하셨으며, 자신이 다시 오시기 전에 전쟁, 기근, 지진, 많은 환난이 있을 것을 분명히 말씀하셨습니다. 예수님은 사람들에게 솔직하시며 정직하셨습니다.

동일한 방법으로 예수님은 오늘날 자신을 따르는 제자들(신자들)을 현실적인 삶으로 부르십니다. 예수님은 결코 사람을 불러 현실

도피자가 되라고 하지 않으십니다. 예수님은 신자들(제자들)이 예수님께 열린 마음이 되라고 하시며, 동료 제자들(신자들)에게 열린 마음이 되라고 하시며, 서로를 향하여 가면을 벗고 실제적이 되라고 하시며, 용서하며 서로를 받아주고, 서로의 죄짐을 져주며 서로의 것을 나누라고 하십니다. 예수님과 제자들이 그랬던 것처럼, 초대교회 제자들(신자들)이 그랬던 것처럼.

그리스도인들이 그러한 공동체적이며 실제적인 교제와 나눔의 삶을 거부하지 않고 원할 때, 제자 된 삶을 시작할 수 있습니다. 이는 반드시 그리스도인이 한 지붕 밑에 함께 사는 것과 같은 어떤 특정한 생활을 해야 한다는 의미가 아닙니다. 한 지붕 밑에 산다면 더 바람직하겠지만 각 지붕 밑에 살아도 그러한 교제와 나눔의 실제적인 삶은 얼마든지 가능합니다. 이러한 열린 마음의 실제적인 나눔의 교제가 그리스도인의 삶에 환상적인 즐거움과 만족만을 제공하지는 않습니다. 오히려 거스르고 짜증스런 일, 피곤한 일도 있을 것입니다. 그것이 현실입니다. 본회퍼는 이렇게 말했습니다. "……성도의 교제에는 불행하고 추한 모습도 있을 수 있다고 인정하는 교제만이 사실을 직시한 교제와 나눔의 실제적 삶이다."

한마디로 기독교 신앙은 환상이 아니라 실제적이어야 합니다. 베드로와 요한과 야고보가 변화산상에서 예수님의 변모된 모습과 모세와 엘리야를 보고 그곳에 초막을 짓고 살고 싶다고 했을 때 그것은 환상의 세계로 도피하고자 한 것이었습니다(마 17:1-4). 그러나 예수님은 그들을 데리고 산 밑으로 내려오셨습니다. 산 밑에는 제자들이 귀신들린 소년에게서 귀신을 쫓지 못해 애쓰는 고달픈 현실이 기다리고 있었습니다. 예수 그리스도는 우리를 환상의 세계로 도피하라고 부르신 것이 아니라 비록 어렵고 고달프고 추하고 짜증스런 일이 있더라도 현실 속에서 동료인간들과 교제하며 부딪치며 어려움과 문제를 헤쳐 나가는 사람으로 부르셨습니다.

나누는 삶의 관계

기독교신앙은 한 마디로 관계입니다. 우리(나)와 하나님과의 관계이며, 우리(나)와 다른 사람과의 관계입니다. 관계는 나눔이 없이는 성립되지 않습니다. 기쁨이든 슬픔이든, 좋은 것이든 나쁜 것이든. 예수 그리스도는 우리를 위하여 자신의 모든 것을 내어주시며 우리와 관계를 맺으셨고 지금도 끊임없이 사랑을 주고 계십니다. 그리고 우리를 향하여

"아버지께서 나를 사랑하신 것 같이 나도 너희를 사랑하였으니 나의 사랑 안에 거하라" (요 15:9)

"내 계명은 곧 내가 너희를 사랑한 것 같이 너희도 서로 사랑하라 하는 이것이니라" (요 15:12)

고 명하셨습니다. 사랑은 실제적 나눔 없이는 불가능합니다. 예수님은 말로 사랑하는 것이 아닌 실제적 나눔의 사랑을 요구하십니다.

우리가 우리 자신의 신앙 곧 제자도에 대해서 돌이켜보는 가장 좋은 방법은 우리가 예수님(하나님)뿐 아니라 다른 사람에게 진정으로 열린 마음을 가지고 있느냐를 살펴보는 것입니다. 열린 마음으로 동료인간과 관계를 갖는 것은 고통스런 일일 수 있습니다. 그러나 그것은 고통스러움에 비교할 수 없는 풍성하고 아름다운 결실이 있습니다. 신약성경에서 말하는 교회의 개념은 건물이나 제도나 조직이 아니고 하나님의 백성인 예수님의 제자들이 그리스도 안에서 열린 마음으로 하나님과 동료신자들과 실제적인 관계를 맺는, 하나님과 신자 서로에게 소속되었다는 소속개념이었습니다.

십자가와 그리스도인의 교제

십자가는 기독교신앙의 중심입니다. 신자(제자)는 오직 그리스도의 십자가를 통해서만 하나님과의 교제가 이루어지며 성도 상호간의 교제가 깊어지고 성숙하게 됩니다. 종종 그리스도인들은 은사들과 축복과 성공 사례를 얘기하며 교제합니다. 이런 맥락에서 서로 용기를 북돋아주며 격려하는 것이 필요하며 도움이 되기도 합니다. 그러나 그리스도인들(제자들)의 진실한 교제는 서로에게 진심으로 마음을 열고 개인적인 바람, 고민, 부끄러움 등을(아무한테나 결코 말하기 어려운, 말하고 싶지 않은) 진실하게 모두 말할 때입니다. 예수 그리스도의 십자가 아래는 가장 낮은 장소이며 그렇기 때문에 하나님의 은혜와 치유의 자리인 것입니다.

서로에게 마음을 연다는 것은 두려운 일입니다. 자신이 누구인지를 다른 사람에게 밝히는 것은 쉬운 일이 아닙니다. 왜냐하면 적나라하게 밝힘으로서 상대방이 나를 나쁘게 생각할 수 있고 싫어할 수 있다고 생각하기 때문입니다. 그 때문에 자신의 좋은 이미지를 그대로 유지하기 위하여 가면을 쓰며, 자신의 실제적인 모습을 숨기는 것이 더 낫다고 생각합니다. 이러한 자세는 진정한 성도의 교제나 제자도의 방법이 아닙니다. 현대의 많은 그리스도인들이 이러한 점 때문에 예수님께서 기뻐하시는 진정한 제자도의 삶을 보여 주지 못하고 실제적인 제자로 사는 사람이 드문 것입니다.

많은 그리스도인들은 겉으로는 만족하고 평화로워 보이지만 내적으로는 자기를 이해해주며 사랑하는 사람들을 만나지 못해 외로워하고 혼란에 빠져있고, 좌절하고 있고, 두려움에 빠져있고, 죄의식에 괴로워하고 있으며, 심지어 가족과도 대화를 나누지 못하고 있으면서 교회 안에서 볼 때는 너무나 경건하고 행복하고 만족하며 사는 사람처럼 보여서 감히 그들에게 자기의 깊은 마음을 털어놓을 용기가 나지 않습니다. 그래서 서로 겉치레 인사와 교제만

나누게 될 뿐입니다. "자매님(형제님), 평안하세요?" "네, 평안합니다." 이런 식의 교제는 백날이 가도 실제적인 교제가 이뤄지지 않는 형식적인 교제입니다.

진정한 성도의 교제는 그리스도인들이 서로를 의로운 자로 말하지 아니하고 서로를 의롭지 못한 죄인으로 받아들이고 서로를 체휼(입장을 이해하는) 할 때 가능해집니다. 거룩하고 경건해 보이는 교제 안에는 문제를 안고 있는 죄인들이 가까이 갈 틈이 없습니다. 너무 거룩하고 영적으로 보이는 분위기에서 사람들은 자신의 실체를 보이기보다는 가면을 쓰게 됩니다. 그리스도인들이 하나님의 자녀로서 진실한 자유를 발견할 수 있는 것은 거룩하고 영적인 분위기 속에서가 아닌 서로가 자유롭게 자신의 부끄러운 모습을 숨김없이 이야기할 때입니다. 하나님의 현존 앞에서 서로가 자신의 죄, 부족함을 적나라하게 드러내놓고 서로의 죄를 인정할 수 있을 때, 그러한 모습임에도 불구하고 자신을 용납하시며 사랑하시는 하나님의 임재를 경험하고 서로를 이해하고 동질감을 갖게 되며 위선을 버리고 진실한 사랑의 교제를 나눌 수 있을 것입니다.

실제적으로 거룩하고 영적인 것은 가식적인 경건한 모양이 아닌 정직하게 죄를 노출시키며 고백하는 것입니다. 오직 그럴 때만 이해하며 받아들이며 용서하며 돌보는 사랑의 실재가 서로를 통하여 실체적으로 구현되는 것입니다. 신자들이(제자들이) 서로를 향하여 마음을 닫을 때 하나님을 향한 마음도 닫는 것입니다. 그리스도인이 서로 사랑하고 섬기는 것은 주님을 사랑하고 섬기는 것입니다.

공개적인 죄의 고백과 제자도

거룩하고 죄 없는 하나님께 죄를 개인적으로 고백하는 것보다 거룩하지도 않고 죄 많은 사람들에게 공개적으로 죄를 고백하는 것이 훨씬 용기가 필요하다는 것은 누구나 인정하는 사실입니다. 보이지 아니하는 하나님께 죄를 고백함보다 보이는 사람들에게 죄를 고백하는 것이 훨씬 부끄럽고 자존심이 상하기 때문입니다. 그러므로 진정으로 자신을 비우고 낮추는 것은 사람들 앞에 자신의 죄를 고백하는 일입니다. 하나님께만 죄를 은밀히 고백하고 사람 앞에서는 죄 없는 척 행동하는 것은 온전한 죄의 고백이 되지 못합니다. 또한 같은 죄를 반복하고도 사람들 앞에서는 여전히 의로운 행세를 할 수 있습니다.

그러므로 야고보는 "이러므로 죄를 서로 고하며 병 낫기를 위하여 서로 기도하라"(약 5:16)고 했던 것입니다. 하나님께서는 하나님께 뿐 아니라 형제에게도 죄를 고백할 때 온전한 고백으로 간주하시고 은혜의 역사를 일으키신다는 것입니다. 죄를 서로 고백하면서 그리스도인들은 같은 죄를 반복하지 않게 되며 모든 죄를 포기할 수 있게 됩니다. 죄의 고백은 그러므로 중요한 제자도입니다. 죄를 서로 고백함으로 자신이 하나님께(그리스도께) 속해 있다는 것과 서로에게 속해 있다는 공동체적 소속감을 갖게 됩니다.

교회에서 위대한 부흥이 일어난 것은 바로 서로에게 죄를 공개적으로 고백했을 때였다는 사실은 아주 중요한 의미를 가지고 있습니다. 숨겨진 죄가 어둠으로부터 빛으로 나오게 되는 것이 공개적인 죄의 고백이며, 그리스도의 빛이 더욱 빛나는 일입니다. 그때 성도의 참 연합과 교제가 이루어지며 성령의 역사가 풍성하게 나타나게 되는 것입니다.

서로 짐을 지는 제자도

그리스도인이 다른 사람들과 깊이 교제하며 헌신할수록 받는 상처도 커집니다. 거듭난 그리스도인들도 다른 사람을 실족시키며 실망시키는 일을 계속 반복하며 살아가기 때문입니다. 그럼에도 그리스도인들이(제자들이) 사랑과 이해로서 다른 사람들의 연약함과 나쁜 습관과 잘못을 인내하며 용납할 때 그리스도의 법(사랑의 법)을 성취해 나가게 됩니다.

예수님은 자기 제자들의 연약함, 나쁜 습관, 잘못, 죄의 짐을 모두 지셨습니다. 예수님의 그러한 자세는 예수님으로 끝나는 것이 아니라 예수님을 믿고 따르는 모든 사람들의 자세가 되어야 합니다. 그래서 바울은 빌립보 교인들에게 이렇게 말했습니다.

> "너희 안에 이 마음을 품으라 곧 그리스도 예수의 마음이니 그는 근본 하나님
> 의 본체시나 하나님과 동등됨을 취할 것으로 여기지 아니하시고 오히려 자기
> 를 비워 종의 형체를 가지사 사람들과 같이 되셨고 사람의 모양으로 나타나사
> 자기를 낮추시고 죽기까지 복종하셨으니 곧 십자가에 죽으심이라" (빌 2:
> 5-8)

　제자들(그리스도인들)은 예수님께서 자신을 낮추어 죄인을 위하
여 종이 되신 것처럼 자신을 낮추어 서로를 섬기도록 부름 받은 사
람들입니다. 그리스도인들은 자신의 관심을 돌아볼 뿐 아니라 다
른 사람의 관심사도 돌아보아야 합니다. 그리스도인들(제자들)은
다른 사람들을 판단하거나 비판하는 대신 허물을 덮어주며 용서
하며 사랑해야 합니다. 그리스도인들은 다른 사람을 지배하지 말
아야 하며, 자신의 이익을 위하여 다른 사람을 이용하지 말아야 하
며, 다른 사람의 모습을 자신의 형상으로 변화시키지 말아야 하며,
오직 하나님의 형상으로, 예수 그리스도의 형상으로 변화하도록
도와주어야 합니다. 그래서 하나님께 영광 돌리는 사람이 되도록
해야 합니다.

　또한 그리스도인들은 이기심과 질투심에 사로잡혀 다른 사람을
해롭게 하면서 자신의 이익을 추구해서는 안 됩니다. 그러나 많은

그리스도인들이 실제의 삶에서 이기심과 질투심에 사로잡혀 다른 사람을 해치면서까지 자신의 이익을 추구하고 있습니다. 소유하려고 하며, 사로잡으려고 하며, 지배하려고 하는 것은 인간적인, 곧 육신적인 것이지 영적인 것이 아닙니다. 인간적인 사랑은 자기 사랑의 대상을 자유롭게 내버려두지 아니합니다. 인간적인 사랑은 자기 사랑의 대상을 우상으로 만들든지, 자신이 사랑의 대상에게 우상이 되고 싶어 안달합니다. 인간적인 사랑은 자기의 목적을 달성하려고 수단과 방법을 동원합니다. 그렇게 해서 목적을 이룬다할지라도 안정되지 아니하며 만족할 줄 모릅니다. 교회공동체 안에서 예수님의 이름으로 논의되는 여러 가지 일들, 하나님을 위하는 일들이라며 추진하는 여러 가지 일들과 그것들을 이루기 위한 방법 중에는 하나님의 사랑의 방법이 아닌, 인간적인 열심과 사랑이 얼마나 많은지요! 그래서 결국은 형제를 실족시키고 상처를 주는 일이 허다합니다.

그리스도인들(제자들)이 하나님의 사랑에 의해서 지배를 받게 되면 다른 사람을 지배하려들거나 사로잡으려 하거나 자신을 추종하라고 하지 않습니다. 또한 자신의 목적을 달성시키려고 다른 사람을 이용하지도 않고, 인간적인 수단과 방법을 동원하지도 않습니다. 오늘날 많은 교회에서 신자 머리수 불리기 위해서, 사람들을 끌어 모으기 위해서, 교회당 건축을 우해서 여러 가지 인간적인 수단과 방법을 동원합니다. 그리고 예수님의 이름으로, 예수님을 위한다는 명분을 내세웁니다. 그 일에 동조하지 않거나 반대하는 사람은 무조건 사탄의 세력으로 몰아붙입니다. 이러한 일은 하나님의 사랑(그리스도의 사랑)의 지배를 받게 된 결과라고 할 수 없습니다.

하나님의 사랑의 지배를 받는 사람은 그 어떤 것보다 사람 자체를 사랑합니다. 사람을 돌보고, 일흔 번의 일곱 번씩 용서하고, 다른 사람을 섬기며 배려하며 그의 바람을 충족시켜주기 위하여 자신을 희생합니다(시간, 돈, 마음과 몸을).

사랑의 제자도

"아가페Agape는 다음과 같은 정신이다. 어떤 사람이 나에게 어떠한 행위를 해도 절대로 그에게 나쁜 마음을 품지 아니한다. 결코 원한을 갚으려고 하지 아니하며 오직 그 안에 있는 모습 가운데 최선의 것을 발견하려고 노력할 것이다"(윌리엄 바클레이 William Barclay).

그리스도인의 사랑인 아가페는 한 마디로 억누를 수 없는 선한 마음, 어쩔 수 없이 표현되는 선한 뜻이라고 바클레이는 말했습니다.

아가페 사랑은 하나님의 속성입니다. 하나님께서는 예수 그리스도 안에서 아가페 사랑을 너무나 완벽하게 실현하셨습니다. 하나님의 본질적 속성은 사랑입니다. 하나님의 사랑(아가페)은 희생적 사랑입니다. 또한 긍휼과 자비의 사랑입니다. 또한 하나님의 사랑은 인내의 사랑이며 불변의 사랑입니다. 영원한 사랑입니다. 성경에는 하나님의 사랑이 영원하다는 사실이 백팔십 번 언급됩니다. 또한 하나님의 사랑은 질투하는 사랑입니다. 하나님은 어떤 대상에게도 사랑을 빼앗기거나 양보하지 않으십니다. 그것은 그토록 모든 것을 주시며 자신의 백성을 사랑하시기 때문이며(출 20:5), 잘못되기를 바라지 않으시기 때문입니다.

이러한 하나님의 사랑에 반응하는 하나님께 대한 그리스도인(제자)의 사랑 또한 절대적이어야 하며(마 6:24), 순종적이어야 합니다. 하나님께 대한 순종만큼 하나님을 향한 사랑의 궁극적인 증거는 없습니다(요일 4:19). 하나님께 대한 그리스도인의 사랑은 성령의 열매로 나타납니다(갈 5:22). 그러나 한편 하나님께 대한 사랑은 그리스도인 상호간에 보여 주는 사랑 안에 나타나야 한다고 성경은 말씀합니다. 만약 그가 자기 가정에서, 자기가 속한 공동체에서, 자기의 삶 속에서 사람을 향한 진실한 사랑의 모습을 보여 주지 못한다면 그는 하나님을 사랑하는 사람이라고 할 수 없습니다(요일 4:20). 왜냐하면 하나님께서, 주님께서 서로 사랑하라고 명하셨기 때문이며(요 13:34), 주님을 섬기고 사랑한다는 것은 곧 주님이 사랑하시는 다른 사람을 주님처럼 섬기고 사랑하는 일이기도 하기 때문입니다(마 25:31-45).

성만찬

그리스도의 공동체를 가장 명확하게 표현하는 것은 주의 만찬, 곧 성만찬입니다. 성만찬은 예수님과 신자, 신자와 하나님, 신자와 신자의 연합과 교제의 기초입니다. 예수 그리스도의 십자가 안에서 모두 하나가 됩니다.

과거 우리는 그리스도로부터 떨어진 자요, 이스라엘의 무리로부터 소외된 자요, 약속의 계약에 대하여 낯선 이방인이요, 세상에서 하나님 없이 살다가 죽어야 하는 소망이 없는 자들이었지만 이제는 그리스도 안에서 그 분의 십자가로 하나님의 자녀가 되었고, 예수님께 속한 자가 되었으며, 하나님의 자녀 된 사람들과 함께 예수님께 속한 공동체가 된 것입니다.

> "또 십자가로 이 둘을 한 몸으로 하나님과 화목하게 하려 하심이라 원수 된 것을 십자가로 소멸하시고 또 오셔서 먼 데 있는 너희에게 평안을 전하시고 가까운 데 있는 자들에게 평안을 전하셨으니 이는 그로 말미암아 우리 둘이 한 성령 안에서 아버지께 나아감을 얻게 하려 하심이라 그러므로 이제부터 너희는 외인도 아니요 나그네도 아니요 오직 성도들과 동일한 시민이요 하나님의 권속이라" (엡 2:16-19)

우리는 죄인으로서 예수님의 십자가로 나아가며, 하나님께서는 죄인인 우리들을 아드님의 십자가 안에서 자녀로 받아주십니다.

그리하여 우리는 하나님을 향하여 "아빠, 아버지"(롬 8:15)라고 확신 있게 담대히 부를 수 있습니다. 또한 우리는 함께 자녀 된 사람들을 향하여 "나의 형제", "나의 자매"라고 부릅니다. 남이 아니고 한 가족이요 식구이기 때문입니다. 이는 우리와 하나님과의 영원한 관계요 함께 자녀 된 사람과의 영원한 관계를 의미합니다.

성만찬식에서 예수 그리스도의 십자가에 못 박히신 몸을 상징하는 빵(떡)과 보혈을 상징하는 포도주를 나눠먹고 마시는 일은 우리가 하나님과 어떤 사이인지, 예수님과 어떤 관계에 있는 사람인지, 함께 하나님의 자녀 된 사람들과 어떤 관계에 있는 사람인지 분명하게 깨닫게 해줍니다. 우리를 자녀삼아 주시고 하나로 연합시킨 하나님을 찬양하며 경배합니다. 그리고 예수 그리스도 안에서 그 누구도, 어떤 힘도 우리의 연합을 해칠 수 없음을 알고 기뻐하게 됩니다.

그리스도인들(제자들)이 하나님의 무한한 은혜와 사랑과 강한 소속감과 연대감을 인식하고 실감하는 것은 성만찬에서입니다.

성만찬에서의 거룩한 교제

은혜로운 성만찬, 사랑과 치유가 있는 성만찬이 되려면 서로 열린 마음으로 죄를 고백해야 합니다. 무지로 인하여, 연약함으로 인하여, 고의로 죄를 범한 것, 하나님께 순종하지 못한 것, 형제, 자매, 가족에게 상처를 입힌 것 등을 숨김없이 고백하는 것이 필요합니다. 성만찬은 거룩한 사람들을 위한 식탁이 아니라 죄인들을 위한 식탁입니다. 예수님의 성만찬에 참여하는 것은 우리가 죄 없는 거룩한 사람이기 때문이 아니라 예수님의 보혈로 죄를 용서받아야 할 사람이기 때문입니다. 빵과 포도주는 그것을 상징하고 보장해주는 증거물입니다.

　죄인 됨을 인식하지 못한 채, 죄 사함을 의식하지 않은 채, 하나님의 자녀 됨을 의식하지 못한 채, 그리스도와의 연합과 성도 상호 간의 연합과 교제를 인식하지 못한 채 성만찬에 참여하는 것은 죄입니다. 그리스도인들(제자들)이 만약 성만찬에 대한 올바른 인식을 하고 성만찬에 참여한다면 놀라운 치유의 은혜를 누리게 될 것입니다(영육간에). 만약에 그리스도인들이 성만찬을 소홀히 여기거나 참여하기를 거부한다면 하나님께서 하신 일, 예수 그리스도께서 우리를 위해 해주신 일을 소홀히 여기는 것이며 받아들이지 않는 것이 되기 때문에 잘못된 일입니다. 성만찬에서 그리스도인들은 예수님 안에서 자신과 하나님, 그리고 다른 사람과의 교제가 회복된 것에 대한 감사함이 있어야 합니다. 또한 예수님께서 함께하시며 사랑 안에서 마음들을 함께 묶으시며, 강하게 하시며, 담대하게 하시며, 치료하신다는 사실을 기억해야 하며, 그 분 안에서 하나님께서 성령의 은사를 주시며 성령의 열매를 맺게 하신다는 사실을 기억해야 합니다.

예수님께서 친히 제정하신 성만찬은 은혜의 수단인 동시에 영적 훈련의 수단이기도 합니다(그리스도인의 공동체가 건강하고 바르게 되기 위한). 규칙적이고 바른 성만찬을 통하여 그리스도인들은 영적으로 힘을 얻게 됩니다. 성만찬은 예수님의 십자가 죽으심을 기념하기 위함인데 그리스도인들은 자신이 그리스도의 십자가에서 예수님과 연합되었다는 사실, 그리하여 부활의 영광에 참여하기 위해서는 십자가의 길도 함께 걸어야 한다는 사실을 잊지 말아야 합니다. 그러므로 이 땅에서 예수 그리스도를 따르기 위해 자신의 몸(삶)을 산 제물로 바치는 삶을 추구해야 합니다.

성만찬은 어린양 예수 그리스도의 혼인잔치의 그림자이기도 합니다. 그러므로 성만찬을 통하여 하늘의 잔치를 미리 맛보는 것입니다. 성만찬을 통해서 그리스도인들은 하나님께서 장차 천국에서 자신들의 눈에서 모든 눈물을 씻어주실 것을 확신하며, 세상에 살면서 잠시 맛보는 고통이나 시련 때문에 용기를 잃지 말고, 그 영광의 날이 오기까지 하나님 백성의 공동체 안에서 형제자매 된 영적 가족들이 서로 사랑하며 위로하며 격려하며 섬기며 하나님 나라를 위하여 함께 힘을 다할 것을 다짐해야 합니다.

헌신된 삶의 결여

예수 그리스도를 진실로 따르는 제자로서의 삶을 산다는 것은 쉽지 않습니다. 제자의 삶은 자신을 예수님께 헌신하며, 예수님의 길을 걸으며, 예수님께 모든 초점을 맞추며, 예수님의 사랑과 진리를 다른 사람에게 나눠주는 삶이어야 합니다. 오늘날 그리스도인이라고 고백하는 사람들 가운데는 이와 같은 헌신된 삶이 너무 결여되어 있으며, 설교자들조차도 예수님을 따르는 데 동반되는 희생에 대해서 설교하는 것을 꺼립니다. 왜냐하면 자기 부인의 삶이나 십자가를 지는 삶에 대하여 아무도 기뻐하지 않기 때문입니다.

예수님께서 죄인을 위해서 십자가에 못 박혀 돌아가셨음에 대하여 우리는 기뻐할 수 있습니다. 그러나 그 분을 따르기 위하여 매일 십자가를 져야 한다는 말은 기뻐하기가 어렵습니다. 너무 오랜 기간 동안 교회는 교회생활이 사교단체 혹은 클럽의 성격을 띠어가는 것을 묵인해 왔습니다. 장 카를로스 오르티즈Juan Carlos Ortiz 는 '좋은 교인은 클럽의 좋은 회원과 같다'고 폭로했습니다. 신약성경 어디에도 교회가 클럽 같고, 그리스도인이 클럽의 회원 같은 모습으로 묘사된 곳은 절대로 없습니다.

신자(제자)는 그리스도의 몸의 지체입니다. 이 개념은 예수님에 대한 신자들의 절대적 헌신과 서로에 대한 절대적 헌신을 강조합니다. 헌신적 삶의 결핍은 성도의 교제의 천박함, 복음증거의 무능력함, 열정적 봉사의 결여, 영적 은사의 무시, 무성의하고 메마른 예배생활, 기도생활의 연약함, 사랑의 결핍 등으로 그 병적 증세가 나타납니다.

아이러니하게도 사이비종파나 혁명적 집단, 테러리스트 집단에서 교회보다 강한 제자도(?)를 볼 수 있습니다. 그들은 자기가 속해 있는 집단에 대한 소속감, 연대감이 강하고 목숨 건 헌신이 있습니다.

제자(그리스도인)가 갖춰야 할 요건들

모든 그리스도인들이 뛰어난 헌신의 삶을 살 수 있는 것은 아닙니다. 그러나 그리스도인들은 최소한 다음 상황만큼은 자신의 신앙생활에서 예수님의 제자로서의 삶을 성취하고자 소망하고 노력하고 기도해야 할 것입니다. 또한 여기에는 남녀노소의 구별이 없이 모든 제자(신자)들에게 적용되어야 합니다.

□ 기꺼이 섬겨야 합니다.

예수님은 높은 지위를 추구하는 제자들을 향하여 높아지고자 하는 자는 섬기는 사람이 되어야 한다는 섬김의 도를 반복적으로 가르치셨습니다. 특히 예수님의 결정적 섬김의 도는 제자들의 발을 씻김에서 보여 주셨습니다(요 13장; 마 10:35-45).

□ 이 말씀을 들어야 합니다.

변화산 위에서 찬란하게 변모된 예수님과 그 분과 함께 있던 모세와 엘리야를 목격한 베드로와 야고보와 요한은 황홀감에 젖었습니다. 그때 베드로는 초막을 짓고 산 위에서 그 분들과 살고 싶다고 말했습니다. 그러나 하나님께서는 베드로에게 "너희는 저의 말을 들으라"(눅 9:35)고 말씀하셨습니다.

마르다는 자기 집에 오신 예수님께서 말씀하고 계실 때 분주하게 음식을 준비해 가며 말씀을 듣는 마리아를 못마땅해 했습니다. 그러나 예수님은 오히려 마르다를 부드럽게 책망하셨습니다. 그리고 조용하게 앉아 예수님의 말씀을 듣는 마리아를 향하여 더 좋은 것을 택했다"고 칭찬하셨습니다(눅 10:41 이하).

그리스도인(제자)은 더 중요한 것과 덜 중요한 것을 구별하고 선택할 줄 알아야 합니다. 가장 중요한 것은 말씀을 듣는 일입니다. 세상은 항상 일이 중요하다고 강조합니다. 돈 버는 일, 음식 만드는 일, 성공하는 일, 손님을 대접하는 일…… 그러나 예수님은 일보다 먼저 말씀을 들을 것을 요구하십니다.

□ 기꺼이 진리를 배우려고 해야 합니다.

예수님께서 장차 있을 자신의 고난과 죽음에 관해서 말씀하셨을 때 베드로는 만류하며 이렇게 말했습니다. "주여 그리 마옵소서 이 일이 결코 주께 미치지 아니하리이다"(마 16:22) 그러나 예수님께서는 베드로를 향하여 "사탄아 내 뒤로 물러가라 너는 나를 넘어지게 하는 자로다 네가 하나님의 일을 생각하지 아니하고 도리어 사람의 일을 생각하는도다"(마 16:23)라고 책망하셨습니다. 베드로가 예수님으로부터 호된 책망을 들어야 했던 것은 그가 영적인 일에 무지했기 때문이었습니다. 영적인 일에 무지하면 하나님의 일을 생각하지 못하고 사람의 일, 곧 인간적인 생각만 하게 됩니다. 영적인 일은 저절로 깨닫게 되는 것이 아니라 진리를 배움으로서 깨우치고 생각하게 됩니다.

　□ 다른 사람의 충고를 기꺼이 받아들여야 합니다.

　다른 사람이 정직하게 지적하고 비판하는 사실을 수용해야 합니다. 사람들은 대개 다른 사람이 자신을 비판하는 것에 대하여 수용하기를 싫어하고 화를 냅니다. 그러나 그리스도의 제자들은 다른 사람이 사랑 안에서 진실로 비판하고 충고해주는 것을 기꺼이 받아들일 줄 알아야 합니다. 예수님께서는 "네 형제가 죄를 범하거든 가서 그 사람과만 상대하여 권고하라 만일 들으면 네가 네 형제를 얻은 것이요 만일 듣지 않거든 한두 사람을 데리고 가서 두세 증인의 입으로 말마다 확증하게 하라 만일 그들의 말도 듣지 않거든 교회에 말하고 교회의 말도 듣지 않거든 이방인과 세리와 같이 여기라"(마 18:15-17)고 말씀하셨습니다.

자신의 잘못에 대하여 남들이 진심어린 충고를 해주었을 때 받아들이지 않는 사람은 진정한 그리스도의 제자가 될 수 없습니다.

□ 위의 사람들에게 기꺼이 복종해야 합니다.

그리스도인은 남을 먼저 존중해주고 피차에 복종하는 자세로 사는 사람들입니다(엡 5:21; 빌 2:3). 하물며 교회에서나 사회에서 지도자와 위의 사람들에게 복종하는 것은 마땅한 일입니다(살전 5:12; 히 13:17). 심지어는 이유를 확실하게 이해하지 못했을 때나 원하지 아니하는 일이 요구되었을지라도 그것이 하나님과 그리스도의 공동체가 요구하는 일이요, 사람들에게 선한 일이라면 기꺼이 복종하려는 자세가 필요합니다. 예수님께서는 하나님의 뜻에 전적으로 복종하셨으며, 죽기까지 하셨습니다(빌 2:7,8). 사도 바울은 이 점을 언급하면서 "너희 안에 이 마음을 품으라 곧 그리스도 예수의 마음이니"(빌 2:5)라고 복종의 미덕에 대해서 교훈했습니다.

□ 다른 사람과 자신의 삶을 나눌 수 있어야 합니다.

제자(그리스도인)는 열린 마음과 진실한 마음으로 기꺼이 다른 성도와 교제함으로써 물질적으로, 정신적으로, 영적으로 나누는 삶을 살 수 있어야 합니다. 예수님은 제자들과 모든 것을 나누셨고, 초대교회 성도들(제자들)도 모든 것을 나누며 교제했습니다(행 2:42-

46; 4:32-35). 사도 요한은 그리스도인의 삶을 그리스도 안에서 하나님과의 사귐이요 형제와의 사귐이라고 했습니다(요일 1장).

　□ 제자는 겸손을 기꺼이 배워야 합니다.

　그리스도인의 가장 아름다운 미덕중의 하나는 겸손입니다. 자신을 과시하고 잘난 체하고, 남을 무시하고, 오만하고, 과격하고, 거친 태도는 그리스도인과 먼 모습입니다. 남을 나보다 낮게 여기고 부드럽고 친절하며 남의 이야기를 끝까지 들어주며 다른 사람의 기쁨과 슬픔에 깊은 관심을 보이며, 작은 호의나 친절에 진심으로 기뻐하고 감사할 수 있는 사람이 진심으로 겸손한 사람입니다. 그리스도인(제자)은 부단히 겸손에 대해서 배워야 합니다(빌 2장; 롬 12:10-16).

　□ 제자는 다른 사람들을 비판하기 전에 자신의 삶을 기꺼이 성찰해야 합니다(마 7:1-3).

　다른 사람을 비판하는 것은 쉽습니다. 그러나 자신을 바르게 진찰하는 일은 쉽지 않습니다. 그리스도인들은 다른 사람에 대해서는 비판적이지만 자신에 대해서는 제대로 모르는 사람이 많습니다. 자신을 바르게 볼 줄 아는 것처럼 어려운 것은 없습니다. 자신을 바르게 볼 줄 아는 사람은 훌륭한 사람입니다. 끊임없이 말씀에 비추어 자신의 마음과 삶을 진찰하며 다른 사람의 비판을 수용하며 기도하는 건강한 영혼의 소유자가 자신을 바르게 진찰할 수 있습니다.

ㅁ 제자(그리스도인)는 자기의 연약함을 아는 사람입니다.

뿐만 아니라 자신의 연약함을 하나님의 은혜를 통하여 극복하려고 하는 사람입니다. 그리스도인은 자신의 지혜, 자신의 능력을 의지하는 사람이 아니라 하나님의 지혜, 하나님의 능력, 하나님의 은혜를 힘입어 살기를 간절히 원하는 사람입니다. 자신의 연약함으로 인하여 하나님의 은혜를 더욱 간절히 원할 때 하나님께서 능력으로 역사하시고 도구로 사용하십니다. 사도 바울은 자신을 질그릇(보잘것없고 깨지기 쉬운)에 비유했고, 예수 그리스도의 복음의 은혜를 보배요 심히 큰 능력이라고 했습니다.

"우리가 이 보배를 질그릇에 가졌으니 이는 심히 큰 능력은 하나님께 있고 우리에게 있지 아니함을 알게 하려 함이라" (고후 4:7)

"나에게 이르시기를 내 은혜가 네게 족하도다 이는 내 능력이 약한 데서 온전하여짐이라 하신지라 그러므로 도리어 크게 기뻐함으로 나의 여러 약한 것들에 대하여 자랑하리니 이는 그리스도의 능력이 내게 머물게 하려 함이라" (고후 12:9)

□ 그리스도인(제자)은 완전주의자가 되지 말아야 됩니다.

완전주의(완벽주의)는 사람을 자기 의義, 자기 정죄, 자기 연민 또는 자학의 늪으로 빠뜨릴 뿐 아니라 주위사람들까지 괴롭히게 됩니다. 그리스도인(제자)은 온전해지기 위해서 경건생활에 진력해야 하지만 잘못과 실수가 없을 수 없습니다. 인간 스스로 완전해질 수 있다면 예수님께서 세상에 오실 필요가 없었을 것입니다.

"우리가 다 실수가 많으니……" (약 3:2)

"만일 우리가 죄가 없다고 말하면 스스로 속이고 또 진리가 우리 속에 있지 아니할 것이요……" (요일 1:8-10)

하나님께서는 그리스도 안에서 우리의 있는 그대로의 모습을 받아들이십니다. 그러므로 그리스도인들은 자신이 부족하고 잘못된 점이 있다 하더라도 하나님께서 있는 그대로 받아주신다는 사실을 기억하여 자신과 동료 그리스도인들을 있는 그대로 받아들일 줄 알아야 합니다.

□ 그리스도인(제자)은 용서할 수 있어야 합니다.

하나님께서는 우리가 치러야 할 대가를 예수님의 십자가 대속사역으로 깨끗하게 탕감해 주셨습니다. 하나님께로부터 영원한 사망의 형벌에서 무조건 탕감 받고 용서받은 우리가 우리에게 잘못한 사람을 용서하지 않는다면 하나님의 은혜를 모르는 것이며, 믿음이 없다는 증거입니다(마 18:21-35).

"그 때에 베드로가 나아와 이르되 주여 형제가 내게 죄를 범하면 몇 번이나 용서하여 주리이까 일곱 번까지 하오리이까 예수께서 이르시되 네게 이르노니 일곱 번뿐 아니라 일곱 번을 일흔 번이라도 하라" (마 18:21,22)

'일곱 번을 일흔 번'이라는 말은 제한 없이, 끝없이 용서해 주라는 의미입니다. 예수님이 가르쳐주신 주기도문에도 용서에 관한 내용이 언급됩니다.

"우리가 우리에게 죄 지은 자를 사하여 준 것 같이 우리 죄를 사하여 주시옵고" (마 6:12)

□ 그리스도인(제자)은 끈기가 있어야 합니다.

믿음의 길, 신앙의 길은 즐겁고 행복한 일만 펼쳐지는 것은 아닙니다. 기복신앙론자나 긍정적 사고방식론자나 번영신학론자들의 주장대로 예수를 믿으면 앞길이 고속도로 같이 훤히 뚫리고, 삶이 에스컬레이터를 탄 듯 저절로 쉽게 살아지는 것이 아닙니다. 때로는 시련과 고난도 찾아오고 낙심과 좌절할 일도 만납니다. 그럴 때

끈기 없는 사람은 신앙을 포기하려는 유혹에 빠지고, 실제로 신앙을 포기하는 사람이 많습니다. 실의와 좌절이 찾아왔을 때 흔들림 없이 꿋꿋하게 믿음을 지킬 뿐 아니라 고난과 시련을 통해서 오히려 신앙이 더욱 굳건해지고 다듬어지고 아름다워지는 사람, "주여, 저에게 시련과 고난을 주심을 감사합니다. 어려움 중에 낙심하거나 불평하지 말게 하시고, 인내와 끈기를 배우게 하시고 잘못된 점을 고치게 하시며, 주님 원하시는 것을 이루도록 하소서"라고 기도할 수 있는 사람이 진정한 그리스도의 제자가 될 수 있습니다.

□ 그리스도인(제자)은 다른 사람에게 신뢰받을 수 있어야 합니다.

사람이 신뢰받는다는 것은 인생을 살아가는 데 중요한 비중을 차지합니다. 다른 사람들로부터 신뢰받는 사람은 그 인격이 존중받게 됩니다. 다른 사람들에게 신뢰받지 못하는 사람은 아무도 그를 믿어주지 않으며 의지하지 않습니다.

다른 사람에게 신뢰받지 못하는 사람은 대개 다음과 같은 특징이 있습니다.

* 약속을 잘 지키지 않습니다(시간 약속이든, 돈에 관한 약속이든, 그 외의 어떤 약속이든).

* 분명한 성격이 되지 못합니다. 매사에 분명하게 시작하고 끝 맺음하는 일이 없습니다.
* 우유부단합니다. 어물어물 넘어가며 딱 잘라 결단을 못합니다. 따라서 무능합니다.
* 게으릅니다. 게으른 사람은 작은 일도 성취하기 어렵습니다.
* 남들과 잘 부딪치는 모난 성격이며, 변덕이 심하며, 사람에게 상처주기를 잘합니다.
* 잔소리를 잘하고 잘못된 일에는 다른 사람에게 책임을 전가시키고, 원망과 불평을 잘하며 부정적인 말만 합니다.
* 거짓말을 잘하며 정직하지 못합니다.

이러한 사람은 절대로 다른 사람의 신뢰를 받지 못합니다. 그리스도인들(제자)은 이러한 사람이 되지 말아야 합니다.

□ 그리스도의 제자는 자기 일에만 신경 쓰는 사람이 되어서는 안 됩니다.

항상 다른 사람에게 마음을 쓰고, 다른 사람을 위하여도 희생적인 수고를 아끼지 말아야 하고, 다른 사람을 위하여 바쁘게 움직이는 사람이 되어야 합니다. 즉 다른 사람을 위하여 헌신할 수 있어야 합니다.

"각각 자기 일을 돌볼뿐더러 또한 각각 다른 사람들의 일을 돌보아 나의 기쁨을 충만하게 하라" (빌 2:4)

"그러므로 우리는 기회 있는 대로 모든 이에게 착한 일을 하되 더욱 믿음의 가정들에게 할지니라" (갈 6:10)

"너희가 짐을 서로 지라 그리하여 그리스도의 법을 성취하라" (갈 6:2)

□ 그리스도의 제자는 작은 일에도 최선을 다합니다.

작은 일을 시시하게 여기고 등한히 하는 사람은 큰일을 수행할 수 없습니다. 작은 일도 중히 여기고 최선을 다하는 사람이 큰일도 실수 없이 수행합니다. 주님께서는 "잘하였도다 착하고 충성된 종아 네가 적은 일에 충성하였으매 내가 많은 것을 네게 맡기리니 네 주인의 즐거움에 참여할지어다"(마 25:23)라고 말씀하셨습니다.

□ 그리스도의 제자는 여가를 지혜롭고 유익하게 활용할 수 있어야 합니다.

그는 자기의 모든 시간을 하나님께서 맡겨주신 것으로 이해하여 하나님의 뜻에 맞게, 하나님 영광을 위하여 지혜롭고 선하게 쓰려고 힘쓰는 사람입니다.

"그런즉 너희가 먹든지 마시든지 무엇을 하든지 다 하나님의 영광을 위하여 하라" (고전 10:31)

"그런즉 너희가 어떻게 행할지를 자세히 주의하여 지혜 없는 자 같이 말고 오직 지혜 있는 자 같이 하여 세월을 아끼라 때가 악하니라 그러므로 어리석은 자가 되지 말고 오직 주의 뜻이 무엇인가 이해하라" (엡 5:15-17)

□ 그리스도의 제자의 최우선이며 궁극적인 목표는 하나님을 기쁘시게 해드려야 합니다.

다른 사람들의 칭찬을 추구하든지 자신의 욕망을 충족시키려는 삶은 그리스도인의 삶에서 벗어난 것입니다.

"그들은 사람의 영광을 하나님의 영광보다 더 사랑하였더라" (요 12:43)

"우리 중에 누구든지 자기를 위하여 사는 자가 없고 자기를 위하여 죽는 자도 없도다 우리가 살아도 주를 위하여 살고 죽어도 주를 위하여 죽나니 그러므로 사나 죽으나 우리가 주의 것이로다" (롬 14:7,8)

"그런즉 우리는 몸으로 있든지 떠나든지 주를 기쁘시게 하는 자가 되기를 힘쓰노라" (고후 5:9)

"그가 모든 사람을 대신하여 죽으심은 살아 있는 자들로 하여금 다시는 그들 자신을 위하여 살지 않고 오직 그들을 대신하여 죽었다가 다시 살아나신 이를 위하여 살게 하려 함이라" (고후 5:15)

□ 그리스도의 제자는 하나님의 말씀에 신속하게 순종해야 합니다.

어부 시몬 베드로가 갈릴리 바닷가에서 예수님의 지시를 즉각적으로 순종했을 때 사람의 상식으로 이해할 수 없는 놀라운 결과가 발생했습니다(고기가 그물이 찢어지도록 잡힘. 눅 5:4-9). 예수님의 지시(말씀)가 인간적 차원에서 어리석은 것 같이 보일지라도 받아들이기만 한다면 놀라운 결과가 나타납니다.

□ 그리스도의 제자는 하나님을 아버지로 모시는 사람입니다.

그리고 어떤 일이 있더라도 아버지 되시는 하나님을 의뢰하고 신뢰하고 순종하며 사랑하는 사람입니다.

"너희는 다시 무서워하는 종의 영을 받지 아니하고 양자의 영을 받았으므로 우리가 아빠 아버지라고 부르짖느니라 성령이 친히 우리 영과 더불어 우리가 하나님의 자녀인 것을 증언하시나니" (롬 8:15,16)

"영접하는 자 곧 그 이름을 믿는 자들에게는 하나님의 자녀가 되는 권세를 주셨으니 이는 혈통으로나 육정으로나 사람의 뜻으로 나지 아니하고 오직 하나님께로부터 난 자들이니라" (요 1:12,13)

아버지는 자녀를 있는 그대로 받아주시고 사랑해 주시는 분입니다. 예수 그리스도를 영접한 사람이라면 어떤 사람이라도 하나님께서는 그 모습 그대로 자녀로 받아주시고 인정해 주시며 사랑해주시는 분입니다. 누가복음 15장의 돌아온 탕자의 비유는 아버지로서의 하나님의 성품을 가장 잘 묘사하고 있습니다.

□ 그리스도의 제자는 하나님만을 피난처로 삼는 사람이어야 합니다.

하나님의 전능하심과 사랑과 성실하심을 신뢰하며 세상의 그 무엇을 의지하지 않고(인간, 권세, 재물, 명성, 명예 등) 하나님만을 피난처로 삼는 사람에게 하나님은 기꺼이 피난처가 되어 주십니다.

"하나님은 우리의 피난처시요 힘이시니 환난 중에 만날 큰 도움이시라" (시 46:1)

"나의 힘이신 여호와여 내가 주를 사랑하나이다 여호와는 나의 반석이시요 나의 요새시요 나를 건지시는 이시요 나의 하나님이시요 내가 그 안에 피할 나의 바위시요 나의 방패시요 나의 구원의 뿔이시요 나의 산성이시로다" (시 18:1,2)

그리스도의 제자는 하나님께서 자신의 삶의 가장 중요한 위치를 차지하신 분이며, 하나님을 사랑하고 섬기는 것을 최우선 순위로 삼고 사는 사람이어야 합니다. 또한 이웃을 자기 몸처럼 사랑하기에 힘쓰는 사람이어야 합니다(마 22:37-40).

만약 이상과 같은 요구조건이 틀린 말 같고 헛소리 같고 부담스럽게만 여겨진다면 그는 진정한 그리스도인(제자)이 될 수 없습니다.

성화를 향한 길

대부분의 신자의 경우 "하나님께서 독생자 예수님을 보내사 나를 구원하셨습니다. 그 은혜는 하늘보다 넓고 바다보다 깊습니다." "하나님은 나를 사랑하시어 영원히 멸망할 수밖에 없는 죄의 저주로부터 나를 구원하셨습니다." 이것을 확인하고 감격하는 데 머무르고 있을 뿐(이 정도만이라도 다행스럽지만) 구원받은 자로서 살아야 하는 신앙인의 자세에 대해서는 정리가 제대로 되어 있지 않은 것을 봅니다.

자기 혼자서는 구원의 확신도 있고 감동도 있지만 그런 감동이나 확신이 실생활에 아름답게 연결이 안 되어 있다는 것입니다. 그렇게 되면 신앙생활을 하면서 동료 인간들에게나 자기 자신에게 적잖은 혼란과 갈등을 줄 수 있습니다. 대부분의 신자들이 구원받은 신자로 살아가는 성숙한 삶에 대하여 중히 여기는 항목들이 술

담배를 멀리 한다, 십일조를 잘 낸다, 기도를 열심히 한다, 교회에 충성한다 같은 것들에만 머물러 있는 것을 봅니다. 기독교 신앙인의 삶이라는 것이 이러한 것들뿐이라면 너무나 옹색하고 가난하다는 생각이 듭니다. 구원받은 신자의 삶을 교회생활에만 국한시켜도 된다고 성경 어디에도 가르치고 있지 않습니다. 물론 교회생활이 신자의 삶의 중요한 부분이 되는 것은 사실이지만 그것이 교회 밖의 실생활을 아름답고 풍성하게 해주는 것이 아니라 단지 교회 안에서의 신앙으로 한정된다면 그것은 성경적인 신앙생활이 아닙니다.

대부분의 믿음이 깊다는 신자들 가운데는 하나님께서 예수 그리스도를 세상에 보내사 십자가에 못 박혀 죽게 하심으로 내 죄를 사하여 주시고 구원하여 주셨으니 이제는 하나님의 크신 은혜를 갚아야 하는 삶을 살아야 한다고 생각합니다. 하나님의 은혜를 잊지 않는 것은 참으로 중요합니다. 그러나 우리가 신앙생활을 하는 것은 은혜 갚는 차원이 되어서는 안 됩니다. 그것은 성경적인 신앙생활이 아니라 세상의 인본주의적인 생각을 그대로 가지고서 신앙생활을 하는 것입니다.

예수 믿고 구원받은 후의 신앙생활은 은혜 갚는 차원에서가 아니라 계속해서 하나님의 은혜 속에서 신앙이 자라가며 아름답고 풍성한 열매를 맺어가는 것입니다. 처음 중생의 과정이 전적으로 하나님의 은혜로 이루어진 것처럼 중생 이후, 곧 구원받은 후의 삶에도 하나님의 은혜가 지속적으로 임하게 됨으로 그 힘으로 아름답고 풍성한 삶을 사는 사람으로 성숙해져 간다는 것입니다.

인간은 그 어떤 일로도 하나님의 은혜를 갚을 수 없습니다. 굳이 하나님의 은혜를 갚고 싶다면 하나님께서 이끄시는 대로 순종하여 아름다운 신자로 성숙하는 것 외에는 없지만 막상 신앙이 성숙하고 보면 하나님의 은혜는 갚을 수 있는 것이 아니라는 것, 그만큼 하나님의 은혜가 높고 넓고 깊다는 것을 실감하게 될 것입니다.

하나님께서는 "내가 너를 구원해 주었으니 이제는 은혜를 갚도록 하라"고 말씀하신 적이 없습니다. 성경은 구원에 대하여 아주 폭넓게 적용하고 있습니다. 신약성경에서 구원에 관한 모든 가르침을 종합해 보면 처음 복음을 믿고 구원받은 것을 시작으로 하여 이 세상에서 마지막 호흡이 멈추는 순간까지의 전 과정을 두고 구원이라고 말하고 있음을 알 수 있습니다. 신자의 삶의 전 과정이 구원의 과정인 것이지 구원을 받았으니 이제는 은혜를 갚으라는 식으로 말하지 않습니다.

물론 우리는 예수 그리스도의 복음을 믿어 구원받은 사람이 된 이후부터 구원받기 전과는 다른 삶을 살아야 하기 때문에 그런 차원에서는 확실히 구분할 필요는 있습니다. 이 두 가지 의미의 구원─예수님을 믿고 죄 사함을 얻은 것으로서의 구원과 그때부터 시작된

전 생애의 신앙의 과정으로서의 구원—에 대해서 알아야만 우리는 성경적인 구원의 삶을 살게 됩니다. 그러나 우리는 첫 번째 의미의 구원에 대해서는 익숙해 있지만 두 번째 의미의 구원에 대해서는 익숙하지 못합니다. 예수께서 우리를 구원해 놓으시고 하늘 보좌에서 편히 쉬고 계시는 것이 아니라 우리의 전 생애동안 함께하시며 여전히 사랑과 평화와 용서와 긍휼하심으로 돌보시며 양육하시며 풍성한 열매를 맺게 하시는 것을 두 번째 의미의 구원이라고 하며 성화라고도 합니다.

예수님께서는 "내가 세상 끝날까지 너희와 항상 함께 있으리라"고 약속하셨습니다(마 28:18-20). 예수님은 십자가에 못 박혀 죽으심으로 우리를 구원해 주신 것만을 두고 하실 일을 다 마쳤다고 말씀하시지 않습니다. 그 일은 구원에 있어서 전반전에 불과하며, 그 이후 우리의 삶 속에 함께하시면서(성령으로 내주하시면서) 우리를 향해서 두신 뜻을 이루어나가시는 후반전이 있습니다. 그리고 후반전에 더욱 풍성하고 아름다운 결실을 거두게 하십니다.

구원의 후반전에서 필연적으로 등장하는 것이 성령의 열매입니다(갈 5:20,21). 사랑과 희락과 화평과 오래 참음과 자비와 양선과 충성과 온유와 절제가 그것입니다. 성령의 열매는 구원받은 신자가 하나님의 은혜와 능력 안에서 신앙이 성숙하게 되고 변화된 모습, 즉 성화됨을 뜻합니다. 그러나 모든 신자에게서 성령의 열매가 동일한 수준으로 나타나는 것이 아닙니다. 하나님께서는 신자를 새롭게 하실 때 무조건 일방적으로 하시는 것이 아니라 신자의 인격을 존중하시며 각자의 고유한 성품과 처해 있는 환경과 지식을 고려하시면서 역사하시기 때문에 각각 차이가 납니다. 어떤 사람은 성령의 열매가 분명하고 확실하지만 어떤 사람은 그렇지 못합니다. 어떤 사람은 사랑은 두드러지지만 화평과 오래 참음은 두드러지지 못할 수도 있습니다.

하나님은 우리의 인격을 최대한으로 존중해 주시기 때문에 억지로나 강제로 우리를 다스리지 않으시고 자발적으로 순종하는 것을 통해서 우리의 성화를 이루어나가십니다. 그러므로 나에게 성령의 열매가 확실하게 나타나지 않는다면 그만큼 내가 하나님께 순종하지 않고 고집을 꺾지 않고 피동적이고 소극적인 자세로 믿음생활을 하고 있다는 것을 알아야 합니다. 어떤 신자는 자신에게서 성령의 열매가 두드러지게 나타나지 않는다고 하여 자신의 구원을 의심하기도 하는 데 신자가 겪는 이런 종류의 갈등과 의심은 구원받은 이후에 발생하는 것이지 구원받지 못한 신자(중생하지 못한 신자)는 이러한 갈등을 느끼지 못합니다. 갈등커녕 구원에 관하여 관심과 흥미도 느끼지 못합니다.

이처럼 신자가 성경에서 말하는 구원에 대해서 바르게 이해하지 못하면 신앙생활에서 많은 중요한 것들을 놓치게 됩니다. 성경은 우리가 예수 그리스도의 복음을 믿고 예수님을 구주로 영접했을 때 "이미 구원을 받았다"고 선포합니다. 그것은 법적인 의미로서의 구원을 의미합니다. 영원히 멸망할 죄인임에도 불구하고 하나님의 법정에서 예수님의 십자가 공로로 무죄판결을 받았다는 것입니다. 그러므로 예수님을 확실히 믿고 영접한 사람은 내가 구원을 받았나 못 받았나 하는 문제로 갈등을 겪을 필요가 없습니다. 그럼에도 불구하고 성경은 구원받은 신자를 향하여 "너희 구원을 이루라", "구원을 얻을 것이니라"라고 미래형으로 말씀하는 것은 수준으로서의 구원, 곧 거룩과 성숙의 성화로서의 구원을 의미합니다. 그러므로 신자의 전 생애는 구원을 향한 생애입니다. 하나님은 우리를 법적으로만 구원하신 것으로 만족하시면서 "이제는 구원받았으니 은혜를 갚아라" 하고 요구하시는 것이 아니라 그것을 시작으로 신자의 전 생애를 통하여 구원의 은혜를 베푸시므로 새롭고 거룩하고 아름다운 신자가 되어가게 하시며 풍성한 열매를 맺게 하시고 영광을 받으시고자 합니다.

그 과정에서 하나님 편에서는 오래 참으심과 사랑과 자비와 긍휼을 베푸시며 신자의 삶을 간섭하시고 도우시고 인도하시며, 신자의 고집과 미련함과 어리석음과 악함을 인하여 힘들어하시고 근심하시고 때로는 화를 내시고 징계의 매를 들기도 하시면서 신자가 하나님께 순종하고 항복하기를 원하십니다. 그러므로 하나님께 자발적으로 순종하지 않는 고집스러운 신자는 필연적으로 징계의 매(질병, 사고, 시련, 고난 등)를 맞을 수밖에 없습니다. 그것은 그렇게라도 하셔서 구원의 길로 이끌어가고자 하시는 하나님의 크신 사랑과 강한 의지 때문입니다.

신자 편에서는 그러한 과정을 통해서 하나님을 더욱 깊이 알아가며 예수 그리스도와 더욱 깊은 교제에 들어가며 자아를 부인하고 성숙을 향한 훈련을 쌓아갑니다. 그런 과정에서 성령의 열매를 맺어갑니다. 하나님은 신자의 전 생애를 통해서 이와 같은 구원의 은혜를 베푸십니다.

구원에 있어서 주체되시는 분은 예수 그리스도입니다. 그 분의 사랑과 능력과 도우심과 간섭이 없이는 신자는 구원을 이루어나갈 수 없습니다. 구원의 주체되시는 예수님께서 신자에게 간곡히 요구하시는 것이 있다면 신자가 그러한 예수님의 인도하심에 어떻게 순종하며 발맞추어 나가느냐 하는 것입니다. 그것이 신자 편에서 가져야 하는 책임입니다. 신자의 태도가 어떠냐에 따라 신자의 구원의 삶이 풍성하고 아름다울 수도 있고 그렇지 못할 수도 있습니다. 하나님께서는 신자를 인격적으로 대우하시고 신자가 힘써야 할 부분을 남겨두시므로 신자 쪽에서 자발적인 순종과 열심을 보이시기를 요구하시고 그에 따른 결과의 책임을 지도록 하신 것입니다. 그리고 이다음 하나님 앞에서 결산하도록 하십니다.

4장

기독교인과 직업職業

사람이 살아가는 데 있어서 직업처럼 중요한 것도 드물 것입니다. 기독교인도 예외는 아닙니다. 기독교신자에게 있어 직업은 믿지 않는 사람들보다 더 큰 의미가 있으며 신중히 선택해야 할 일입니다. 신앙과 관련되는 일이기 때문입니다. 그러므로 기독교인들은 직업을 선택할 때, 혹은 장래 계획을 세우거나 사업을 하려고 할 때 많은 생각을 해야 하며 신중해야 하고 충분히 기도해야 합니다.

직업을 선택할 때 고려할 것

오늘의 현실은 경제난과 직업난에 봉착해 있습니다. 때문에 사람들은(신자들도 예외가 아님) 자기의 적성이나 재능 또는 사회에 유익한 것인지 아닌지, 혹은 하나님의 입장에서 좋게 보시는지 나쁘

게 보시는지에 대하여 생각하고 직업을 선택하는 것이 아니라 돈
벌이가 잘되는지 아닌지, 즉 수익성을 먼저 따집니다. 그 다음에
사람들이 알아주는 직업인지 안 알아주는 직업인지를 따집니다.

취업의 문은 바늘구멍만 하고 생활에 대한 압력이 커서 장래가
보장되기만 한다면, 먹고 살 수 있기만 한다면 어떤 일이든 하고자
하는 것이 지금의 상황입니다. 그걸 모르는 바는 아니지만 신자들
은 좀 더 신중하게 생각해야 하는 것이 직업입니다. 신자가 아무
데나 돈벌이만 되면 취직을 하려 한다거나, 장사를 해도 생각 없이
기독교인이 해서는 안 되는, 사회와 국가에 덕이 되지 않고 해가
되는 장사를 한다면 신자로서의 자세가 크게 잘못된 것입니다. 혹
은 자연을 파괴하고 훼손하거나 인류에게 해를 끼치는 일에 종사
하는 것도 잘못된 일입니다. 이를테면 기독교인이 담배나 술을 제
조하는 일에 종사하거나 판매하는 일에 종사하는 직업을 갖는다
거나, 환경을 파괴하고 오염시키는 직업을 갖는 것은 잘못된 일이
라는 것입니다.

청지기 개념의 직업

신자에게 있어서 직업은 하나님 앞에서의 사명입니다. 믿지 않
는 사람들도 동일한 개념이 적용되지만 그들은 그 사실을 모릅니
다. 직업은 하나님과 깊은 관계가 있습니다. 기독교신앙을 잘못 이

해한다면 목사나 선교사, 혹은 복음전하는 일에 종사하는 직업만 사명자라고 생각하게 됩니다. 그것은 성경의 청지기 개념을 잘 이해하지 못하는 데서 비롯된 오해입니다. 사람은 누구나 태어날 때부터 하나님의 일반은총에 의하여 각자 재능을 타고납니다. 또한 각 사람은 자신만의 고유한 개성이 있습니다. 사람은 자신의 일생에 걸쳐 종사할 직업을 선택할 때 자신의 재능, 적성, 취미 등을 고려하여 그것들을 기초로 자신의 뜻에 맞고 사회에 유익을 주고 하나님께 영광 돌릴 수 있는 직업을 갖도록 기도하며 노력해야 합니다.

직업은 큰 변화가 없는 한 대개 일평생 지속되는 일이므로 그 사람의 일생을 결정짓는 일이기도 합니다. 가능한 한 어려서부터 이 점에 대해서 인식하고 장래 무슨 직업을 가질 것인가 기도하며 준비하면 좋겠지만, 그렇지 못하더라도 직업은 자신 혼자만의 일이 아니라 하나님과 관련되어 있고, 자신의 가족과 관련되어 있고, 나아가서 사회와 국가와 인류에 관련되어 있음을 생각하여 자신과 모든 사람들을 유익케 하며 하나님께 영광 돌릴 수 있는 직업에 종사하도록 해야 합니다.

하나님은 우리에게 한 가지 이상의 재능을 부여하셨습니다. 재능이란 다른 사람은 어려워하고 관심 없고 싫어하기조차 하지만 자기 자신은 쉽고, 재미있고 싫증나지 않고, 그 일에 가치와 보람을 느끼며 탁월한 능력을 나타낼 수 있는 것을 말합니다. 그러므로 원칙상 직업은 재능과 관련되어야 합니다. 신자는 세상에서 인기 있는 직업이라든지, 수입이 좋은 직업이라고 해서 자신의 재능이나 성격에 맞지 않은 직업을 선택하는 것은 자신에게도 불행이요 하나님께도 죄를 짓는 일입니다.

또한 신자는 자신의 자녀의 직업에 관해서도 자신이 원하는 직업을 갖도록 강요하거나 결정해서도 안 됩니다. 그 문제는 하나님과 자녀에게 맡기고, 자녀의 재능이나 적성이 어떠한지를 파악하여 자녀의 재능과 적성에 맞는 직업을 갖도록 교육시키고 지원하고 격려하여 성공하도록 도와주는 것 이상은 하지 말아야 합니다.

흔히 부모가 이루지 못한 직업에 대한 꿈을 자녀를 통해 성취하여 대리만족을 얻으려는 부모가 자녀의 재능이나 적성과는 상관없는 교육을 강요하고 자신의 소원을 이루고자 하는 경우가 있는데, 자녀에게 커다란 짐과 상처를 안겨주는 일이며 불행하게 하는 일입니다. 그것은 자녀의 인격과 삶을 존중해 주는 것이 아니라 자녀를 자신의 소유물로 여기는 큰 잘못입니다. 자녀는 부모의 소유가 아니라 하나님의 피조물이요 하나님께서 맡겨주신 기업이요 상급입니다(시 127:3).

자녀에 대한 소유권은 부모에게 있는 것이 아니라 하나님께 있습니다. 부모는 청지기일 뿐입니다. 부모뿐 아니라 친구나 주변 인물들도 마찬가지입니다. 친구나 기타 주변 인물들도 재능과 적성에 맞지 않는 직업을 권하며 종용한다면 공범자가 됩니다. 청지기의 사명은 오직 하나님이 주신 본래의 재능을 개발하고 그 재능에 적합한 직업을 선택하여 죽는 날까지 그 일에 기쁨으로 종사하는 것입니다.

이상적인 사회

우리 사회는 많은 유능한 일꾼, 재능 있는 일꾼들을 필요로 합니다. 또 많은 사람들이 태어날 때부터 가지고 나온 재능이 있습니다. 그 사람들이 모두 자신의 재능을 개발하여 적성에 맞는 일에 종사한다면 우리 사회와 국가는 한층 효율적이고 범죄나 실업률이 줄어들 것입니다. 직업에 실패하거나 중간에 직업을 바꾸는 고통스러운 일을 겪는 사람도 줄어들 것입니다. 공무원이 평생 안정된 직업이라고 해서 행정에 재능이 없는 사람이 공무원이 된다든가, 예능에 재능 있는 사람이 사업을 한다든가, 정치능력이 없는 사람이 정치판에 뛰어든다던가 하는 것은 본인에게나 사회에 손실을 주며 하나님께도 잘못하는 일입니다.

특별히 신자들은 자신의 직업을 하나님께 받은 사명으로 여기는 것이 반드시 필요합니다. 신앙과 직업을 별개로 여기는 것은 이원론二元論적인 신앙생활을 하게 합니다. 신앙과 직업을 분리해서는 안 됩니다. 신자들이 신앙과 직업을 분리하기 때문에 교회에서는 신실한 신자인데 직업에 종사하면서 각종 죄를 범하고 사회에 물의를 빚는 일들이 많은 것입니다.

만약 기독교신자들이 성경적인 직업관을 가지고 직업을 선택하고 자기 직업에 사명감을 가지고 종사한다면 우리 사회와 인류는 지금보다 훨씬 아름답고 풍요로워질 것입니다.

기독교와 문화文化

세상 속에 고립된 기독교

최첨단 컴퓨터 문화화되어 가고 있는 현대사회에서 기독교가 문화적으로 세상에 영향을 끼쳐 세상 속에서 문화적 주도권을 행사하기보다는 오히려 세상에 문화적 주도권을 넘겨준 채 세상 문화에 둘러싸여 침몰당하지 않으려고 안간힘을 쓰고 있는 현상이 이 시대의 기독교문화의 현실입니다.

이는 과거 1500년간 세속사회의 문화를 지배했던 서구 기독교 세계에서도 마찬가지입니다. 거대하고도 화려한 성당들만 옛 유물로 남기고 기독교문화는 박물관의 구경거리로 퇴장한 것입니다. 이에 대하여 프란시스 쉐퍼와 함께 이 시대의 기독교문명에 대한 마지막 예언자 중의 한 사람이었던 한스 루크마커Hans Rookmaoker

는 그 원인을 이렇게 분석했습니다. "대다수의 경건주의자들이 세속문화에 대하여 무의식적인 불가침협정을 마귀와 맺었기 때문이다." 즉 기독교가 세속과 교회를 분리하고 '오직 교회'라는 생활양식에만 집착하는 것에 만족한 채, "마귀야! 난 네가 세속정부와 극장과 연극무대와 영화와 음악과 화랑과 TV와 카페를 점령해도 결코 쟁탈전을 벌이지 않을 거야. 그 대신 너도 교회만은 넘보지 말다오. 교회는 우리 영역이야!"라고 무의식적인 상호불가침협정을 체결하고는 교회 안에만 안전하게 머물고자 했기 때문이라는 것입니다. 그것은 세상을 버린 '망명기독교'의 형국밖에 되지 않는다는 것입니다.

이것은 기독교의 이원론적 문화현상을 비판한 말이었습니다. 이러한 이원론적 문화현상에 대하여 성직자들은 별로 갈등을 느낄 필요가 없습니다. 왜냐하면 그들의 삶의 현장은 평신도들처럼 세속이 아니라 주로 교회 안에 국한되기 때문입니다. 그러나 매일같이 세속 사람들과 함께 일해야 하는 일반 신자들은 이원론적 문화현상의 한계를 절실하게 느낄 수밖에 없습니다. 대부분의 일반신자들은 그래서 세속에서는 세속의 방법으로, 교회에서는 교회의 방법으로 그때마다 필요에 따라 편리하게 전환하며 살아가는 이중적인 생활(교회생활 따로, 세속생활 따로)을 하게 되었습니다.

그러나 성경은 그리스도인들의 그러한 이원론적 신앙생활을 용납하지 않습니다. 성경은 신자들이 성령의 능력에 의지하여 세속에서 하나님 나라의 문화를 펼쳐나가며 그리스도의 빛을 비추라고 합니다. 하나님은 결코 신자들로 하여금 사람들을 무조건 교회 안으로 끌어오는 것만을 요구하지 않습니다. 또 기독교신앙은 세속을 피하여 깊은 산 속에서 도를 닦는 종교도 아니고 수도원에 들어가 고행하며 세상을 등지고 은둔생활을 하는 것도 아닙니다. 죄로 어두운 세상 속에서 어둠을 밝히는 빛이 되어야 합니다. 그 빛은 문화의 옷을 입어야 효과적으로 비출 수 있습니다.

문화의 옷을 입은 하나님의 계시

우리가 기독교와 문화의 관계를 이해하기 위해서는 하나님의 계시가 인간에게 전달될 때 항상 문화의 옷을 입고 전달됐다는 사실을 깨달아야 합니다. 구약성경에서 하나님의 계시는 히브리문화의 옷을 입고 인간에게 전해졌으며, 신약시대에는 헬라문화의 옷을 입고 우리에게 다가왔습니다. 초대교회 이후에는 라틴문화의 옷을 입었고, 중세에는 스콜라철학의 옷을, 근·현대에는 서구 계몽주의 철학의 옷을 입고, 청교도의 옷을 입고 우리나라에 전달되었는데, 한국교회는 그 위에 샤머니즘의 옷을 덧입혀 복음을 전하고 있습니다.

이처럼 하나님의 구속의 계시는 그 시대마다 영향력 있는 문화의 옷을 입고 인간에게 전달되었습니다. 따라서 어느 시대 기독교 문화가 완벽한 기독교문화였다고는 할 수 없습니다. 어느 문화가 완벽해서 하나님이 사용하신 것은 아닙니다. 문화가 인간의 삶과 떨어질 수 없는 것을 아시고 그 시대에 가장 영향력 있는 문화를 도구로 하여 하나님의 구원의 계시를 전하신 것입니다. 따라서 기독교와 문화는 떼려야 뗄 수 없는 관계입니다. 기독교신앙은 세속 문화를 등지고 외면해야 하는 것이 아니라 문화를 하나님의 계시의 도구로 사용할 줄 알아야 합니다. 세속문화가 경건에 방해가 되는 저속한 것이라고 무조건 피하고 멀리하는 것은 기독교적인 자세가 아닙니다. 물론 저속하고 퇴폐적인 세속문화를 즐기라는 차원의 얘기가 아닙니다.

우리 기독교인들은 유일하고 절대적인 기준인 하나님 말씀 앞에서 인간의 문화를 비판할 줄 알아야 하며 문화를 하나님이 원하시는 방향으로 발전시켜 나가고 개혁하며 복음전달 수단으로 삼을 줄 알아야 합니다. 하나님 말씀(복음)으로 세상 문화나 삶의 양식에 충격을 주고 동기를 부여하여 변화되게 하며, 음란하고 저속하고 퇴폐적인 세속문화 속에 하나님 나라의 삶의 양식이 생겨나도록 하는 자세를 취하여야 합니다.

우상문화들

"문화는 종교와 관련하지 않고서 나타나거나 발전될 수 없다." (T. S. 엘리오트)
"종교는 문화의 실체이며 문화는 종교의 형식이다." (폴 틸리히)

출애굽 당시 애굽의 모든 일상생활은 애굽의 다신교문화와 깊은 연관을 맺고 있었으며, 하나님께서 이스라엘 민족을 인도하려고 하신 가나안 땅에 살고 있었던 가나안의 일곱 족속들의 생활도 우상숭배의 문화가 성행했던 곳입니다. 하나님께서 애굽에 내리신 열 가지 재앙은 그들의 문화적 우상들을 향한 심판이었습니다(출 12:12). 또한 이스라엘의 가나안 정복전쟁을 통하여 가나안 족속들을 진멸하고 추방시켰던 것은 그들의 문화적 우상을 심판하신 것이었습니다. 그들은 특히 복술, 점, 요술, 무당, 진언, 신접, 박수, 초혼행위를 하신 귀신문화에 젖어 살고 있었습니다(신 18:9-12).

모든 이방문화의 배후에는 직접적이든 간접적이든 종교적이고 영적차원이 있습니다. 애굽의 문화유산인 피라미드와 스핑크스는 인류의 문화유산이라고도 하지만 배후에는 왕을 신격화해서 죽은 후에도 죽음을 인정하지 않고 시체를 영구보전하려는 그들의 죽음의 문화유산에 불과합니다. 인류의 모든 문화유산의 유물들은 종교적이고 영적인 배후가 있음은 그리스 로마문화도 마찬가지고 동양문화도 마찬가지입니다. 따라서 문화의 변천과정은 일종의 영적전쟁이 동반되는 과정입니다. 서구문화의 기초가 되는 그리스 로마문화와 기독교문화는 서구 사람들에게 가장 영향을 끼쳤던 그리스 로마신화의 배후가 되는 이교신과 기독교와의 영적 전쟁 과정에서 발생한 문화입니다.

서구 근대화의 기초가 되는 르네상스(문예부흥)는 기독교의 절대권위에 도전하여 생긴 인본주의 운동인데 문화적으로는 그리스 로마문화의 회복을 표방한 운동이었습니다. 그러므로 르네상스시대의 화가들이 기독교성화만을 고집하던 것을 버리고 그리스 로마신화에서 주제를 선택하여 자유분방한 그림들을 그렸던 것입니다. 그와 함께 기독교의 절대권위도 약해지기 시작했고 인본주의 문화가 찬란(?)하게 꽃피었던 것입니다. 그렇게 시작된 서구 인본주의 문화가 현대 서구 세속문화의 모체가 됩니다. 그러므로 세속문화 속에는 어떤 종교적이고 영적인 성향, 철학과 사상적인 성향이 반드시 내포되어 있다고 보면 틀림없습니다. 세속문화가 성경의 가르침과 배치되고 기독교에 도전적인 면이 많은 것은 결코 이상한 일도 아니고 우연한 것도 아닙니다. 필연적인 것입니다. 지금의 뉴에이지문화가 반기독교적인 것도 뉴에이지문화의 배후에 있는 영적인 성향, 곧 적그리스도적인 영적 운동 때문입니다.

그리고 올바른 기독교 신앙생활은 모든 세속문화는 속된 일이니 멀리하고 오직 교회생활에만 충실하자는 식으로 되어서는 안 되며 그것은 잠정적으로 마귀와 불가침조약을 맺는 어리석은 일입니다. 문화와 신앙은 뗄 수 없는 관계에 있습니다. 기독교는 문화에 대하여 극히 민감한 반응을 보여야 하며 좋든 싫든 문화의 파수꾼이 되어야 합니다. 세속문화와 싸움을 해야 하며, 세속문화를 하나님의 도구로 사용할 줄 알아야 하며, 하나님 나라의 문화(기독교문화)로 변혁해 나가는 자세를 취하여야 합니다.

세속문화 속의 보배들

세속문화의 배후에 있는 악한 영적 세력을 인식한다고 해서 세속문화 자체를 모두 마귀로 간주하며 세속문화를 가까이하는 것을 마치 마귀와 손을 잡는 것처럼 생각하는 경향이 신앙이 좋다는 사람들한테서 종종 발견됩니다. 그들은 무조건 TV도 멀리해야 하며 영화관에도 가지 말아야 하고, DVD도 보지 말아야 하며 컴퓨터도 사용하지 말아야 하고, 카페출입도 하지 말아야 한다고 고집하며 그런 것을 가까이하는 신자를 세속적인 신자라고 생각합니다. 신자는 오직 교회만 드나들어야 하고, 성경읽기와 기도생활에만 전념해야 한다는 것입니다. 그러다가 그들은 세상 문화가 어떻게 변화되어 가고 있는지, 문화의 흐름이 어떤지조차도 깜깜하게 모르는 문화에 눈먼 자가 되고 맙니다. 적을 모르면 적과 싸워 이길 수 없는 것처럼 마귀가 세상 문화 속에서 어떻게 활동하는지를 모른다면 그리스도인들은 마귀와의 싸움에서 이길 수 없습니다. 겉으로는 믿음 좋은 용사 같지만 눈먼 삼손에 불과할 뿐입니다. 예수님은 제자들을 세상에 보내시면서 "뱀 같이 지혜롭고 비둘기 같이 순결하라"(마 10:16)고 말씀하셨습니다.

뿐만 아니라 신자가 세속문화를 무조건 마귀적으로 간주하며 멀리한다면 하나님이 세속문화 속에서 일반은총으로 역사하시는 것을 무시하고 외면하는 것이 되고 맙니다. 하나님은 교회 안에서는 특별은총으로 역사하시지만 세상에서는 일반은총으로 역사하십니다. 그러므로 세속의 문화가 마귀적인 면이 있으면서도 때로는 그 속에서 아름다운 삶의 진리들이 발견되며 사람들의 삶을 풍요롭게 해주는 요소들이 있는 것입니다. 하나님은 TV를 통해서도, 소설과 영화를 통해서도, 연극과 음악과 미술과 만화를 통해서도 삶을 풍요롭게 해주는 선하고 아름다운 것들을 누리게 해주시며 진리를 가르쳐 주십니다. 그리스도인들은 그것을 부인하거나 거부해서는 안 됩니다. 사실 그리스도인들이 매일 누리는 의식주의 문화만 하더라도 세속문화인 것입니다. 하나님은 출애굽한 이스라엘 백성들에게 성막을 짓게 하셨을 때 성막과 그 안의 모든 기구들을 애굽에서 가지고 나온 금, 은, 보석, 비단실 같은 것을 가지고 만들게 하셨습니다(출 12:36; 35:21,22).

기독교문화의 다양한 형식

기독교문화는 종교적 형식으로만 존재해야 한다는 법은 없습니다. 헨델의 '메시아'나 하이든의 '천지창조'만이 기독교적인 음악은 아니며 류웰리스의『벤 허』나 센키비치의『쿼바디스』만이 기독교적인 소설은 아닙니다. 반드시 그 작품 속에 하나님이나 예수 그리스도의 이름이 언급되고 기독교의 메시지가 직접적으로 전달된다고 해서 기독교적인 문화는 아니라는 것입니다. 성경에서 '에스더'에는 하나님이나 예수 그리스도가 한 번도 언급되지 않고 직접적인 메시지가 전달되지 않지만 하나님께서 역사적인 섭리 안에서 바사왕국의 왕궁에 역사하시므로 이스라엘을 구원하셨습니다.

하나님은 비기독교문화의 옷을 입으시고도 얼마든지 세속에서 일하시는 분입니다. 소설이든, 영화든, 연극이든, 음악이든, 미술이든 비기독교문화 형식을 취하고도 기독교적 통찰력이 있는 수준 높은 메시지를 전하여 세속사람들에게 거부감을 주지 않고 수용하게 할 수 있는 일은 얼마든지 가능합니다. 그렇게 하기 위해서는 세속문화를 무조건 마귀적이라고 욕하고 외면하지 말고, 세속문화를 비판하고 구별할 수 있는 안목과 세속문화를 역이용하여 복음의 도구 내지는 기독교의 아름다움과 선한 진리를 담는 그릇으로 사용할 수 있는 성숙한 문화개념과 함께 실현할 수 있는 능력을 길러야 합니다.

세속문화에 대한 성경적 관점

교회와 신자는 세상에 복음을 전하고 세상을 그리스도의 나라(하나님 나라)로 변혁시키기 위하여 세속사회의 문화를 이해하며 세속문화에 접근해야 할 필요성이 있습니다. 사도 바울도 자신과 성향이 다른 사람들에게 복음을 전하기 위하여 그들에게 문화적 동질감을 줄 수 있는 친근한 모습으로 접근할 필요성을 인식하였습니다(고전 9:19-22). 세상의 것이라고 해서 무조건 회피하고 거부하거나 또는 무분별하게 받아들이는 것은 그리스도인으로서 책임 있는 자세가 아닙니다. 교회와 신자는 세상 문화의 경향과 특성과 취지를 성경적 관점에서 볼 수 있는 안목이 있어야 합니다.

하나님은 만물을 창조하신 후 자신의 형상을 따라 지으신 인간에게 만물을 다스리고 관리하라는 청지기 직분을 맡기셨는데 그것을 문화명령이라고도 합니다(창 1:27,28). 인간은 하나님이 창조하신 것들을 가지고 그것들을 관리하고 보존하고 개발하여 선한 목적으로 사용해야 하는 책임을 부여받았으며 그렇게 할 수 있는 지혜와 능력을 받았습니다. 따라서 인간에게는 창조적인 능력이 있습니다. 그것이 문화적 능력입니다. 물론 인간의 창조능력(문화능력)은 하나님처럼 무에서 유를 창조하는 것이 아니라 이미 창조된 원재료를 가지고 목적에 맞게 재창조하는 것이므로 하나님의 창조와 비교할 수는 없습니다.

그런데 타락한 인간은 하나님이 부여하신 이러한 창조적 재능들을 가지고 악한 것을 묘사하면서 오용하고 남용하여 왔습니다. 그 결과 인간문화의 대부분은 하나님께서 원래 요구하신 바로부터 빗나가 사악한 마귀의 도구로 전락하였습니다. 그러나 인간의 모든 문화가 다 마귀의 도구로 전락한 것은 아닙니다. 선하고 아름다운 면도 있습니다. 인간이 하나님과 올바른 관계에 있을 때 문화도 원래의 의도대로 회복되기 때문입니다. 그래서 타락한 세속문화 안에 하나님 나라의 선한 문화가 형성될 수 있는 것입니다. 뿐만 아니라 타락한 인간이라 할지라도 때로는 인류문명에 긍정적인 공헌을 하는 예술이나 문학, 과학 등에서 하나님의 일반은총의 도구로 사용되어 인류의 삶을 풍성하게 해줍니다.

세속문화에 접근하는 성경적 방식

문화는 그 시대의 교양과 대중매체와 모든 예술형태로 표현됩니다. 선하든 악하든 간에 인간은 세상에 사는 동안 문화와의 관계 없이 살아갈 수는 없습니다. 의식주문화를 비롯해서 문학, 음악, 미술, 영화 등은 인간의 일부가 되어 떨어질 수 없는 사이가 되었습니다. 특히 요즘 젊은 세대는 밥 못 먹고 살아도 문화 없이는 못 산다고 할 정도입니다. 오늘날 문화의 영향은 그 어떤 영향력보다도 큽니다. 문화가 나쁜 영향을 끼칠 때 그것은 어떤 전염병이나 전쟁보다도 더 큰 해악을 끼치며, 선한 영향을 끼칠 때 어떤 영웅의 활약보다도 긍정적인 결과를 가져옵니다. 스티븐 스필버그가 끼치는 전 세계에 대한 문화적 영향력은 그 어떤 것보다도 강력합니다. 그가 어떤 메시지를 담은 영화를 어떻게 만들었느냐에 따라 전 세계의 남녀노소가 문화적 영향을 받습니다(긍정적이든 부정적이든).

그가 만든 뉴에이지적 메시지를 담은 영화 '쥐라기 공원'과 '잃어버린 세계'를 본 전 세계의 수많은 사람이 그 영화에 담긴 메시지를 잠재의식 속에 받아들여 뉴에이지적 사고방식으로 문화를 이해하기 쉽습니다. 스티븐 스필버그가 만든 또 다른 영화 '쉰들러 리스트'를 본 전 세계 사람들은 6백만 명의 유대인을 학살한 히틀러의 나치독일의 만행을 보고 전쟁의 비극과 그 속에 꽃 핀 휴머니즘을 통하여 인류의 아픈 역사 현장을 돌아볼 수 있습니다.

하루라도 지구 어디선가 상영되지 않는 날이 없다는 윌리엄 와일러의 영화 '벤 허'에 담겨있는 기독교의 사랑과 용서의 메시지는 그 어떤 설교자보다 전 인류에게 폭넓은 영향을 끼쳤습니다. 신자가 문화야 어떻든 말든 난 교회나 열심히 다니겠다고 하는 태도는 진정한 기독교인의 자세가 아닙니다. 기독교인은 문화에 대한 관심과 더불어 문화에 대한 안목이 있어야 하며 문화를 사용하고 누릴 줄 알아야 합니다. 그러기 위해서는 문화에 대한 접근방식을 알고 있어야 합니다. 먼저, 신자는 문화의 비평가가 되어야 합니다.

즉 세상적(마귀적)인 가치에 근거를 둔 문화양상과 성경적 가치에 근거를 두었거나 적어도 그에 동조하는 문화양상을 식별해 내는 비평능력(분별력)을 갖추어야 합니다. 자신을 둘러싸고 있는 세상 문화에 생각 없이 흡수당할 것이 아니라 그것을 식별하고 판단할 수 있는 위치에 있어야 합니다. 즉 쭉정이와 알곡, 거짓과 진리를 구분할 줄 알아야 합니다.

그 다음, 기독교적 세계관을 전달하는 매개로 문화를 사용할 수 있어야 합니다. 사단은 각 시대마다 기독교를 대적하는 세계관을 전달하는 강력한 문화 활동을 펴고 있는데, 기독교신자가 그런 점에서 무능하다면 문화를 통한 영적 전쟁에서 기독교는 패배할 수밖에 없습니다. 철학이든 문학이든 음악이든 영화든 만화든 미술이든 건축이든 무엇이든 신자는 그런 걸 매개로 하여 세상에 하나님(예수 그리스도)의 선하심과 아름다움을 드러내는 세계관을 전달하여 세상을 변혁시키고자 하는 관심과 함께 능력을 길러야 합니다. 그와 더불어 세속문화 속에 있는 성경의 세계관과의 공통점을 찾아내어 그들에게 쉽게 접근하는 방식도 찾아낼 줄 알아야 합니다. 사도 바울은 그 분야의 선구자였습니다. 그는 희랍문화의 중심지인 아테네에서 복음을 전하면서 그들의 철학성과 종교성을 끌어다 기독교의 세계관을 설명하는 데 사용했습니다(행 17:16-31). 이와 같은 일은 약간의 위험부담이 있을 수 있습니다. 문화적인 훈련을 쌓지 않은 신자에게는 오히려 역으로 세상 문화와 그 세계관에 설득당할 수 있기 때문입니다. 그러므로 신자는 평소에 경건의 훈련과 함께 문화적 훈련도 게을리 하지 말아야 합니다.

문화를 식별하는 법

어떤 형태로든 문화양상을 띠고 나타나는 것은 그걸 만든 사람의 세계관이 담겨 있습니다. 문학이든 음악이든 영화든 무엇이든 그걸 만든 사람은(작가, 음악가, 감독 등) 자기의 세계관을 작품에 반영하고 있습니다. 크게는 작품의 중심메시지가 있고, 그 메시지를 사건의 진행과정과 결말을 통해서, 등장인물들의 대화를 통해서(음악의 경우에는 음악의 형식과 가사를 통해서, 미술의 경우에는 내용과 형식을 통해서) 반영합니다. 그런 것을 관찰하면 대개 그걸 만든 사람의 세계관, 영성, 윤리성, 예술성 등을 식별할 수 있게 됩니다. 재미(흥미) 위주로만 보면 그걸 놓쳐버리기 쉬우므로 유의해야 하고, 작가나 감독, 배우, 가수, 작곡가의 예술적 재능과 명성을 맹목적으로 선호하는 것도 냉정한 식별을 못하게 하는 원인이 됩니다.

그러므로 신자는 세상 문화를 식별하고자 할 때 어떤 선입견을 버리고, 또 자신이 개인적으로 선호하는 것에 치우치지 말고 중립적인 자세를 취해야 합니다. 그리고 기준은 언제나 어느 경우에나 성경이어야 합니다. 그렇게 하면 작가가 작품을 통해서 무엇을 말하려고 하는지 알 수 있으며 그가 무신론자인지, 크리스천인지, 뉴에이저인지, 불교도인지, 우상숭배자인지, 유교 신봉자인지, 샤머니즘 신봉자인지를 알게 됩니다. 따라서 작가의 세계관과 메시지에 일방적으로 설득당하지 않고 식별하여 거부하고 수용하는 것을 결정할 수 있습니다.

주의할 것은 영적으로 분명한 반기독교적인 의도로 만들어진 어떤 작가의 것(문학, 영화, 음악 등)은 그들의 메시지가 강한 만큼 사단의 역사도 강하기 때문에 그만큼 마음의 준비가 되어 있어야 합니다. 그런 것에 거부감보다는 끌리는 마음이 있거나 즐기는 마음이 있다면 영적으로 설득당하고 있다는 증거이므로 웬만큼 영적 훈련이 되어 있지 않으면 가까이하지 않는 것이 좋습니다. 특히 자녀들에게는 더욱 주의시켜야 합니다. 크리스천 부모들은 자녀가 문화적으로 어떤 성향이 있는지, 무엇을 좋아하고 가까이하고 있는지에 관심을 기울여야 합니다. 그러기 위해서는 부모자신이 먼저 문화에 대한 올바른 식별력을 가지고 있어야 합니다.

문화인재를 육성해야 함

크리스천이 세상에서 문화 활동을 외면하거나 소홀히 여긴다면 기독교는 결국 사단에게 문화의 영역을 빼앗길 수밖에 없습니다. 크리스천은 문화 활동에 적극적인 자세로 임해야 합니다. 투철한 기독교세계관으로 훈련된 크리스천이 문화사역을 하는 것은 그 어떤 일보다도 중요합니다. 유능한 크리스천 소설가, 영화작가, 제작자, 연기자, 작곡가, 가수, 만화가, 언론인 등이 기독교세계관에 따른 문화사역에 힘쓴다면 사단에게 문화의 영역을 독점하지 못하게 하는 데 결정적인 힘을 나타낼 것입니다.

『세계』(World)라는 잡지에서 진리에 관한 관심을 갖고 있는 사람에 대한 기사를 실었는데 그 제목은 '진리를 말하는 영화'였습니다. 그 기사는 '게티스버그'Gettysburg를 제작, 감독한 로날드 F. 맥스웰Ronald F. Maxwell에 대한 얘기로서 그가 자기 집을 저당 잡혀서 책의 영화 상영권을 사들였으며 그 영화 제작비를 지원할 사람을 찾아내는 데 얼마나 힘이 들었는지에 대하여 이야기하고 있습니다. 그가 드디어 찾아낸 사람은 가장 가능성이 없어보였던 사람인 테드 터너였다는 것도 언급하고 있습니다. 이 영화는 매우 길고(4시간 14분), 대단히 도덕적이며, 성경을 인용하면서 전쟁 중인 쌍방(미국의 북군과 남군)이 모두 하나님의 뜻을 행하고 있다고 굳게 믿었던 시절을 정확하게 반영한 내용인데 매우 감동적인 이야기입니다. 할리우드 사람들은 이 영화가 실패할 것이라고 생각했습니다. 그러나 이 영화는 흥행에도 대단한 성공을 거두어 비디오 판매만으로도 이미 2천 5백만 달러나 벌어들였다는 것입니다.

『세계』 잡지는 이 영화가 단지 복잡하고 역사적인 질문뿐 아니라 진리에 대한 경외로 인해 명성을 얻었으며 역사적으로도 정확하고, 남북전쟁의 양편 모두에서 오늘날 찾아보기 어려운 명예, 애국심, 그리고 신앙의 덕목을 갖춘 사람들을 잘 묘사했다는 면에서 가장 기억할만한 영화라고 평했습니다.

흥행이 생명이기도 한 세계영화계에서는 이와 같은 사례가 신실한 크리스천 영화인들로 인해서 종종 있어왔는데, 1981년 영국에서 만들어졌던 '불의 전차'(Chariots Of Fire)라는 영화도 큰 성공을 거둔 사례였습니다. 이 영화는 유대인 고리대금업자의 아들로 명문 캠브리지 대학생인 헤롤드 아브라함과 스코틀랜드 선교사 에릭 리델이 제8회 세계올림픽(1924년)에 100m와 400m 육상에 출전하여 금메달을 따기까지의 도전의식과 불같은 열정과 경건한 신앙심으로 어려움을 극복한 실화를 담은 내용인데 섹스와 폭력이 난무하는 세계영화계에 신선한 충격을 준 영화였습니다. 특히 에릭 리델이 100m 육상에 출전하는 날이 주일날이라는 이유로 '주일성수'를 위하여 출전을 포기하는 대목은 기독교인들에게 '주일성수'가 생명 같은 것을 보여 주는 장면으로 유명합니다. 에릭 리델은 결국 우여곡절 끝에 종목을 바꿔 400m 경기에 출전하여 우승의 감격을 모든 사람에게 나눠주는데, 누구보다도 하나님께 영광을 돌리는 영화였습니다.

'불의 전차'는 세속적으로 볼 때 성공적인 영화가 될 만한 요소가 없었음에도 연출자 휴 허드슨의 뛰어난 기량으로 사람들에게 극찬을 받는 감동적인 영화로 만들어져 작품성과 흥행에서 크게 성공을 거두고 그 해 아카데미 영화제에서 작품상을 비롯 4개 부문을 수상했습니다. 우리는 인류사회에 유익한 영향을 끼친 탁월한 인물들 중에서 신실한 크리스천이 많이 있음을 알 수 있습니다. 그들 가운데는 문화적 활동을 통해서 위대한 업적을 남긴 사람도 많이 있습니다. 신학을 공부하고 목회자가 되는 것만 하나님께 헌신하는 것은 아닙니다. 또한 신학을 공부했다고 모두 목회자가 되라는 법은 없습니다. 목회자가 넘쳐나면 기독교는 오히려 타락하는 현상을 보입니다. 목회자라도 문화적 재능과 관심이 있어서 활동한다면 좋겠지만 그런 경우는 극히 드물고 대부분의 목회자들은 오히려 문화와 담을 쌓고 사는 경우가 더 많습니다.

　이 시대는 유능한 크리스천 문화사역자들이 필요한 때입니다. 교회가 문화에 대한 인식을 새롭게 해야 하며 유능한 인재를 길러내야 합니다. 그것이 무엇보다도 기독교의 중요하고 시급한 과제입니다.

기독교와 윤리倫理

기독교를 모르는 사람들은 윤리적인 면에서만 이해하고 평가하는 것을 종종 봅니다. 물론 기독교에서 윤리적인 면이 차지하고 있는 비중이 큰 것은 사실입니다. 그러나 기독교는 윤리적인 종교가 아니라 하나님의 계시로 말미암은 구원의 종교입니다. 기독교는 하나님의 특별계시인 예수 그리스도를 구주로 영접하여 그 분과 인격적인 관계를 맺고 그 관계를 유지하는 것이 핵심입니다. 그 다음에 윤리적인 문제가 개입됩니다.

성경에서의 윤리의 비중

흔히 세상에서의 윤리와 여타 종교에서의 윤리는 인간관계에서 찾지만, 기독교윤리는 하나님과의 관계가 우선입니다. 하나님과의 관계가 배제된 인간과의 윤리는 무의미하다는 것이 성경의 가르침입니다. 십계명은 기독교의 윤리적 계명의 골자입니다. 십계명 중 1~4계명은 하나님과의 윤리적 계명이고, 5~10계명은 인간과의 윤리적 계명입니다.

기독교는 윤리적 차원의 종교는 아니지만 윤리를 무시하는 종교도 아닙니다. 기독교는 세상의 어떤 종교보다, 또한 어떤 윤리적 가르침보다 윤리를 중시하며, 윤리의 차원이 높습니다. 아름다운 윤리적 실천으로 증명되지 못한 기독교신앙은 거짓된 것이라고 할 수밖에 없습니다. 예수님께서는 기독교윤리를 사랑으로 정의하셨습니다. 즉 하나님께 대한 사랑과 이웃에 대한 사랑이 기독교 윤리의 핵심입니다.

"예수께서 이르시되 네 마음을 다하고 목숨을 다하고 뜻을 다하여 주 너의 하나님을 사랑하라 하셨으니 이것이 크고 첫째 되는 계명이요 둘째도 그와 같으니 네 이웃을 네 자신 같이 사랑하라 하셨으니" (마 22:37-39)

"새 계명을 너희에게 주노니 서로 사랑하라 내가 너희를 사랑한 것 같이 너희도 서로 사랑하라 너희가 서로 사랑하면 이로써 모든 사람이 너희가 내 제자인 줄 알리라" (요 13:34,35)

성경의 윤리는 하나님 명령에 대한 순종

기독교의 윤리는 인간의 가르침이나 예의나 교양이 아니라, 네 이웃을 네 자신 같이 사랑하라 즉 부모를 공경하라, 살인하지 말라, 간음하지 말라, 도적질하지 말라, 네 이웃에 대하여 거짓증거하지 말라, 네 이웃의 집을 탐내지 말라는 계시적 명령에 대한 순종입니다.

기독교인들은 윤리적 면보다 오히려 교리적인 면에 더 큰 비중을 두고 깊은 관심을 가질 가능성이 많습니다. 교리가 무엇을 어떻게 믿어야 하는가에 대한 것이라면, 윤리는 어떻게 행하여야 하는가에 대한 것입니다. 성경은 이 둘이 떼려야 뗄 수 없는 관계, 즉 동전의 앞뒤와 같은 관계임을 강조하고 있습니다. 그러기에 야고보는 "영혼 없는 몸이 죽은 것 같이 행함이 없는 믿음은 죽은 것이니라"(약 2:26)고 말했던 것입니다. 여기서 믿음이 교리라면 행함은 윤리입니다. 행함이 없는 믿음, 즉 윤리가 무시된 믿음은 헛것이란 의미입니다. 행함은 하나님 말씀에 대한 순종을 말합니다. 아무리 사람들에게 인정받고 칭찬 듣는 행함일지라도 그것이 하나님 말씀에 어긋나는 것이라면 그것은 성경에서 요구하는 행함이 아닌 세속적인 행함일 뿐입니다. 종종 기독교신자들이 말씀에 순종하는 행함이 아닌, 인본적이고 세속적인 행함에 열심인 것을 보게 되는데 그것은 진정한 기독교윤리라고 볼 수 없습니다.

이를 테면 종종 기독교의 이름을 내세운 단체의 지도자들이 시위나 데모를 주장하면서 공공연히 준법정신에서 이탈된 행동을 하고 법을 파괴하며 경찰력(공권력)을 무시하는 것을 봅니다. 그러면서 자신들이 특정한 사회적, 정치적 이상을 실현시키는 데 책임과 의무를 다하는 것처럼 당위성을 주장합니다. 그러나 그들이 주장하는 것과 행하는 것을 성경에 비추어보면 성경의 확고한 윤리규범을 비웃고, 하나님 말씀을 거스르는 것이 드러납니다. 예수님과 사도들과 신약성경의 기독교는 그렇게 하지 않았습니다. 일평생 학생들의 시위와 데모를 주동하고 공권력을 어기며 민주화 운동에 몸 바친 어느 목사를 우리나라의 대표적 지식인이며 목사라고 칭하는 것은 성경적 윤리규범을 모르는 데서 비롯된 난센스입니다.

교회와 국가와의 관계

기독교 윤리생활을 바르게 이해하고 실천하기 위해서는 하나님과 인간 정부, 교회와 국가와의 관계를 바르게 알아야 할 책임이 있습니다. 성경은 국가에 권위를 부여하고 있습니다. 노아시대의 홍수 이전까지는 공식적인 권위를 가진 국가라는 단위의 정치기구가 없었습니다. 당시의 사람들은 공식적인 법의 원칙 없이 단순히 개인의 양심에 비추어 삶을 영위하였기 때문에 그들은 악할 대로 악하여져서 하나님께서 도저히 참을 수 없을 만큼 부패해 있었습니다. 그 무법한 사회는 하나님의 심판으로 사라지고, 홍수가 끝나자마자 하나님께서는 노아에게 사회질서를 유지할 수 있는 기준(법)을 말씀하셨습니다.

> "내가 반드시 너희의 피 곧 너희의 생명의 피를 찾으리니 짐승이면 그 짐승에게서, 사람이나 사람의 형제면 그에게서 그의 생명을 찾으리라 다른 사람의 피를 흘리면 그 사람의 피도 흘릴 것이니 이는 하나님이 자기 형상대로 사람을 지으셨음이니라"(창 9:5,6)

그러므로 성경은 국민의 안녕과 복지를 도모할 조직화된 통치력이 필요하다는 것을 가르치고 있습니다(롬 13:1-7; 벧전 2:13,14). 뿐만 아니라 모든 사람은 국가의 통치에 순복해야 한다고 성경은 명하고 있습니다. 모든 그리스도인들도 예외가 아닙니다. 물론 영적인 일에 관하여는 별개의 문제입니다. 국가는 영적인 문제에 대하여 그리스도인에게 강요할 수 없고, 교회는 영적인 문제로 인하여 국가에 복종할 필요가 없습니다. 하나님께서는 영적인 문제에 관하여는 국가에 위임하지 않으셨습니다. 그러므로 신자는 영적인 문제, 곧 신앙의 문제에 대하여 국가가 아니라 하나님의 권위에 순종해야 합니다. 이는 예수님을 비롯한 성경의 모든 인물들의 삶에서 확인됩니다.

다니엘과 그의 세 친구(사드락, 메삭, 아벳느고)는 바벨론의 통치에 순복했지만 영적인 문제만은 목숨 걸고 하나님의 권위에 순종했습니다. 그래서 몇 번의 목숨을 잃을 뻔한 위기를 겪었습니다. 그래도 그들은 영적인 것으로 하나님 명령을 거스르지 않았습니다(단 1:1-16; 3:8-25; 6:1-24). 이는 사도들도 마찬가지였습니다. 사도 바울은 로마제국의 법에 순종하라고 성도들에게 가르쳤고(롬 14:1-6), 자신도 손수 본을 보였습니다. 누구보다도 예수님은 세상 나라의 권위를 인정하시므로 세금을 내라 하셨고(마 22:17-21), 세상 통치자의 판결에 순복하여 죽음을 당하셨습니다. 그리고 그것이 하나님께 순종하는 길이었습니다.

따라서 신자들은 국가의 통치를 인정하고 그 법체계에 순종해야 합니다. 세금을 내야 하며 법과 질서를 지켜야 하며 상벌을 받아야 합니다(롬 13:1-6). 아울러 국가와 통치자들을 위해서 기도해야 합니다(딤전 2:1,2). 그러나 영적인 일 곧 신앙에 관한 문제는 국가가 아닌 하나님께 순복해야 합니다. 만약 국가가 공권력으로 신앙을 훼방하고 박해하는 일이 있더라도 신앙을 지켜야 합니다. 그렇지만 폭력으로 맞서는 무력충돌은 하지 말아야 하며, 그들이 법적 조치를 취한다면 믿음을 지키기 위해서 국가의 법을 따라 벌을 받아야 합니다. 이는 예수님과 사도들과 신약교회가 보여준 자세입니다(마 26:47-52; 행 5:17-40).

기독교인의 기도의 의무

기독교인이 자기가 속해있는 세상정부와 사회와 기타 세상나라들에 대한 첫 번째 윤리적 의무는 간절한 중보기도입니다. 사도 바울은 디모데에게 보낸 서신에서 그것을 강조했습니다.

"그러므로 내가 첫째로 권하노니 모든 사람을 위하여 간구와 기도와 도고와 감사를 하되 임금들과 높은 지위에 있는 모든 사람을 위하여 하라 이는 우리가 모든 경건과 단정함으로 고요하고 평안한 생활을 하려 함이라"(딤전 2:1,2)

인간의 본성은 이기적 성향이 잠재해 있기 때문에 신자들도 자기중심적으로 생각하고 판단하고 행동하기 쉽습니다. 기도생활에 있어서도 다른 사람을 위해 기도하는 것보다는 자기를 위한 기도에 더 큰 비중을 두고 더 많은 시간을 투자하여 열심으로 간구하기 쉽습니다. 그러나 하나님은 신자들을 향하여 모든 사람을 위하여 기도하라는 막중한 책임을 부여하셨습니다.

첫째, 그리스도인들은 지구상에 있는 모든 종족을 위한 연민과 관심을 가지고 기도해야 합니다. 그리고 신자들은 빈부귀천을 막론하고 모든 인간의 이익을 위한 열망을 가져야 합니다. 그것이 모든 인류를 대하는 그리스도인의 바람직한 윤리관입니다(환경개선을 위한 기도와 기타 방법으로 참여한다든지).

둘째, 그리스도인들은 특별히 임금들과 높은 지위에 있는 모든 사람들을 위하여 기도해야 합니다. 로마제국의 네로 황제와 같은 포악한 황제 치하에 살았던 사도 바울은 그 시대의 동료 신자들에게 임금들과 높은 사람들(통치자들)을 위해서 기도하라고 가르쳤습니다. 그것이 하나님 보시기에 선한 일이라 했습니다(딤전 2:2,3).

그리스도인들은 악하고 무능한 통치자를 욕하고 원망해서는 안 됩니다. 그것은 하나님 보시기에 선하지 못한 일입니다. 욕하고 원망하는 대신 그들을 위해 간절히 기도해야 합니다. 그리스도인들은 공중예배시나 개인의 기도생활 속에서 늘 위정자들과 민족을 위해서 기도하는 것을 소홀히 해서는 안 됩니다. 그렇다면 하나님의 명령을 불복종하는 일입니다.

1, 2세기의 교회는 땅의 나라를 다스리는 위정자들을 위한 기도가 참된 의무인 동시에 책임으로 알았습니다. 당시의 교부들(교회의 지도자)의 기도문을 살펴보면 견디기 어려운 박해 속에서도 위정자들(자신을 박해하는)을 위한 눈물어린 진실한 간구로 채워져 있습니다. 이와 같은 자세는 예수님의 명령을 준행한 것입니다.

"나는 너희에게 이르노니 너희 원수를 사랑하며 너희를 박해하는 자를 위하여 기도하라" (마 5:44)

이처럼 그리스도인들의 윤리의식은 세상 사람들의 상식을 초월합니다. 세상 사람들은 아무리 인격이 고매한 사람일지라도 자신의 원수를 사랑하지 못하고 자기를 핍박하는 자를 위하여 기도하지 못합니다. 그리스도인이 세상나라의 위정자들을 위해서 기도해야 하는 이유는 세상정부의 위정자들이 바른 통치를 펼쳐야 신자들이 경건하고 단정함으로 평안한 생활을 할 수 있기 때문입니다(딤전 2:2).

평화시대에 살고 있는 그리스도인들은 위정자들을 위해 간구하는 일과 아울러 감사하는 것도 필수입니다. 왜냐하면 박해 없는 나라에 살며 물질의 풍요를 누리며 평안하게 살고 있는 것이 하나님의 은혜이기 때문입니다. 세상나라는 원래 기독교를 대적하고 박해하도록 되어 있습니다(사탄이 세상나라의 배후에 있으므로). 그럼에도 평화와(박해 없이) 풍요를 누릴 수 있다는 것은 하나님의 은혜가 아니고는 불가능하기 때문입니다.

기독교인의 정의앙양의 의무

그리스도인의 임무는 복음을 전하는 일과 함께 의와 평등과 평화를 고취시키는 일에 적극적으로 참여하여야 합니다. 참된 의義는 모든 인간이 하나님의 형상으로 지음 받은 평등한 존재이며, 모든 인간의 생명은 존엄하며, 개인의 인격은 존중받아야 한다는 것

을 인정하는 데서 출발합니다. 성경이 이 사실을 강조하며 예수님의 모든 가르침과 삶에는 이러한 사실이 입증되고 있습니다.

따라서 모든 그리스도인은 사회정의를 위하여, 즉 국가와 인류 사회에 하나님의 의義가 이뤄지도록 기도해야 하며 삶 속에서 정의로움을 추구해야 하며, 정의를 위하여 공헌하도록 노력해야 합니다. 그리스도인이 사회에서 법과 질서를 어지럽히고 정의롭지 못한 삶을 살며 인간의 생명을 차별하거나 경시한다면 그것은 하나님 앞에 심히 악한 일입니다.

그러므로 그리스도인은 바르지 못한 정치, 행정, 바르지 못한 법 시행, 바르지 못한 교육과 건전하지 못한 문화가 되지 않도록 적극 참여하며 올바른 정치, 행정, 사법, 교육, 문화를 위하여 후원하며 노력해야 합니다(폭력과 시위로 맞서라는 것이 아닙니다).

예수님의 산상수훈

성경에서 윤리는 구원에 포함됩니다. 윤리는 성화와 관계있습니다. 처음 예수 그리스도를 믿음으로 말미암아 얻게 되는 구원은 윤리와 상관없이 주어집니다. 즉 하나님은 사람들의 윤리적 행위를 보시고 구원하시는 분이 아니라 예수 그리스도를 믿는 믿음을 보시고 구원하십니다. 그것을 칭의稱義라고 합니다.

그러나 칭의로 신앙생활이 완성되는 것이 아닙니다. 칭의, 곧 의

롭다 인정받은(혹은 죄 없다 인정받은) 때부터 신앙생활의 여정은 시작됩니다. 그때부터 구원받은 신자들은 거룩한 삶(성화), 즉 하나님 보시기에 정결하고 의로운 삶을 살기 위하여, 하나님을 닮아가기 위하여 힘써야 합니다. 예수님은 자신을 신앙하는 사람들이 그렇게 되게 하기 위하여 십자가에 못 박혀 죽으셨고, 하나님은 그일 때문에 독생자를 세상에 보내시고 죽게 하셨으며, 성령님께서는 그 일 때문에 세상에 강림하셔서 신자들과 함께 하십니다(엡 4:22-32).

성경 가운데서 예수님이 가르치신 산상수훈만큼 성경윤리의 문제를 깊이 다룬 곳은 없습니다. 산상수훈(마태복음 5-7장)의 대부분은 하나님의 율법과 예수님께서 이 세상에 세우시려는 질서에 대한 가르침입니다. 그것은 요약하면 하나님 나라의 윤리입니다. 예수님은 산상수훈에서 "내가 율법이나 선지자를 폐하러 온 줄로 생각하지 말라 폐하러 온 것이 아니요 완전하게 하려 함이라"(마 5:17)라고 말씀하셨습니다. 율법이나 선지자는 구약성경 전체를 포괄함을 뜻합니다.

따라서 예수님께서 세상에 오셔서 행하시고 가르치신 것은 율법과 선지자의 의도와 목적의 전부를 실현하기 위함이었습니다. 예수님은 구약성경의 성취를 위해서 오셨는데, 그것은 십자가에 못 박혀 죽으심으로 인한 대속의 사역만을 뜻하는 것이 아니라 율법과 선지자의 윤리적 가르침까지 포함합니다. 구약성경 안에 계시된 모든 것이 예수님에 이르러 성취되고 완성되고 확증되었다는 것입니다.

예수님의 산상수훈이 진행되면서 알게 되는 것은 율법을 재해석하셨다는 것입니다. 유대인들(바리새인들, 서기관들)은 율법의 표피적인 것에 머물렀지만 예수님은 율법의 정신 곧 내적인 의미까지 가르치셨습니다. 즉 유대인들은 6계명 살인하지 말라는 윤리적 계명에 대하여 행동으로 나타난 실제적 살인으로 이해했지만 예수님은 마음속으로 살의를 품는 것, 미움, 증오까지 살인에 적용시켰습니다. 살인은 미워하는 마음으로부터 출발하기 때문입니다. 예수님께서 "율법을 완전하게 하러 왔다"고 말씀하신 것은 대속사역뿐 아니라 이러한 율법의 참의미를 가르쳐주시므로 참된 하나님의 윤리를 시행토록 하기 위함이었습니다.

윤리와 예배

예수님은 우리가 다른 사람에게 윤리적인 잘못을 범하고 나서 하나님께 예배드릴 때 그 예배가 하나님께 열납되지 못한다는 말씀을 하셨습니다. 반드시 사과하여 그 사람과 화목한 상태가 된 후에 하나님께 예배드리라고 말씀하셨습니다(마 5:23,24). 동료 인간에게 원망들을 만한 잘못을 한 채 하나님께 예배하고 예물을 드리는 것은 위선적인 예배이기 때문입니다. 따라서 신자는 사람에게 죄를 범했을 때 당사자에게 용서를 구하고 원만한 상태가 되어야 비로소 하나님께 예배드릴 수 있습니다. 위선적인 예배는 중단하라고 말씀하신 것을 주목해야 합니다. 이처럼 신자에게 윤리는 중요합니다.

기독교 윤리의 핵심

마태복음 5:42-44까지 보여 주는 가르침만큼 기독교윤리의 효과적인 가르침은 없습니다. 예수님은 "네 이웃을 사랑하고 원수를 미워하라 하였다는 것을 너희가 들었으나 나는 너희에게 이르노니 너희 원수를 사랑하며 너희를 핍박하는 자를 위하여 기도하라"고 말씀하셨습니다. 원수를 사랑하라는 교훈은 성경 외에는 그 어디에도 없습니다. 신자가 원수를 사랑하지 않으면 안 되는 이유는 하나님과 원수 된 죄인을 사랑하신 하나님의 자녀요 백성이기 때문에, 그런 사랑을 받았으므로 자신도 베풀어야 하기 때문입니다. 그렇게 함으로써 신자가 하나님의 자녀가 된 것을 드러내는 것입니다.

하나님 아버지의 자녀는 하나님 아버지를 닮아야 합니다. 그들의 태도와 성품과 행위에 있어서 아버지를 닮지 않으면 안 됩니다. 그렇게 함으로써 신자는 세상 사람과 똑같지 않다는 것을 증명해 보여야 합니다. 세상 사람들은 자신을 사랑하는 사람을 사랑하고, 자신에게 호감을 느끼는 사람, 유익을 주는 사람을 좋아하며, 안면 있는 사람에게 인사합니다. 그것이 세상 윤리의 상식이며 한계입니다. 그러나 기독교인은 그 수준에 머물러 있어서는 안 된다는 것입니다. 그 정도의 수준으로는 세상 사람들에게 하나님의 자녀라는 것을 드러내 보일 수 없습니다. 하물며 기독교인의 윤리가 세상 사람보다 못하다면 어떻게 되겠습니까? 그렇게 되면 그리스도인이 세상에서 소금과 빛이 될 수 없습니다.

예수님께서 신자들에게 요구하시는 윤리적 기준과 목표는 마태복음 5:45-48에 잘 드러나 있습니다.

"이같이 한즉 하늘에 계신 너희 아버지의 아들이 되리니 이는 하나님이 그 해를 악인과 선인에게 비추시며 비를 의로운 자와 불의한 자에게 내려주심이니라 너희가 너희를 사랑하는 자를 사랑하면 무슨 상이 있으리요 세리도 이같이 아니하느냐 또 너희가 너희 형제에게만 문안하면 남보다 더하는 것이 무엇이냐 이방인들도 이같이 아니하느냐 그러므로 하늘에 계신 너희 아버지의 온전하심과 같이 너희도 온전하라"

성결(Sanctification)

바울 서신의 공통점은 교리적인 가르침과 신자의 도덕적 생활에 관하여 중점적으로 가르치고 있다는 것입니다. 처음 부분은 교리적인 내용이며 나중 부분은 도덕적 생활에 관한 내용입니다. 이러한 사실은 로마서, 고린도전·후서에 잘 나타나 있습니다. 우리는 바울 서신 속에 자주 나타나는 그의 기도(성도들을 위한)를 통해서 신자들의 생활이 어떠해야 할 것인가를 쉽게 파악할 수 있습니다. 바울 서신에 자주 나타나는 도덕적 용어 중에는 성결, 덕이라는 말이 있습니다.

성결이라 함은 우선적으로 하나님께로부터 변화 받은 상태 또는 하나님과의 바른 관계를 의미하는 데 영적, 도덕적으로 하나님의 품성을 나타내는 삶을 의미합니다. 즉 영적, 도덕적으로 변화되어 하나님과 바른 관계를 유지하는 사람은 성결한 사람이며 하나님의 자녀임에 틀림없다는 것입니다. 사도 바울의 서신에서 자주 언급되는 성결은 그리스도의 인격과 관련되어 있습니다.

덕(Edification)

바울 서신에 자주 나타나는 덕德이란 말은 그리스도의 인격적인 개념을 더욱 확실하게 설명해 줍니다. 덕이라는 말의 의미는 형제 된 성도들이 지녀야 할 서로에 대한 유익과 책임을 뜻합니다. 따라서 신자들은 형제와 이웃의 유익을 구해야 하며 선한 영향을 끼치고 악한 영향을 끼치지 말아야 할 책임이 있습니다. 신자들은 어떤 말을 하거나 행동을 하거나, 어떤 일을 선택하기 전에 사람에게 덕을 끼치는가 해롭게 하는 것인가를 염두에 두어야 합니다. 자신이 하고 싶다고, 자신에게 유익이 있다고 해서 무조건 말하고 행동하고 일을 해서는 안 됩니다(고전 10:23; 14:26,31). 형제의 삶 속에 격려가 될 수 있고, 형제가 배우고 실천하여 성장할 수 있는가를 따져보는 것은 신자들의 도덕생활의 기본이 되어야 합니다.

하나님께서 신자들에게 성령의 은사를 주시는 것도 서로에게 덕을 끼치라고 주시는 것이지 신자 자신의 유익만을 위해서 주시는 것이 아닙니다(고전 14:26). 당시의 고린도 교회에서는 성령의 은사를 받은 사람들이 서로 자신의 은사를 다른 형제(자매)의 은사와 비교하면서 우월감 혹은 열등감을 가지고 시기, 질투, 교만한 자세를 보임으로 덕을 끼치는 것은 고사하고 해를 끼쳤습니다. 그것은 하나님이 주신 은사의 목적을 전혀 모르는 무지와 불신앙적인 모습이었습니다.

그리스도인은 인간관계에 있어서 참으로 사려 깊은 자세가 되어야 할 것을 사도 바울은 가르치고 있습니다. 형제를 시험 들게 하거나(영적으로), 어떤 피해를 끼쳐서는 안 되고(정신적, 물질적으로), 모든 면에서 유익을 끼치도록 기도해야 하며, 그런 자세로 살기 위하여 부단히 노력해야 합니다.

어떤 신자들은 말과 행실로 인하여 형제나 이웃에게 상처를 입히고 손해를 끼치며, 자신의 입장만 생각하며 지극히 이기적인 자세로 사는 사람이 많습니다. 다른 사람을 배려하지 못하는 사람은 하나님과 사람을 사랑하는 사람이 아닙니다. 사도 요한은 "그 형제를 사랑하지 아니하는 자는 하나님께 속하지 아니하니라"(요일 3:10)라고 했고, "보는바 그 형제를 사랑하지 아니하는 자는 보지 못하는바 하나님을 사랑할 수 없느니라"(요일 4:20)라고 했으며, "하나님을 사랑하는 자는 또한 그 형제를 사랑할지니라"(요일 4:21)라고 했습니다.

그리스도인이 성결한 삶과 덕스러운 삶을 살 때 자신의 삶이 풍성하고 행복해지는 것은 물론이요, 세상을 아름답게 하고 풍요롭게 하며, 빛과 소금 된 삶이 되어 세상에 그리스도의 빛을 비추며 부패를 방지할 수 있습니다. 그리스도인은 물리적인 힘을 과시하며 세상을 사는 사람이 아니라 성결과 덕으로써 세상을 살아야 하는 사람입니다. 그 힘이 어떤 힘보다도 크고 영원한 힘입니다.

하나님께서 예수 그리스도 안에서 우리를 구원하신 뜻은 죄를 회개하고 멀리하며 성결하고 덕스러운 삶을 살므로 하나님을 영화롭게 하는 백성이 되게 하려 하심이라고 사도 바울은 말했습니다.

"그가 우리를 대신하여 자신을 주심은 모든 불법에서 우리를 속량하시고 우리를 깨끗하게 하사 선한 일을 열심히 하는 자기 백성이 되게 하려 하심이라" (딛 2:14)

기독교와 경제經濟

　역사학자들은 세계사를 두고 문화사나 종교사 등으로 기술하기도 하지만 경제사로 기술하기도 합니다. 특히 현대인들이 경제문제에 관심을 두는 것은 그 어떤 분야보다 우선적입니다. 각 일간지나 TV방송 등 언론매체는 매일같이 경제소식을 전하고 경제문제를 다룹니다. IMF체제의 경제시대를 살던 우리나라 사람들이 가장 절실히 원하는 것은 경제회복이었습니다. 비단 우리나라뿐 아니라 오늘날 세계 모든 국가는 경제가 곧 국력으로 통합니다. 경제적으로 안정된 국가는 선진국이요, 경제적으로 뒤처진 국가는 후진국 혹은 개발도상국으로 통합니다.

　개인도 마찬가지입니다. 오늘날 사람의 능력이나 가치는 경제적 능력으로 평가됩니다. 경제적으로 힘 있는 사람은 유능하고 힘 있는 사람으로 통하고, 경제적으로 힘없는 사람은 무능하고 힘없는 사람으로 통합니다. 사람들은 자신의 가치를 경제력에 따라 평가하고 행, 불행, 성공과 실패의 기준을 경제적 성공여부에 둡니다.

돈에 관한 성경적 개념

돈과 인간은 불가분리적 관계에 놓여있다는 사실은 누구나 아는 일입니다. 돈을 모으기만 하는 사람은 노랭이라 하고, 돈을 의미 없이 낭비하는 사람을 방탕아라 하며, 돈을 벌려고 하지 않고 다른 사람에게 얻어 쓰려고만 하는 사람을 무능한 자라고 하고, 돈을 성실하게 벌어서 바르게 사용하는 사람은 성실한 사람이라고 합니다.

돈은 원래 상호교역에 편리하도록 인간들만의 약속에 의해 생겨난 것입니다. 그러다가 점차 돈을 많이 소유한 사람은 인간사회에서 많은 특권을 누리게 되었습니다. 그 특권을 누리기 위해서 사람들은 돈을 많이 소유하려는 욕망을 품기 시작했습니다. 돈에 의해 약속이 보장된 것들이 너무 많기 때문에 돈의 힘은 너무나 크고 불가능한 것이 없게 여겨졌습니다. 그래서 사람들은 돈을 우상처럼 귀중히 여기기 시작했고, 돈은 곧 힘과 행복이요 돈 없는 것은 불행과 저주로 여기기 시작했습니다. 돈이면 불가능한 것이 없다고 여기게 된 것이지요.

그래서 할 수만 있다면 돈을 많이 소유하기 위해서 사람들은 피땀을 흘리고, 그중에는 수단방법을 가리지 않고 돈을 모으려는 사람들도 많아졌습니다. 그런 사람들은 돈을 모으는 과정에서 죄를 짓게 됩니다. 또한 돈을 하나님보다 더 사랑하고 의지하는 죄를 짓게 됩니다. 그래서 성경은 "부하려 하는 자들은 시험과 올무와 여러 가지 어리석고 해로운 욕심에 떨어지나니 곧 사람으로 파멸과 멸망에 빠지게 하는 것이라 돈을 사랑함이 일만 악의 뿌리가 되나니 이것을 탐내는 자들은 미혹을 받아 믿음에서 떠나 많은 근심으로써 자기를 찔렀도다"(딤전 6:9-10)라고 정죄하고 있는 것입니다.

돈 자체는 악한 것이 아니지만 돈을 버는 수단이나 방법, 그리고 돈을 사용하는 방법이나 쓰이는 용도에 따라서 돈은 사람으로 하여금 엄청난 죄를 짓게 만듭니다. 아마도 세상의 범죄요인 중에서 으뜸을 차지하는 것이 돈으로 인한 범죄일 것입니다. 돈이 어떤 사람의 소유가 되느냐에 따라서 천사의 힘을 나타내기도 하고 악마의 힘을 나타내기도 합니다. 돈은 사람을 감동시키는 선한 일의 도구도 되고 인간을 파괴시키는 악의 도구도 됩니다.

그리스도인들은 돈에 대한 개념을 바르게(성경적으로) 이해하고 살아야 하는 사람들입니다. 그리스도인들이 돈에 대한 개념을 바르게 이해하지 못하면 불신자와 다름없는 경제생활을 할 수밖에 없습니다. 신자는 돈을 목적으로 사는 사람이 아닙니다. 즉 돈 버는 일을 생의 목적으로 삼아서는 안 된다는 것입니다. 돈을 버는 일과 쓰는 일을 통해서 하나님께 영광 돌리는 목적으로 사는 사람이 되어야 합니다. 돈의 주인도 하나님이시요, 돈을 버는 자신도 하나님의 것이라는 개념, 돈을 버는 수단도 하나님 법도에 거스름이 없는 선한 방법이어야 하며 돈을 쓰는 일도 하나님 보시기에 선한 것이어야 합니다. 곧 청지기 개념이라야 합니다.

성경적 경제생활

기독교신앙은 가난하게 사는 것을 무조건 미덕으로 여기거나, 부자로 사는 것을 무조건 축복으로 보지 않습니다. 가난하게 살아도 게을러서 가난하거나 규모 없고 낭비벽이 있거나 기타 자신의 잘못으로 인한 가난은 오히려 부끄러운 죄이며, 부자로 살아도 불법으로 돈을 벌었거나 인색하다면 복이 아니라 죄입니다. 두 경우 모두 하나님의 청지기 개념의 경제관하고는 거리가 멀기 때문입니다. 기독교인은 부지런하고 정직하고 성실하게 일해서 재물을 모으되 그 재물을 자기 것으로 여기는 것이 아니라 하나님이 맡겨주신 것으로 여겨서 하나님과 이웃을 사랑하는 일에 사용할 수 있어야 올바른 경제관을 가진 신자입니다. 그런 신자는 얼마든지 부자가 되어도 정죄 받지 않습니다. 반면에 가난할지라도 그러한 자세의 경제관을 가진 신자는 부끄러운 것이 아니라 떳떳한 일입니다.

경제생활을 철저하게 성경적으로 했던 영국의 청교도들은 근면, 성실, 정직하게 일하여 재물을 모으고 불필요하게 낭비하지 않고 검소하게 규모 있게 살면서 하나님을 섬기며 가난한 자를 구제하는 등 선한 일에 힘쓰고 복지사회를 만드는 데 기여했습니다. 그들의 경제관이 미국을 비롯한 서구 선진국의 경제관의 기초가 되어 지금도 그들은 대개 그런 자세가 몸에 배어있습니다.

경제생활을 가장 이상적으로 아름답게 했던 사람들은 초대교회 신자들입니다(행 4:32-37). 그들은 자기의 소유물을 자기의 것으로 여기지 않고 하나님의 것으로 여겨 넉넉한 자들은 자기의 소유물을 팔아 교회에 헌납하고, 교회는 그것을 다시 가난한 신자들에게 필요한 만큼 나눠주어 부족함이 없게 했습니다. 그들은 모든 것을 예수 그리스도 안에서 서로 공유共有했습니다. 공산주의가 바로 초대교회의 경제관을 모방한 것이지만 불행하게도 그들은 초대교회의 경제관에서 가장 중요한 핵심을 부인했습니다. 즉 예수 그리스도 안에서의 공유를 부인하고 예수 그리스도를 국가(당)로 대치시켰습니다. 공산주의 경제관은 하나님의 청지기로서가 아니라 국가(당)의 청지기로 살아야 합니다. 그러므로 성령의 감동으로 인한 자발적이며 적극적인 공유가 아닌 당의 명령에 의한 강제적이고 피동적인 공유였기 때문에 실패할 수밖에 없었습니다.

우리나라 사람들의 경제관은 성경과 거리가 먼 경제관입니다.

내 돈 가지고 내가 쓰는 데 무슨 시비냐는 식으로 돈을 하나님의 것으로가 아니라 개인의 것으로 여겨 본인 마음 내키는 대로의 경제관을 가지고 있는 사람이 많습니다. "개 같이 벌어 정승 같이 쓴다"는 속담처럼 돈을 벌 때도 수단방법을 가리지 않고 걸터듬고 쓸 때는 폼 나게 쓰려고 합니다. 우리나라 졸부들의 경제관은 사치, 과소비 풍조, 싹쓸이 쇼핑, 황금만능 풍조, 음란 풍조 등 많은 사회적 병폐를 초래했습니다.

기독교신자들도 대개 성경적 경제관을 따르지 않고 불신자의 경제관을 따르는 사람들이 많습니다. 그들은 십일조만 하나님의 것으로 알고 나머지는 자기의 것으로 여겨 자기 임의대로 써도 되는 줄 압니다. 그래서 십일조만 드리면 성도로서의 책임을 다했다고 생각하고 있으며, 돈을 버는 일에도 많은 불법과 불의를 행하면서 세상에서 살아가기 위해서는 어쩔 수 없다고 핑계를 댑니다. 성경적으로 살다가는 살아남을 수 없다고 하며. 그러면서 신자가 하지 말아야 할 사업 혹은 직장에 종사하고, 뇌물을 주고받으면서 세금을 속이고, 있는 자와 강한 자에게 아부하고, 약한 자와 없는 자에게는 매정한 일도 서슴없이 행합니다.

종종 사회와 국가에 물의를 빚은 큰 사건 배후에는 기독교신자, 그것도 교회의 중요 직분자들이 많습니다. 또한 검소하게 살지 못하고 외제품을 선호하며 사치스런 생활을 하기도 합니다. 십일조와 헌금을 하나님 것을 하나님께 마땅히 드리는 감사의 표시가 아니라 복을 받기 위한 수단으로 드리는 신자도 허다합니다. 교회는 헌금을 유도하기 위하여 어떻게 번 돈인지는 상관없이 무조건 축복을 남발합니다. 신자는 무엇보다도 먼저 성경적 경제관, 돈의 의미 등을 바로 알고 성경적 경제생활에 충실하며 헌금을 드릴 때 하나님 앞에 복 있는 인생을 살게 됩니다.

기독교와 환경環境

　21세기를 문턱에 둔 전 세계는 기상이변으로 말미암아 가공할 자연적인 재난을 격고 있습니다. 우리나라는 유례없는 게릴라식 폭우가 전국을 융단폭격 하듯 강타하여 많은 사람이 목숨을 잃고 수많은 이재민을 냈고, 중국도 홍수가 범람하여 엄청난 피해를 입었으며, 방글라데시는 국토의 2/3가 물에 잠기는 재앙을 겪었습니다. 미국 남부지방은 태풍 허리케인이 강타하여 쑥대밭을 만들어 놓고 수많은 인명과 재산을 앗아갔고, 우리나라도 잦은 태풍으로 땀 흘려 농사지은 곡식과 과일에 막대한 피해를 입고 인명을 잃는 일이 빈번해지고 있습니다. 최근엔 필리핀이 태풍으로 국가적 재난을 겪고 있습니다.

자연재앙의 영적 의미

　일반적 시각으로 볼 때 이러한 참변들은 그저 환경오염으로 인한 기후변화 때문에 생기는 재난이라고 해석할 수 있지만 영적인 눈으로 볼 때는 하나님과 관련된 일들임을 알아야 합니다. 공중에 나는 새 한마리가 떨어지는 것도 하나님의 허락 없이는 있을 수 없다고 예수님은 말씀하셨습니다. 하물며 하나님의 형상을 따라 지음 받은 사람의 일이겠습니까. 이 세상에서 하나님과 상관없이 일어나는 일은 하나도 없습니다. 모든 우주만물을 지으신 분도 하나님이시고 그것을 유지, 보존, 다스리시는 분도 하나님이십니다. 따라서 세상에서 일어나는 모든 일은 생사화복의 주인 되시는 하나님의 섭리 안에서 이루어집니다. 사람들은 종종 엄청난 재난을 만날 때 '하늘도 무심하다', '하늘이 원망스럽다'라는 원망과 불평을 합니다. 그러나 그것은 하나님을 모르는 무지와 몰염치에서 나오는 말입니다.

　만약 하나님께서 공의대로 심판하신다면 허리케인이나 태풍 예니나 게릴라식 폭우는 아무것도 아닐 것입니다. 이 세대는 노아의 시대처럼 홍수심판을 당해도 할 말이 없는 죄악이 관영한 세대이기 때문입니다. 하나님께서 노아의 시대처럼 홍수로 심판하고도 남을 이 세대를 왜 그냥 두시고 그보다 아무것도 아닌 것들로 족하시는가 하면 하나님께서 노아 때 홍수로 세상을 심판하신 후 방주

속에서 살아남은 노아에게 다시는 인류를 물로 멸하지 않겠노라고 약속하셨기 때문입니다(창 9:9-11). 그렇지 않다면 아마 세상은 노아 때 같은 홍수심판을 열두 번도 더 겪었을 것입니다.

이 시대를 살고 있는 사람들은 더 큰 재앙을 만나지 않은 것만으로도 하나님께 감사해야 할 것입니다. 최근 들어 온 세계가 자연을 통해서 오는 재앙을 예전보다 훨씬 강도 높게 겪고 있지만 그러나 한편으로는 우리가 살고 있는 이 지구를 보존하시고 사랑하시는 하나님의 은혜를 생각해 보는 것도 중요할 것입니다.

지구의 신비

지구는 태양으로부터 1억 5천만km 떨어져 있는 태양계에서 세 번째 궤도를 돌고 있는 행성입니다. 만일 지구와 태양과의 거리가 화성이나 목성처럼 멀다면 너무 추워서, 수성이나 금성처럼 가깝다면 너무 뜨거워서 지구에는 아무런 생물도 살 수 없을 것이라는 것이 우주과학의 기본상식입니다. 수성이나 금성은 낮의 온도가 섭씨 300도가 넘는다고 하니 아무리 한여름의 온도가 높아도 40도를 넘지 못하는 우리나라의 무더위는 너무 낮은 온도인 것입니다.

또한 지구는 24시간마다 한 바퀴씩 자전하면서 365일마다 태양 주위를 한 번씩 공전하고 있는데 만일 지구의 자전속도가 현재보다 느리면 밤낮의 일교차가 너무 커지기 때문에 지구상에 생물이 살 수 없다는 것입니다. 만일 지구의 자전속도가 지금보다 빠르다면 지구상에는 쉴 새 없이 엄청난 폭풍우가 몰아쳐서 사람들이 도저히 살 수 없고, 태양을 도는 지구의 공전속도가 지금보다 느리다면 연교차가 너무 벌어져서 여름에는 살인더위로, 겨울에는 살인한파로 지구상에는 생물이 살아남을 수가 없다는 것입니다.

수성이나 금성은 일교차가 400도를 넘습니다. 낮에는 도저히 상상할 수 없는 더위와 밤에는 도저히 상상할 수 없는 추위이니 어떤 생물도 존재할 수 없습니다. 창조주 하나님의 지구창조의 오묘한 솜씨를 감탄하지 않을 수 없습니다. 더욱 오묘한 것은 지구의 자전축이 23.5도로 비스듬히 기울어져 있으므로 대부분의 육지가 몰려 있는 온대지방에는 뚜렷한 사계절이 나타나 세월이 가는 것을 실감하게 될 뿐 아니라 봄, 여름, 가을, 겨울의 계절을 통해 지루하지 않게 계절의 변화를 맛보며 씨 뿌리고 가꾸고 거두는 것을 통해서 삶의 이치를 배우며 정서적 풍요를 누리며 문화를 발달시키며 창조적인 삶을 살게 됩니다. 찬란한 인류문명을 이룬 나라들이 대부분 사계절이 뚜렷한 나라들입니다.

지구의 크기는 직경이 약 13,000km이며, 밀도는 5.52g/cm³, 중력가속도는 9.8m/sec²라는 사실도 놀랍고 신기한 일인데, 지구의 크기와 질량은 지구상에 생물이 살아가는 데 필요한 대기를 유지하는 데 절대적으로 중요하다는 것입니다. 만약 지구가 지금보다 크고 무거우면 산소와 질소로 이루어진 현재의 대기는 암모니아나 메탄가스 같은 가벼운 기체로 대체되어 생명을 유지하는 일이 불가능하게 되고, 현재보다 지구의 크기가 작고 가벼우면 이산화탄소 같은 무거운 기체로 바뀌어져 생명체가 살 수 없게 된다는 것입니다.

우리는 종종 왜 하나님께서 지구를 태양보다 작게 만드셨는지, 목성이나 토성보다 작게 만드셨는지, 지금의 지구보다 훨씬 크게 만드셨다면 나라마다 국토가 넓고 우리나라도 호주나 미국처럼 땅덩어리가 크다면 얼마나 좋을까, 인구팽창 염려하지 않아도 되고 여유 있고 넉넉하게 살 텐데…… 왜 하나님은 지구를 이만한 크기로밖에 만들지 않으셨을까? 하는 생각을 할 때가 있는데 지구의 크기가 지금보다 조금이라도 크거나 작을 경우에 생물이 살 수 없다는 사실을 알고 나면 하나님의 창조의 신비에 놀라움을 금치 못하게 됩니다. 또한 성령에 감동된 성경의 기자들이 왜 그토록 하나님의 창조의 솜씨를 찬양하고 영광을 돌렸는지 좀 더 실감할 수 있게 됩니다. 만약 이러한 하나님의 창조의 솜씨와 지혜에 대해서, 또한 매일처럼 이렇게 좋은 공기를 호흡하는 것에 대해서 감사해 본 적이 없다면 무더운 여름날 시골의 재래식 화장실에 들어가 양껏 그 냄새를 들이마셔 보아야 합니다. 그 재래식 화장실의 가스가 암모니아와 메탄가스가 섞인 살인가스입니다. 만약 지구의 크기와 질량이 지금과 다르다면 지구상에는 암모니아와 메탄가스로 뒤덮여 생명이 살 수 없다는 것입니다.

　놀라운 하나님의 창조의 솜씨는 그것으로 끝나지 않습니다. 지구상의 육지와 바다 분포의 비율은 현재 전 지구표면의 70%는 바다이고 30% 정도는 육지인데 그나마 육지의 대부분은 뜨거운 적도를 피해 고위도 지방에 몰려있습니다. 적도지방은 대부분이 바다이며 따라서 지구에 쏟아지는 뜨거운 태양열은 대부분 바닷물 속에 저장됩니다. 물은 지구상의 어떤 물질보다도 비열이 크기 때문에 낮 동안 강한 태양열을 받아도 쉽게 더워지지 않으며 밤이 되어도 쉽게 열을 잃지 않습니다. 그래서 밤낮의 기온차를 최소화시켜 생물들이 살아가기에 최고로 적합한 환경을 제공합니다. 지금까지 인류가 끊임없이 과학을 발달시켜 확인한 결과 다른 행성에는 지구와 같은 물이 존재하지 않는다는 것입니다. 간혹 달이나 화성에서 얼음의 흔적이 발견되기는 했지만 물은 발견하지 못했습니다. 만약에 어떤 행성에 지구처럼 물이 있다면 거기에는 틀림없이 생물이 살고 있을 것이고 공상과학 영화 등에서 그토록 뻔질나게 나오는 외계인이 실제로 존재할 것입니다. 그러나 성경은 지구 외에는 생명이 존재한다는 암시가 없습니다. 물은 생명을 존재하게 하는 데 절대적으로 필요합니다. 그래서 하나님은 지구상의 70%

를 물로 채우셨고, 놀라운 것은 인체의 70~80%도 수분이라는 것입니다.

또한 육지에는 여러 냇물과 강이 있고 땅속에는 물이 풍부하게 저장되어 있어서 생물이 살아가는 데 부족함이 없습니다. 뿐만 아니라 적당하게 분포된 육지와 바다와 산림은 지구 대기권으로 들어오는 태양광을 반사하여 지구의 온도를 적당히 유지하게 해줍니다. 만일 현재보다 태양광의 반사율이 크다면 지구에는 빙하기가 도래할 것이며 현재보다 태양광의 반사율이 작다면 너무 더워서 사람이 살 수 없다는 것입니다. 그러나 매우 잘 조절된 태양광의 반사율로 인해 사람이 살고 있는 대부분의 지방에서 밤낮의 일교차가 고작 20도를 넘지 않고 여름과 겨울의 온도차도 50도를 넘지 않습니다. 이처럼 지구표면으로 쏟아지는 태양광의 반사와 흡수기능이 매우 정밀하게 조절되어 있어서 생명체들이 살아가기에 최고로 좋은 환경이 지구입니다. 창조주 하나님의 주도면밀한 지구창조의 솜씨에 다시 한 번 탄복하지 않을 수 없습니다.

환경오염의 심각성

문제는 인류가 추구해 온 문명의 부작용으로 자연파괴와 함께 환경오염으로 인하여 지구대기권 안에 온실효과가 생겨 지구의 온난화현상을 초래했다는 것입니다. 그것은 지구표면으로 쏟아지는 태양광의 반사와 흡수기능이 자연파괴와 공해 때문에 방해를 받고 있기 때문입니다. 최근의 기상이변과 태풍과 폭우와 홍수현상은 그 때문에 일어나는 것입니다. 인간은 지금까지 끊임없이 지구를 오염시키고 파괴하고 훼손시켜왔습니다.

이미 열대 우림의 절반이 파괴되었습니다. 10분마다 뉴욕 센트럴 파크 크기의 우림이 사라지고 있고, 매일 미국의 뉴올리언즈 크기의 우림이 사라지고 있고, 매년 영국 스코틀랜드 웨일스 크기의 우림이 지구상에서 사라지고 있고, 열대 우림지대를 개발하느라고 태우는 연기는 인도를 뒤덮을 만큼의 크기로 퍼졌고, 열대우림 지역 식물의 70%가 사라졌으며 아마존 우림지대를 태우는 불길만으로도 브라질의 온도를 3~8도 높여 놓았다는 것입니다.

거기에다 자동차 매연, 담배 연기, 각종 공업단지의 굴뚝에서 뿜어져 나오는 연기, 에어컨의 프레온 가스, 핵 실험, 인공위성 발사, 각종 무기 실험, 쓰레기 매각장 등에서 발생하는 연기로 지구의 하늘은 매연가스로 뒤덮여 있고 오존층이 파괴되고 있어서 태양광의 반사율을 조절하는 지구표면의 기능이 심각하게 방해를 받고 있는 것입니다.

문명국들이 각종 위락시설을 만들고 골프장을 만드느라고 멀쩡한 산림을 파괴하고 훼손하는 것도 지표면의 기능을 저해하는 데 한몫을 하고 있습니다. 핵전쟁 다음으로 무서운 것이 자연훼손과 환경오염입니다. 지금 인류가 겪고 있는 기상이변으로 인한 재난은 결국 인류가 하나님이 창조하신 지구를 훼손하고 파괴한 대가를 받고 있는 것입니다. 만약 하나님께서 지구를 그토록 주도면밀하게 창조하지 않으셨다면 인류는 벌써 멸망하고 말았을 것입니다. 인류가 그토록 지구를 파괴하고 훼손했어도 아직 멀쩡하게 살고 있는 것은 순전히 하나님의 사랑이 지구를 지켜주시고 여전히 창조의 능력으로 붙들어주시기 때문입니다.

그러면서 태풍과 폭우와 폭염과 한파와 기근과 가뭄을 통해서 인간의 무지함과 무능에 대해서 깨닫게 하시고 인간의 교만에 대해서 경고하시고 인간의 한계에 대해서 일깨우시며, 자연파괴와 인간의 정욕과 탐욕과 온갖 범죄에 대한 징계와 심판의 수단으로 삼으십니다. 만일 이러한 재난들이 없다면 이 세상은 참 평안한 지상낙원이 될 것 같지만 인간은 하늘 높은 줄 모르고 교만해지고 더욱 악해져서 하나님을 두려워하지 않고 대적할 것이며 지구의 파괴는 더욱 가속화될 것입니다. 인간은 결코 지구의 주인이 아닙니다. 주인은 어디까지나 하나님이십니다. 그러나 인간은 자기 본분을 잃고 그 동안 사실상 이 지구의 주인행세를 해오며 땅을 훼손하고 파괴해 왔습니다.

하나님께서 땅을 처음 창조하셨을 때에는 태풍도 폭우도 홍수도 폭염과 혹한도 없었고 가뭄과 기근도 없었습니다. 땅은 인간을 비롯한 모든 생명체가 살아가기에 가장 좋은 상태를 유지하고 있었습니다. 노아시대 이전의 사람들의 평균수명이 지금보다 비교도 안 될 정도로 길었던 것은 그때의 땅의 환경이 얼마나 쾌적하고 좋은 환경이었는지를 암시합니다. 그때의 사람들은 지금처럼 질병에 시달렸다는 얘기가 없습니다. 인간의 질병에 대한 구체적인 언급은 창세기 이후부터 인간이 지구상에 확산되며 소위 고급문명을 발달시키기 시작한 때부터임을 성경은 말해줍니다.

그러나 현대처럼 헤아릴 수 없이 많은 질병에 시달린 시대는 인류역사상 그 어느 때에도 없었습니다. 암 치료에 대한 의학이 계속 발달하고 있음에도 암으로 사망하는 사람은 해마다 늘어가고 에이즈와 각종 성인병으로 사망하는 사람도 계속 늘어갑니다. 그것은 지구의 환경이 계속 나빠지고 있음을 말해주며 인류의 죄악이 더욱 심각해지고 있음을 말해줍니다.

결국 인류가 환경문제에 관심을 기울이지 않고 계속 땅을 훼손하고 파괴한다면, 온갖 유해가스로 공기를 오염시킨다면 인류는 지금보다 더 심각한 재앙을 면치 못할 것입니다. 그리스도인들은 누구보다도 이 사실을 자각하고 하나님께서 창조하신 이 지구의 청지기로써 본분을 지켜 환경개선을 위하여 적극적인 자세로 살아야 할 것입니다.

기독교와 봉사奉仕

기독교신앙과 봉사는 뗄 수 없는 관계입니다. 누구나 진실로 예수를 믿는 사람은 봉사의 삶에 관심을 갖게 됩니다. 그럼에도 봉사에 대한 성경적 이해를 바르게 하고 있는 사람은 흔치 않습니다. 올바른 성경적 봉사는 인간의 모습 중에서 가장 아름다운 모습을 보여 주지만 그렇지 않은 봉사는 오히려 혐오스러움을 보여 줍니다.

기독교인의 봉사가 귀하고 아름답게 여겨지고 사람을 감동시키는 것은 봉사자가 자신은 나타내지 않고 하나님만을 나타내며 편견과 오만함 없이 겸손하게 사람을 사랑하는 자세로 임할 때입니다. 만약 봉사를 통하여 신자가 자신의 명성과 영광을 추구하거나, 자신을 과시하려고 하거나, 편견과 오만한 자세를 보이거나 어떤 사심을 추구하려고 할 때 그것은 이미 봉사의 의미를 잃은 것입니다.

자기 부인, 자기 비움

성경적(기독교적) 봉사정신은 봉사하는 사람이 철저하게 자신을 부인하고 예수님의 도구로 사용되고자 하는 자세로, 예수 그리스도의 정신으로 임하는 것입니다. 즉 봉사자는 예수님께서 주인이 되고 주장하시도록 해야 하는 것이지 봉사자 자신이 주인행세를 하며 봉사의 주체자로 행세하지 말아야 한다는 것입니다.

그렇다면 신앙생활을 하면서 내가 해야 할 일은 무엇인가 하는 혼란스런 생각이 들 수 있습니다. 이 문제에 대한 정리가 제대로 되어 있지 않아서 신자들이 봉사는 열심히 하면서도 올바른 기독교정신으로서가 아닌 세상적 차원의 봉사에 머무르고 다른 사람들에게 상처를 주기도 하고 받기도 하는 일이 종종 있습니다.

성경에서 요구하는 봉사는 단순히 선행적 차원의 봉사가 아니라 하나님의 도구, 곧 예수 그리스도의 도구로 자신을 내어놓는다는 차원의 봉사입니다. 즉 그 분이 하시려는 일에 내가 사용되어져서 그 분의 목적을 이뤄드리는 것이어야 합니다. 그러나 대부분의 봉사자는 그런 차원의 봉사가 아니라 자기 자신이 봉사의 주체가 되어 자신을 드러내기 위한 봉사를 자꾸 하려고 합니다. 신앙생활에서 가장 중요한 것은 자기를 비우는 것입니다. 그것은 봉사에서도 마찬가지입니다. 자기를 비우고 자기의 몸, 자기의 존재, 자신의 삶을 사용하고 주장하는 주권을 예수 그리스도께 맡기는 일이 신자(봉사자)가 해야 할 일입니다. 그것이 예수님을 주님으로 모시는 삶의 기초입니다. 그 분이 나를 어떤 일에 사용하시고 어떤 삶을 살게 하시든지 그 분의 소관이지 내 소관이 아니라는 것입니다.

물론 신자가 무슨 일을 하고 싶다든가 무엇이 되고 싶다든가 하는 희망사항이 있을 수 있고 그것을 주님께 말씀드릴 수 있습니다. 그러나 결정권은 항상 주님께 있다는 것을 알아야 합니다. 그러므로 신자는 "내 원대로 마시옵고 아버지의 원대로 하옵소서"(막 14: 36)라는 자세가 되어 있어야 합니다.

그럼에도 대부분의 믿음 좋다는 신자들은 자신의 희망사항을 반드시 관철시키고야 마는 것을 굳센 믿음이라고 생각하는 경향이 있습니다. 물론 자신의 희망사항이 예수님의 희망사항과 일치가 되면 문제가 없겠지만 그렇지 않은 경우가 더 많을 수 있다는 것을 배제하지 말아야 합니다. 예수님이 신자의 주님이 되신다는 뜻의 가장 중요한 의미는 예수님이 나를 어떻게 부리시며 무엇에 쓰시겠는가 하는 것이 그 분의 손에 달려있다는 것이고, 그렇게 되기 위한 신자 쪽의 책임이나 전제조건은 내가 나를 부인하고 비우고 포기한 채 그 분의 뜻에 일임한다는 것입니다.

이 부분을 이해하지 못하거나 용납하지 못하면 신자는 신앙생활에서 도대체 자신이 할 일이 무엇이며 자신의 책임은 어디까지인가 하는 것에 혼란과 갈등이 생기며 입으로는 주님이라고 하면서 실제의 삶에서는 자신이 주님행세를 하며 살기 쉽습니다. 예수 믿는 사람들은 예수께서 늘 하신 말씀 "누구든지 나를 따라오려거든 자기를 부인하고 자기 십자가를 지고 나를 따를 것이니라"(마 16:24)를 신자의 본분으로 여기며 늘 기억하고 있어야 함에도 불구하고, 그 반대의 모습을 하고 있을 때가 더 많습니다. 자기를 부인하는 것은 고사하고 자신의 삶의 주권자가 되어 예수님은 나를 도와주는 능력을 공급해주는 분으로만 여기려고 합니다.

왜곡된 봉사관

신자가 주님을 섬기고 주님 앞에 봉사의 삶을 산다는 것은 무슨 가진 것으로 할 수 있는 것이 아닙니다. 재물이든 재능이든 가진 것이 많아야 봉사할 수 있다는 것은 육신의 생각이지 하나님의 생각은 아닙니다. 하나님은 신자의 있는 그대로, 있으면 있는 대로 없으면 없는 대로 섬김과 봉사의 삶을 살 것을 원하시지 가진 것을 중히 보시는 분이 아닙니다. 주님께 크게 쓰임 받는 사람들을 보면 그들이 가진 것이 많아서 쓰임 받는 것이 아님을 깨닫게 됩니다. 사도들은 가진 것이 없는 어부들이었고, 테레사 수녀도 작고 볼품 없는 외모밖에는 가진 것이 없었고, 조지 뮬러도 아무것도 가진 것 없었지만 주님께 크게 쓰임 받았습니다. 그렇다고 해서 가진 것이 없는 사람만이 하나님께 쓰임 받는다는 것은 아닙니다. 자신의 가진 것을 부인하고 하나님께 자신을 낮추고 비우는 사람이 진정한 봉사의 삶을 살 수 있다는 것입니다.

사도 바울은 예수 그리스도를 만나기 전 소위 '가진 자'에 속한 사람이었지만 예수님을 알고부터는 그것들을 오히려 배설물로 여기며 자신을 낮추고 부인했으며 마음을 비웠습니다. 그럼에도 신자들은 항상 가진 것이 많아야 봉사와 섬김의 삶을 살며 유능한 신자로 살게 될 것이라는 왜곡된 생각들을 가지고 있습니다. 예수님이 요구하시는 것은 신자의 삶의 주권을 행사하시겠다는 것이지 가진 것을 따지는 것이 아닙니다. "너의 주권을 이양하라"는 것입니다.

봉사를 통해서 드러내야 하는 것

신자가 봉사를 통해서 범하기 쉬운 잘못은 봉사를 명예의 수단으로 삼는 경우가 많다는 것입니다. 봉사가 명예를 위해서 동원될 때 그 봉사는 이미 봉사가 아닙니다. 한국교회에서 특히 염려스러운 일은 교회에서의 봉사직분인 목사, 장로, 권사, 집사의 직분이 명예를 위한 직분으로 변질되어 가고 있다는 것입니다. 교회에서의 모든 직분은(모든 성도는) 봉사를 위하여 부름 받은 직분이지 명예를 위한 직분이 아닙니다. 기독교신자의 봉사는 세상에서처럼 자기 이름을 빛내고 박수를 받기 위해서가 아니라 오직 하나님과 예수 그리스도의 이름을 영화롭게 하고 빛내기 위해서이며 자신은 철저하게 가려져야 하는 것입니다.

봉사를 위한 수단과 방법도 세상수단과 방법과 능력을 동원하는 것이 아니고 하나님의 방법과 능력으로라야 합니다. 목사나 장로나 권사나 집사 직분을 가진 신자들 중에는 직분을 통하여 교회에서나 사회적으로 인정받고 대접받고 체면이 서고 어깨에 힘을 줄 수 있다고 생각하는 이들이 종종 있습니다. 특히 작은 교회 직분자들보다 큰 교회 직분자들이 더욱 그렇습니다. 뿐만 아니라 규모가 큰 교회의 직분자들은 규모가 작은 교회의 직분자들이나 작은 교회에 대하여 우월의식을 가지고 있습니다. 아무래도 규모가 큰 교회가 봉사의 규모가 클 수밖에 없기 때문입니다. "우리는 이 정도인데 너희는 무얼 하고 있느냐?"는 태도는 세상 사람들이 어떤 일을 하고 자신을 증명해 보이며 만족을 얻는 것이지 기독교의 봉사정신이 아닙니다. 그것은 세상의 정신입니다.

기독교신자의 봉사의 삶은 자기를 나타내고 자기를 증명해 보이기 위한 것이 아니라 예수 그리스도를 나타내고 그 분의 사랑, 그 분의 겸손, 그 분의 희생과 아름다움을 나타내고 증명해 보이는 것이어야 합니다. 내가 어떤 큰일을 하고 내가 속한 교회나 교파가 세상에서 인정하고 알아주는 봉사활동을 한다 하더라도 그걸 통해서 성직자의 위대함을 증명해 보이고, 교단의 훌륭함을 증명해 보이고, 교회의 훌륭함과 그 교회의 직분자들과 신자들의 훌륭함을 증명해 보이며 자부심과 우월의식을 느끼는 것이 아니라 예수 그리스도 그 분을 증명해 보여야 하는 것입니다.

사실 신자에게 이것처럼 힘든 것도 없을 것입니다. 사람은 누구나 자기 자신이 얼마나 괜찮은 사람인가를 증명해 보이고 싶은 마음이 있기 때문입니다. 그러므로 신자가 육신적(옛사람)으로 사는 것은 쉽지만 영적(새 사람)으로 사는 것은 어렵습니다. 날마다 순간마다 자신을 죽이고 부인하기 위하여 싸움을 해야 합니다. 신자가 진정한 기독교신자로서의 삶을 살기 위해서는 이러한 사실들을 깨닫고 자신을 진단하는 일이 필요합니다. 신자의 삶은 나를 도구로 해서 예수 그리스도를 증명해 보이는 삶이 되어야 하며, 그렇게 되기 위해서 자신을 비우고 부인하며 그 분께 주권을 이양해 드리고, 어떤 일이든 그 분이 기뻐하시고 원하시는 일에 기꺼이 복종하는 삶이어야 합니다.

기독교와 구제救濟

셰익스피어가 쓴 책들 가운데 『베니스의 상인』이 있는데 그 책에는 샤일록이라는 수전노가 나옵니다. 그 수전노는 유대인인데 이처럼 유대인들은 문학작품에 등장할 만큼 수전노가 많습니다. 그러나 수전노인 유대인들도 동족을 도와주는 일에는 한없이 너그럽습니다. 가난한 사람의 학비를 대주고 장사밑천을 대주고 결혼을 시켜주기도 합니다. 가능한 한 그들은 외국인의 상점에서 물건을 사지 않고 동족이 경영하는 가게에 가서 물건을 사줍니다.

유대인들의 동족애와 가난한 사람에 대한 각별한 관심은 성경에서 명령하고 있기 때문입니다. 그들은 어려서부터 모세오경과 구약성경을 철저하게 배우며 실천하는 삶을 교육받기 때문에 성경에서 가르치는 가난한 사람에 관한 사랑을 실천하는 일을 당연하고 자연스러운 일로 여깁니다.

하나님은 가난한 사람을 염려하시고 그들에 대한 관심과 사랑이 많으십니다. 그것은 하나님의 자비와 긍휼의 성품에서 비롯되는데 하나님은 율법에서 가난한 사람에 대하여 다음과 같이 행할 것을 명령하셨습니다.

추수에 관한 명령

하나님은 추수할 때에 추수한 곡식 가운데서 얼마는 남겨두어 가난한 사람들이 먹게 하라고 하셨습니다.

> "너희 땅의 곡물을 벨 때에 너는 밭 모퉁이까지 다 거두지 말고 너의 떨어진 이삭도 줍지 말며 너의 포도원의 열매를 다 따지 말며 너의 포도원에 떨어진 열매도 줍지 말고 가난한 사람과 타국인을 위하여 버려두라 나는 너희 하나님 여호와니라" (레 19:9,10)

또한 하나님은 감람나무 열매를 딴 후에도 그 가지를 살피지 말고 그것을 객과 고아와 과부를 위하여 버려두라고 명령하셨고(신 24:20,21), 곡식 단을 밭에 두고 온 것이 생각나거든 그것을 가지러 밭에 가지 말고 객과 과부와 고아를 위하여 버려두라고 명령하셨습니다(신 24:19). 룻기에 보면 모압 여인 룻이 시모 나오미를 따라 베들레헴에 와서 살게 될 때에 보아스의 보리 추수하는 밭에 가서 이삭을 줍고, 보아스는 룻을 위하여 곡식 단에서 조금씩 뽑아 밭에 남겨둔 내용을 볼 수 있습니다(룻 2:15,16).

담보물에 관한 명령

하나님은 가난한 사람에게 돈을 꾸어주는 경우 담보물을 잡지 말 것과 담보물을 잡은 경우에는 해가 지기 전에 돌려주라고 하셨습니다.

> "이웃에게 돈을 꿀 때에 그가 가난한 사람이면 그에게서 담보물을 가져가지 말고 담보물을 가져간 경우는 그것을 해질 때에 반드시 돌릴 것이라 그리하면 그가 옷을 입고 자며 너를 위하여 축복하리니 그 일이 네 하나님 여호와 앞에서 네 의로움이 되리라" (신 24:10~13)

이스라엘의 가난한 백성들은 겉옷이 밤에는 이불이 되었습니다(팔레스타인 지방은 낮에는 덥고 밤에는 춥기 때문). 그러므로 겉옷은 중요한 재산이 되기도 했는데 가난한 사람이 그것을 담보로 잡힐 경우 밤에 덮고 잘 이불이 없게 되므로 하나님은 가난한 자들이 꾼 돈을 갚지 못한다 하더라도 채권자는 반드시 채무자의 담보물인 겉옷을 해질녘에 돌려주라고 명하셨던 것입니다. 이처럼 하나님께서는 가난한 자들에게 자비와 긍휼을 베풀 것을 명하셨습니다.

그러므로 가난한 자들로부터 담보물을 잡고 돈을 빌려주고 돈을 못 갚을 경우 담보물을 빼앗는 행위는 큰 죄악이며, 하나님은 그러한 사회에 대하여 심판을 경고하셨습니다(암 2:4-8). 하나님은 또 가난한 일용품꾼들의 품삯을 당일에 지불하고 해진 후까지 끌지 말라고 명하시며 품삯을 당일에 지급하지 않는 것을 정죄하셨습니다(신 24:15).

하나님께서 가난한 사람에 관하여 하신 명령은 어느 경우에서나 "나는 너희 하나님 여호와니라"라는 말씀으로 끝을 맺으셨습니다. 이는 서명날인에 해당하는 것으로 그만큼 중요하므로 반드시 시행하라는 의미가 포함되어 있습니다.

예수님의 명령

예수님은 가난한 사람의 벗이었습니다. 예수님께서는 가난한 사람을 돕는 것을 예수님을 섬기는 것으로 여기시겠다고 말씀하시고, 가난한 사람을 멸시하는 것은 예수님을 멸시하는 것으로 여기시겠다고 말씀하셨습니다(마 25:31-45).

또한 예수님은 가난한 사람에게 은혜를 베풀 때 여러 가지 주의할 것을 가르치시므로 무조건 돕는 것만 능사가 아님을 말씀하셨습니다. 그것은 베푸는 자 쪽의 공로의식, 교만, 우월감 등과 베풂을 받는 쪽이 받을 상처, 열등의식 등을 고려한 것이며 무엇보다

도 가진 자나 가난한 자나 하나님 앞에 모두 평등하다는 것과 인간
의 청지기 직분에 근거했기 때문입니다. 예수님은 가난한 사람을
도울 때는 은밀히, 아무도 모르게, 오른손이 하는 일을 왼손이 모
르게 하라고 하셨습니다. 그래야 그것이 하나님께 귀한 것이라고
하셨습니다(마 6:2-4).

　예수님 당시의 이스라엘 사람들은 구제할 때에 은밀히 하기 위
해서 다음 8가지 방법에 따라서 구제하였습니다. 하나님께서 가장
기뻐하시는 방법으로 시작해서 제일 좋아하지 아니하시는 방법의
순서는 다음과 같습니다.

　□ 요구호자(구제가 필요한 사람)가 되기 전에 구제하는 일입니다.
즉 가난한 동족이 이웃에 있으면 그가 구걸하러 나서기 전에 일자
리를 주거나 이자 없이 돈이나 양식을 꾸어주라는 것입니다(레
25:35-38).

　□ 도와주는 사람과 도움을 받는 사람이 모두 모르게 하는 일입
니다. 즉 도와주는 사람이 자기가 내놓은 구제금이 누구에게로 가
는지, 도움을 받는 사람이 자기가 받는 구제금이 누구로부터 온 것
인지 모르는 방법을 말합니다. 예루살렘 성전에는 은밀한 골방이
라는 방이 있었는데 구제하는 사람이 구제금이나 물건을 은밀한 방

에 가져다두면 가난한 사람들이 몰래 와서 그것을 가져갔습니다.

□ 도와주는 사람만 아는 구제입니다. 즉 도와주는 사람은 자기가 내놓은 구제금이 누구에게로 가는지 알고 있으나 도움을 받는 사람은 그 돈이 누구에게서 왔는지 모르는 경우입니다. 예수님 당시의 구제하는 사람들 중에는 구제금이나 물건을 가난한 사람들의 문 앞에 몰래 갖다 두는 사람들이 있었습니다.

□ 도움 받는 사람만 아는 경우입니다. 즉 도와주는 사람은 자기가 내놓은 구제금이 어디로 가는지 모르나 도움을 받는 사람은 알고 있는 경우입니다. 예수님 당시의 사람들은 구제금이나 물건을 넣어둔 주머니를 등 뒤에 달고 다니기도 했는데 가난한 사람들이 그 주머니에서 필요한 것을 가지고 가게하려는 것이었습니다.

□ 미리 알고 도와주는 경우도 있었습니다. 즉 도움을 청하기 전에 가난한 사람의 사정을 미리 알고 도와주는 경우입니다.

□ 도와달라고 해서 비로소 도와주는 경우. 이것은 도와달라고 요청하는 쪽이나 도움을 베푸는 쪽 모두가 찜찜한 마음이 되기 쉽습니다.

□ 마지못해, 불만스러운 마음으로, 불쾌한 반응을 보이며 도와주는 경우도 있습니다. 이와 같은 도움은 받는 쪽이 상처를 받으며 하나님도 전혀 기뻐하지 않으십니다.

사람은 세상을 살아가면서 혼자 살 수 없는 존재입니다. 어떤 식으로든 도움을 받기도 하고 주기도 하며 삽니다. 성경은 받는 자보다 주는 자가 복이 있다고 말씀합니다(행 20:35). 그러나 받는 것 못지않게 베푸는 것도 사려 깊음이 있어야 합니다. 공명심이나 공로의식, 허위의식, 자기만족, 기복신앙적인 자세보다는 하나님을 사랑하는 마음과 사람을 사랑하는 마음으로 하는 것이 하나님 보시기에 가장 복된 일입니다. 기독교신앙은 사랑을 실천하는 것을 가장 아름다운 덕목으로 꼽습니다. 사랑의 실천 중에는 도움이 필요한 가난한 자들, 혹은 스스로 자립할 능력이 안 되는 자들에게 도움을 베푸는 것을 빼놓을 수 없습니다. 하나님은 참된 마음으로 (하나님 사랑과 형제 사랑) 다른 사람을 돕는 것을 하나님을 섬기는 것으로 간주하시고 복을 약속하셨습니다(고후 9:8-10; 빌 4:15-17; 마 6:4).

또한 가난한 자에게 무관심한 신앙을 참 신앙으로 보지 않는다고 성경은 말씀합니다.

"누가 이 세상 재물을 가지고 형제의 궁핍함을 보고도 도와줄 마음을 막으면 하나님의 사랑이 어찌 그 속에 거할까보냐 자녀들아 우리가 말과 혀로만 사랑하지 말고 오직 행함과 진실함으로 하자" (요일 3:17,18)

십계명 十誡命

이스라엘을 애굽의 종살이에서 구원하신 하나님께서는 그 역사적인 은혜를 상기시킨 다음 종교적 사회적 문제를 다루는 일련의 계명을 계시하셨습니다. 그 핵심을 이루는 것이 십계명 十誡命입니다. 십계명은 모세의 다른 율법 조항들처럼 모세가 하나님의 말씀을 받아 나름대로 재구성한 것이 아니고 하나님께서 직접 돌판에 새긴 말씀입니다(출 31:18).

십계명의 의미와 중요성

십계명은 인간이라면 누구나 예외 없이 지켜야 할 종교적, 윤리적 기본원리를 내용으로 하고 있습니다. 따라서 십계명은 구약의 율법이 예수 그리스도의 십자가 죽으심으로 폐하여졌어도 여전히 유효하며 폐하여질 내용이 아닙니다. 구약의 율법이 예수님으로 말미암아 폐하여진 것은 제사법에 한한 것이며 종교적, 윤리적 기본원리를 담고 있는 십계명까지 무효화된 것은 아닙니다.

어떤 기독교인들은 십계명을 구약의 율법이라 하여 폐하여진 것이라고 여기는 사람들도 있는데 그것은 잘못된 생각입니다. 십계명의 모든 조항들 속에는 하나님의 깊은 뜻이 나타나 있습니다. 그러므로 인간이 어느 하나라도 어긴다면 하나님의 진노를 피할 길이 없습니다. 십계명은 순서 없이 그냥 나열된 것이 아니라 가장 중요한 계명부터 차례로 언급되어 있음을 주목해야 합니다.

이 계명들은 형법의 효력을 가지고 있으며 제1~6계명까지는 어기면 사형에 해당되고, 제7계명은 상황에 따라 사형에 해당될 수도 안 될 수도 있었습니다. 제8계명과 제9계명은 특별한 경우를 제외하고 사형에 해당되지 않습니다. 제10계명은 인간이 내면적으로 짓는 범죄이기 때문에 형법으로 다스릴 수 없는 문제입니다. 물론 세상에서 십계명을 범한다고 해서 모두 사형에 처하거나 중죄인이 되는 것은 아닙니다. 특히 1~4계명을 어겼다고 사형이나 중죄를 선언한다면 '난센스'라고 할 것입니다. 그러나 하나님의 입장에서 볼 때는 분명히 사형집행을 받을 만한 죄를 범한 것입니다.

제1계명(First Commandment)

"너는 나 외에는 다른 신들을 네게 두지 말라" (출 20:3)

    제1계명은 하나님 외에 다른 신의 존재를 인정하지 않은 절대적 일신론(Absolute Monotheism), 즉 오직 한 분 하나님의 존재만을 인정하고 여호와 하나님(삼위일체 하나님)만 경배하라는 명령입니다. 이 엄격한 계명에 관해서는 특별히 레위기에 상세히 계시되어 있습니다.

    레위기에는 인간이 하나님께 올바른 예배를 드릴 수 있는 의식에 관한 가르침이 자세히 기록되어 있습니다. 또한 출애굽기 20-23장, 신명기에 기록된 율법의 교훈들을 살펴보면 예배의 중요성에 대해서 보다 잘 이해할 수 있습니다(신 12장; 14:22-29; 16장). 성경은 한결같이 하나님을 떠나 이방신을 섬기는 자는 죽일 것을 명하고 있습니다. 물론 처음부터 우상을 섬기는 자들도 하나님의 진노 아래 있기는 마찬가지입니다(엡 2:1-3).

    따라서 여호와 하나님을 섬기는 종교는 기독교든 유대교든 모슬렘교이든 하나님 외에 다른 신을 절대로 인정하지 않는데 그것은 하나님께서 성경에서 단호하고 분명하게 명하셨기 때문입니다. 그러므로 하나님을 섬기는 종교는 세상의 여타 종교로부터 배타적이란 말을 듣게 되는 것입니다. 원인을 따진다면 하나님께서 다른 신을 인정하지 않으시고 다른 신을 섬기는 자들을 용납하실 수 없기 때문입니다. 만약에 기독교신자가 세상 사람들로부터 배타적이란 말을 듣기 싫어서 다른 신을 인정한다면 그는 십계명 중 제1계명을 범하는 사람이 되는 것이므로 죽을죄를 짓는 것입니다.

오늘날 천주교를 비롯한 기독교 일부 교파에서 다른 종교를 인정하며 수용하여 교류를 활발히 하고 있으므로 세상에서는 환영하며 좋은 반응을 보이고 있지만 하나님 앞에는 심히 잘못된 일이며 중죄를 짓는 일입니다.

그러나 제1계명이 의미하는 바를 좀 더 확대 적용시킨다면 반드시 어떤 다른 종교나 우상을 섬기는 것만이 아니라 하나님 아닌 다른 어떤 것들을 사랑하고 숭배하고 집착하고 얽매인 상태로 사는 것도 1계명을 범하는 것으로 규정할 수 있습니다. 이를테면 물질(돈), 권력에 대한 지나친 탐욕이나 사람에 대한 집착과 숭배, 사상과 이념, 심지어는 일이나 취미까지도 우상이 될 수 있습니다.

예수님께서는 돈이 우상이 되는 것을 경고하셨으며(마 6:24), 사도 바울도 물질에 대한 탐심은 우상숭배라고 규정했습니다(골 3:5). 성경이 무엇이든 하나님보다 더 우선순위를 두고 사랑하고 집착하며 두려워하는 것을 우상숭배로 여긴다는 것을 생각할 때, 신자도 자칫하면 1계명을 범하게 되므로 항상 자신을 살피고 성찰하는 일이 중요합니다.

제2계명(Second Commandment)

"너를 위하여 새긴 우상을 만들지 말고 또 위로 하늘에 있는 것이나 아래로 땅에 있는 것이나 땅 아래 물 속에 있는 것의 어떤 형상도 만들지 말며 그것들에게 절하지 말며 그것들을 섬기지 말라 나 네 하나님 여호와는 질투하는 하나님인즉 나를 미워하는 자의 죄를 갚되 아버지로부터 아들에게로 삼사 대까지 이르게 하거니와 나를 사랑하고 내 계명을 지키는 자에게는 천 대까지 은혜를 베푸느니라" (출 20:4-6)

두 번째 계명은 하나님을 경배하기 위하여 어떠한 하나님의 형상도 만들지 말 것을 명령합니다. 하나님은 영靈이시므로 형상이 없으신 분입니다. 그러므로 인간의 임의대로 어떤 형상을 만들어 놓고 그것을 하나님이라고 이름붙이는 일을 하나님은 금하셨습니다. 애굽이나 가나안의 종교는 모두 사람이나 동물 혹은 곤충이나 상상의 동물(반인반수)의 형상을 만들어놓고 그 앞에 절하며 제물을 바치는 것이었습니다.

인간은 어떤 형상을 만들어놓고 신이라고 섬기는 종교적 본능이 있는데 원래 하나님을 섬기는 존재로 지음 받았기 때문입니다. 그러나 타락한 아담의 죄의 속성을 유전 받은 인간은 하나님 대신에 피조물을 섬기게 되었고(롬 1:23), 보이지 않는 것보다 눈으로 보고 손으로 만질 수 있는 것에 집착하는 인간의 속성에 따라 형상을 만들어 신으로 섬기기 시작했던 것입니다. 그러므로 하나님은 하나님의 백성들이 우상을 섬기는 이교도들처럼 어떤 형상을 만들어놓고 섬기는 것을 금하셨고 어길 경우에 심판을 선언하신 것입니다.

2계명의 뜻은 조각이나 미술 등 예술작품을 만들지 말라는 의미는 아닙니다. 단지 섬기는 대상으로 형상을 만들지 말라는 것입니다. 어떤 형상을 만들어놓고 그것을 하나님(혹은 예수님)이라 부르는 것은 거룩하시고 전능하시고 무소부재하신 우주적인 하나님을 한낱 인간이 만든 형상으로 격하시키는 큰 죄를 범하는 것입니다. 하나님을 인간이 만든 형상과 동일시 한다는 것은 비록 상징적인 것일지라도 그것은 하나님에 대한 모독입니다.

출애굽하여 광야로 나온 이스라엘은 모세가 하나님께 십계명을 받기 위하여 시내 산 정상으로 올라간 사이에 아론을 협박하여 금송아지 형상을 만들고 신이라 하며 그 앞에서 광란의 의식과 축제를 벌이므로 2계명을 범하고 말았습니다. 그 때문에 이스라엘은 하나님의 진노로 전멸당할 뻔하다가 모세의 간절한 중보기도로 전멸을 면했던 일이 있습니다(출 32장).

제2계명을 지켜야 하는 이유

신자가 제2계명을 지켜야 하는 이유는 하나님은 질투하시는 하나님이시기 때문이며 하나님은 미워하는 자의 죄를 갚되 3대, 4대까지 이르게 하시고, 하나님을 사랑하고 명령을 지키는 자에게는 천 대까지 은혜를 베푸시기 때문입니다(출 20:5,6).

　이는 하나님과의 약속이므로 어떤 형상을 신이라고 섬기며 경배하는 것은 하나님을 배반하는 것으로 간주하시기 때문입니다. 이스라엘이 솔로몬 이후 남북으로 나뉘었을 때 북이스라엘 왕국의 여로보암 왕은 백성들이 예루살렘 성전이 있는 남쪽 유다로 하나님을 예배하러 가는 것을 막기 위하여 북쪽 벧엘과 단에 금송아지를 만들고 거기다 예배하라고 했습니다(왕상 12:27-33). 그 이후 북이스라엘은 금송아지 숭배를 대대로 하게 되었는데 그 때문에 결국 멸망하게 되었습니다.

　하나님은 어떤 형상이든 비록 하나님이라 일컫는 형상일지라도 형상을 만들어 절하고 섬기는 것을 질투하시며 용납하지 않으시고 삼대, 사대까지 심판하시는 분이십니다. 2계명을 어긴 결과가 자신뿐 아니라 후손에게도 미친다는 사실을 주목해야 합니다. 그러나 2계명을 잘 준행한다면(지킨다면) 천대까지 은혜를 베푸시겠다고 약속하셨음도 반드시 기억해야 합니다. 2계명을 어긴 자에 대한 하나님의 진노하심보다 2계명을 지킨 자에 대한 은혜 베푸심이 훨씬 크다는 사실을.

천주교의 잘못

천주교는 제2계명을 어긴 죄를 범하고 있습니다. 그들은 많은 성상을 만들어놓고 그 앞에서 절을 하며 성호를 긋고 기도문을 외웁니다. 예수 그리스도상, 성모 마리아상이 그 대표적인 것이며 사도들의 상과 수많은 성인들의 상을 만들어놓고 그 앞에서 절하고 성호를 긋고 기도를 합니다.

아무리 예수 그리스도상이라 할지라도 단순히 예술적 용도가 아닌 섬기는 대상이라면 명백히 제2계명을 범하는 것입니다. 더구나 마리아상 숭배는 어떤 변명의 말이 필요 없는 범죄입니다. 천주교신자들의 집에 가보면 한결같이 마리아상을 세워놓고 그 앞에 촛불을 밝혀놓고 기도하며 성호를 긋습니다. 성경 어디에도 그러한 형태의 기독교신앙은 발견할 수 없습니다. 그것은 하나님이 진노하시는 이교도 형태의 신앙입니다. 그들은 그 외에도 십자가 고상(십자가에 못 박힌 예수님상) 앞에서 절하며 성호를 긋고 기도문을 외우고 묵주를 돌리며 기도하고, 십자가 목걸이, 반지 등에 의미를 두고 그것들을 마음속으로 의지하는 경향이 있습니다. 그것은 제2계명을 범하는 또 다른 유형으로 개신교 안에도 많이 발견되는 모습입니다. 개신교 중에도 교회당에 제단을 차려놓고 여러 가지 장식을 하고 촛불을 밝혀놓고 신성시할 뿐 아니라 신자들 중에 십자가 목걸이나 기타 장신구를 수호신처럼 의지하는 사람들이 있는

데, 제2계명을 범하는 또 다른 유형임을 알아야겠습니다.

하나님(예수님, 성령님)은 영이시며 우주에 충만한 분이시며 인간이 만든 어떤 형상에 제한받으시거나 그것들을 통해서 역사하시는 분이 아님을 명심해야 합니다.

제3계명(Third Commandment)

"너는 네 하나님 여호와의 이름을 망령되게 부르지 말라 여호와는 그의 이름을 망령되게 부르는 자를 죄 없다 하지 아니하리라" (출 20:7)

셋째계명은 하나님의 이름을 망령되게 부르지 말라는 명령입니다. '망령되게 부르다'라는 말은 문자적으로 들추다, 치켜들다, 위로 올리다라는 뜻인데 이는 여호와의 이름을 함부로 헛되게, 망령되게 언급하지 말라는 의미입니다. 이를테면 하나님의 이름을 걸고 거짓맹세를 하는 것은 하나님의 이름을 모욕하는 것입니다(마 5:33-37).

하나님의 이름을 망령되게 부르는 것은 보다 다양한 예로 적용됩니다. 직접적으로 하나님을 모독하는 말, 즉 하나님을 향하여 천박하고 불손한 언행을 하는 것, 불신앙적인 말을 입에 담는 것도 이에 해당하며, 하나님의 이름을 적절하지 못하게 사용하는 것, 곧 하나님의 속성과 관계없이 하나님을 여타의 세상종교의 신으로 끌어내리는 것도 하나님의 이름을 망령되게 부르는 것입니다. 오늘날 어떤 급진적 기독교 종파 가운데서는 세상의 모든 잡신과 이 교신앙도 인정하며 하나님을 그중의 한 신으로 인정합니다. 그런 사람은 하나님을 명백하게 모독하는 것입니다.

하나님의 이름을 망령되게 부르는 또 다른 예는 신자들의 천박한 행위와 삶 속에서 발견됩니다. 신자들이 경건하게 살지 않고 불신자처럼 천박한 언행을 한다든가, 거짓말을 하며, 사기 치며, 폭력과 폭언을 하며, 퇴폐적인 삶을 살며, 이기적이고 정욕적이고 강퍅하다면 사람들은 하나님(예수님)에 대해서 부정적인 생각을 갖게 됩니다. 그렇게 되면 신자는 하나님의 이름을 망령되게 부르는 자가 됩니다.

제4계명(Forth Commandment)

"안식일을 기억하여 거룩하게 지키라 엿새 동안은 힘써 네 모든 일을 행할 것이나 일곱째 날은 네 하나님 여호와의 안식일인즉 너나 네 아들이나 네 딸이나 네 남종이나 네 여종이나 네 가축이나 네 문안에 머무는 객이라도 아무 일도 하지 말라 이는 엿새 동안에 나 여호와가 하늘과 땅과 바다와 그 가운데 모든 것을 만들고 일곱째 날에 쉬었음이라 그러므로 나 여호와가 안식일을 복되게 하여 그 날을 거룩하게 하였느니라" (출 20:8-11)

제4계명은 안식일을 거룩히 구별하여 지키라는 명령입니다. 제4계명의 핵심은 하나님께서 6일 동안 천지창조를 완성하신 후 흡

족히 여기시면서 제7일에 안식하신 것을 기념하는 날이며, 하나님께서 자기 백성을 구원하신 날을 기념하신 날(출 20:8−11; 신 5:12−15)이므로 그 날 하루를 온전히 하나님께 헌신하는 하나님의 날로 지키라는 것입니다.

하나님께서 엿새 동안은 인간에게 주시면서 인간을 위해 사용토록 하셨지만 안식일 하루만큼은 하나님을 위하여 하나님께 드리는 날이 되도록 명령하셨습니다. 적극적인 의미에서 안식일은 하나님께 경배 드리는 날이고(사 1:13), 자신을 하나님께 헌신하는 날이며, 소극적 의미에서 안식일은 모든 육체의 일(세속적인 일)을 쉬는 날입니다. 그래서 그 날은 모든 세속의 일을 금지시켰습니다 (노동, 상거래, 오락, 외출 등. 출 20:9,10; 민 15:32 이하).

안식일을 거룩히 구별하여 지키지 않은 백성들은 죽임을 당해야 했습니다(민 15:32−36). 선지자들이 이스라엘의 가중한 범죄를 지적할 때 늘 빠짐없이 지적하는 것 중의 하나가 안식일을 거룩히 구별하여 지키지 않은 것이었습니다. 그들은 점점 형식적이고 의무적인 안식일 성수에 치우쳤으며, 나중에는 안식일에 세속적인 일을 하는 사람도 늘어갔습니다. 그 때문에 이스라엘은 징계를 받아 많은 재앙을 당하였습니다. 하나님은 이스라엘의 회복을 약속하실 때는 언제나 안식일 준수를 바르게 하면 복을 주시겠다는 약속을 잊지 않으셨습니다.

"만일 안식일에 네 발을 금하여 내 성일에 오락을 행하지 아니하고 안식일을 일컬어 즐거운 날이라, 여호와의 성일을 존귀한 날이라 하여 이를 존귀하게 여기고 네 길로 행하지 아니하며 네 오락을 구하지 아니하며 사사로운 말을 하지 아니하면 네가 여호와 안에서 즐거움을 얻을 것이라 내가 너를 땅의 높은 곳에 올리고 네 조상 야곱의 기업으로 기르리라 여호와의 입의 말씀이니라"(사 58:13,14)

안식일은 신약시대에 주일로 바뀌었습니다(기독교 기본신앙 14. 주일성수 참고). 안식일의 의미와 준수의 자세는 변함없되 날짜만 변경되었는데, 그것은 하나님의 구속사의 중심되시는 예수님께서 인류구속을 완성하시고 부활하신 날이 주일이기 때문입니다. 하나님의 구속사로 볼 때 구약의 안식일은 신약의 주일의 예표입니다. 그래서 예수님은 "인자(예수님)는 안식일의 주인이라"(마 12:8)고 말씀하신 것입니다. 예수님의 부활승천 후에 세워진 초대교회는 안식일성수가 아닌 주일성수를 하기 시작했고 그 전통은 지금까지 이어져오고 있습니다.

제7안식교에서는 지금도 안식일(토요일)을 성수하고 있는데 그것은 명백히 하나님의 구속사에 역행하는 비성경적 행위입니다.

안식일성수(주일성수)는 인간의 육신생활에도 중요한 영향을 끼치는바, 인간은 생리적으로 일주일에 6일 일하고 하루를 쉬는 것이 훨씬 일의 능률이 오르고 몸의 건강에 효과적이라는 것이 의학적으로도 입증되었습니다. 뿐만 아니라 안식일을 성수하는 사람이 그렇지 않은 사람보다 정신적으로도 훨씬 건강하고, 경제적으로도 윤택하다는 것이 입증되었습니다. 그것은 하나님의 법칙이기 때문입니다. 인간은 하나님의 법을 지킬 때 복을 누리게 되고 하나님의 법을 어길 때 복을 빼앗기게 되어 있습니다. 현대 기독교 신자들 중에 주일성수(안식일성수)의 중요성을 무시하는 풍조는 스스로 재앙을 초래하는 통탄스러운 일입니다.

제5계명(Fifth Commandment)

"네 부모를 공경하라 그리하면 네 하나님 여호와가 네게 준 땅에서 네 생명이 길리라" (출 20:12)

제5계명은 네 부모를 공경하라는 계명입니다. 공경하다(honor)로 번역되는 히브리어 '킵베드'라는 단어는 구약성경에서 하나님, 선지자, 그리고 왕들에 대한 존경이 담긴 뜻으로 사용됩니다(삿 9:9; 삼상 2:30; 15:30; 잠 3:9; 사 29:13).

부모를 공경해야 하는 이유는 부모가 그들의 자녀를 기를 때 하나님을 대신하기 때문입니다. 그러므로 부모는 자녀를 기를 때 주의 교훈과 훈계로 양육해야 합니다(엡 6:4). 만약 완악하고 패역하여 부모에게 불순종하는 자녀가 있다면 가혹한 형벌을 내리게 한 이유는(신 21:18-21) 부모에게 하나님을 대신하는 책임과 권세가 있기 때문입니다.

하나님은 부모공경에 대한 계명을 인간관계에 대한 여섯 계명 중 으뜸에 놓으시므로 이 계명의 중요성을 강조하셨습니다. 뿐만 아니라 부모공경의 계명을 충실히 이행한 사람에게 특별한 복을 약속하셨습니다.

"그리하면 네 하나님 여호와가 네게 준 땅에서 네 생명이 길리라"

신약성경은 더 구체적인 부모공경에 관한 계명과 복을 약속하고 있습니다.

"자녀들아 주 안에서 너희 부모에게 순종하라 이것이 옳으니라 네 아버지와 어머니를 공경하라 이것은 약속이 있는 첫 계명이니 이로서 네가 잘되고 땅에서 장수하리라" (엡 6:1-3)

물론 복을 받기 위해서 부모공경을 하는 것은 그 동기가 순수하지 못한 것입니다. 그것은 부모에게 유산을 상속받기 위해서 잘해 드리는 것과 다를 바 없습니다. 부모는 하나님께서 주신 권세와 책임이 있으므로, 또한 자녀를 낳고 양육하기 위해서 희생과 헌신으로 돌봐주며 사랑을 베풀어주시므로 자녀들에게 마땅히 공경의 대상이 되어야 합니다. 간혹 자녀를 학대하거나 양육의 책임을 저

버리거나 심지어 자녀를 버리는 부모도 있습니다. 그렇다고 해서 그 부모를 홀대하거나 학대해서는 안 됩니다. 그럴지라도 부모는 부모입니다. 그런 부모일지라도 공경할 때 하나님은 더욱 큰 복을 주실 것입니다.

그러나 부모공경이 하나님을 경외함보다 우선순위가 되어서는 안 된다는 사실을 명심해야 합니다. 그렇기 때문에 '주 안에서 순종하라'고 한 것입니다. 뿐만 아니라 결혼한 자녀는 부모보다 남편(또는 아내)이 우선임을 기억해야 합니다. 결혼한 자녀는 정신적으로 육체적으로 독립하여 부모를 떠난 사람입니다(창 2:24; 마 19:4,5; 막 10:6-9; 엡 5:31). 그렇다고 해서 결혼한 사람은 부모공경을 소홀히 해도 된다거나 부모공경에서 졸업했다는 것이 아니라 다만 부모공경의 기본정신은 유지하되 부부간의 책임과 사랑이 우선되어야 합니다. 그래야 가정이 편안합니다(엡 5:22,33).

부모들도 이점을 알아서 부모 때문에 결혼한 자녀의 부부 사이가 훼방을 받지 않도록 배려하고 자녀의 독립을 인정해야 합니다.

제6계명(Sixth Commandment)

"살인하지 말라" (출 20:13)

6계명은 살인 및 생명의 손실을 가져오는 행위를 금하는 계명입니다. 이 계명은 고의적이고 직접적인 살인을 비롯하여 간접적인 살인, 즉 생명을 해치는 동기를 제공하는 것까지 광범위하게 적용됩니다. 이를테면 집을 부실하게 지어서 집이 무너져 사람이 죽었거나 난간을 만들어야 할 장소에 난간을 만들지 않아서 사람이 떨어져 죽었다면 그것도 집을 지은 사람의 살인행위가 된다는 것입니다.

"네가 새 집을 지을 때에 지붕에 난간을 만들어 사람이 떨어지지 않게 하라 그 피가 네 집에 돌아갈까 하노라" (신 22:8)

그러므로 과거 씨랜드 참사사건은 건물의 소유주와 그것을 불법으로 허가해 준 공무원들이 빚어낸 명백한 살인행위이며, 삼풍백화점 붕괴도 성수대교 붕괴도 살인행위입니다. 그 밖에 부주의로 인한 잦은 항공사고로 사람이 죽는 것도 살인행위이고, 부패방지 목적으로 식품 속에 유해물질을 섞는 것도 살인행위이며, 환경오염으로 생태계를 파괴시키고 사람의 몸에 질병을 유발시켜 죽게 하는 것도 살인행위입니다. 이 세상에 살인하지 말라는 여섯째 계명을 범하는 사람이 너무나 많습니다. 전쟁도 명백한 살인행위이며 인공낙태도 명백한 살인행위입니다.

"내가 반드시 너희의 피 곧 너희의 생명의 피를 찾으리니 짐승이면 그 짐승에

게서, 사람이나 사람의 형제면 그에게서 그의 생명을 찾으리라 다른 사람의
피를 흘리면 그 사람의 피도 흘릴 것이니 이는 하나님이 자기 형상대로 사람
을 지으셨음이니라" (창 9:5,6)

모세오경에 나타나는 율법들은 제6계명(살인하지 말라)이 실제적
으로 어떻게 적용되는가를 보여줍니다. 고의적인 살인과 우발적
인 살인은 엄격하게 구별됩니다(출 21:12,13; 민 35:9-28). 그러나 우
발적인 살인이라 해도 살인죄가 면죄되는 것이 아니라 우발적인
살인자들을 위해 지정해놓은 도피성에 대제사장이 죽을 때까지
피해있어야 사형을 면할 수 있었습니다.

성경은 살인자에 대한 형벌뿐 아니라 우발적인 죽음을 방지하
기 위하여 여러 가지 주의사항에 대하여 말씀하고 있습니다. 이를
테면 사나운 짐승을 소유한 주인은 그것들을 잘 간수할 책임이 있
고, 간수하지 않아서 만약 사나운 짐승(소)이 사람을 죽였다면 그
소와 그 소의 임자는 다 죽임을 당하도록 되어 있었습니다(출 21:
29-36).

성경은 평화 시는 물론 전쟁 시에도 무조건적인 살인은 허용하
지 않습니다. 그러나 성경은 전쟁에서의 살인을 하나님의 심판의
수단으로 보고 있습니다(신 28:25,26). 성경은 인간이 죄를 계속 범
하고 회개하지 않을 때, 전쟁이라는 비상수단을 동원하여 인간을
심판하시므로 죄의 책임을 물으십니다. 그렇다고 해서 전쟁에서

의 살인을 하나님이 허락하신 '합법적 살인'이라고 오해해서는 안 됩니다. 사람의 생명을 해친 죄는 어떤 경우이든 합법적이 될 수 없음을 성경은 경고합니다.

예수님께서는 살인죄의 적용에 대해서 구약의 율법을 새롭게 해석하시므로 제6계명을 외적인 살인행위만이 아닌 내적인 살인, 곧 미움, 분노, 증오, 살의를 품는 것까지 포함시켰습니다(마 5:21,22). 왜냐하면 그런 마음이 살인행위로 이어지기 때문입니다. 그러므로 살인하지 말라는 제6계명을 지키기 위해서는 먼저 미움, 증오, 분노, 살의를 품지 말아야 하고 철저하게 경계해야 하며, 그런 마음이 생길 때 속히 회개해야 합니다.

제7계명(Seventh Commandment)

"간음하지 말라" (출 20:14)

이 계명은 혼인의 신성함과 혼인의 순결함을 충실히 지키게 하기 위한 계명으로써 결혼한 남녀가 배우자 외에 다른 상대와 성적 관계를 맺는 것을 금하는 계명입니다. 창세기 2장 24절에는 혼인 관계를 중요시하는 신학적 원리가 담겨 있습니다.

"이러므로 남자가 부모를 떠나 그 아내와 연합하여 둘이 한 몸을 이룰지니라"

이 말씀은 예수님께서 다시 확인하셨고(마 19:5), 사도 바울도 인용했습니다(엡 5:31). 이 성경구절은 결혼한 사람은 부모보다도 형제보다도 부부가 더욱 가깝다는 것을 말해주며, 결혼한 사람은 정신적으로 육체적으로 온전히 성숙하여 부모로부터 독립한 사람이며 둘이 하나로(정신적, 육체적으로) 연합된 공동체임을 말해주고 있습니다.

부부라는 공동체는 하나님 외에 나눌 자가 없습니다. 하나님께서 나뉘지 말라고 하셨으니 나뉘어서는 안 되고, 부부가 나뉘는 것은 하나님의 명령을 거역하는 불순종이 되는 것입니다. 부부를 나뉘게 하는 것은 어느 한쪽이 간음을 하는 것입니다. 그러므로 하나님은 간음을 금하신 것입니다. 간음은 결혼의 순결성과 신성함을 파괴할 뿐 아니라 가정이라는 공동체를 파괴하는 가중한 죄가 되기 때문에 모세율법에 간음자는 죽임을 당하도록 되어 있습니다(신 22:22-26; 레 20:10). 이러한 혹독한 처벌은 성(sex)의 자유를 부르짖으며 극도로 개방적인 성문화의 세례를 받은 현대인들에게 매우 전근대적이고 충격적으로 받아들일 수 있습니다. 간음죄라는 것을 폐지해야 하느냐 존속해야 하느냐가 논란이 될 정도로 현대인들은 간음죄를 죄로 여기지 않으려는 쪽으로 기울어지고 있습니다.

그렇다면 성경이 지나친 것일까요. 성경이 지나친 것이 아니라 혼인의 순결을 중요시하지 않는 현대인들의 극단적인 성 개방 풍조가 지나친 것입니다. 그 때문에 현대는 온갖 성적 부도덕이 만연되어 있으며, 수많은 가정들이 파괴되며, 이혼이 전 세계적으로 급증하고 있고, 십대 미혼모, 낙태, 영아수출이라는 끔찍하고 수치스런 사회현상이 보편화되어 있는 것입니다. 성경은 인간이 영적 도덕적으로 부패할 때 성적 타락이 만연되고 그런 사회를 하나님은 반드시 심판하신다는 것이 노아의 시대(창 6:1-7)와 소돔과 고모라의 심판(창 19:1-28)을 통하여 보여 주고 있습니다. 또한 지금까지 인류역사상 혼인의 순결을 지키지 않고 성적으로 타락했던 시대는 반드시 불행한 결말을 보여 왔다는 것이 역사의 교훈입니다.

간음에 대한 구약성경의 엄격한 율법에 비하여 신약성경은 제7계명에 대하여 좀 더 부드럽고 관대할 것이라고 생각하기 쉬우나 예수님은 제7계명을 더욱 깊이 있게 다루셨습니다. 율법에서는 단지 외적인 행동으로 나타난 간음을 정죄하고 있지만 예수님은 간음의 동기가 되는 마음으로 품는 음욕조차도 정죄하셨습니다.

"또 간음하지 말라 하였다는 것을 너희가 들었으나 나는 너희에게 이르노니 음욕을 품고 여자를 보는 자마다 마음에 이미 간음하였느니라" (마 5:27,28)

예수님은 언제나 외적으로 드러난 죄만 정죄하신 것이 아니라 드러나지 않는 내적인 죄, 즉 죄의 동기를 먼저 경계하셨습니다.

내적인 죄의 동기를 막아야 더 큰 외적인 죄로 발전되지 않기 때문입니다. 인류의 죄 문제가 더욱 심각해지는 것은 예수님처럼 죄를 다스리는 법이 내적인 죄의 동기를 먼저 따지는 것이 아니라 외적으로 나타난 죄만 가지고 따지기 때문입니다. 사람이 자신 안에 있는 내적인 죄를 깨닫고 경계하고 물리칠 수 있는 것은 예수 그리스도를 신앙하며 그 분께 순종하며 도움을 구할 때 가능해집니다.

제8계명(Eighth Commandment)

"도둑질하지 말라" (출 20:15)

제8계명은 도둑질을 금하는 계명입니다. 여기서 '도둑질'이란 말은 무력으로 혹은 몰래, 교활한 수법으로 속여서 남의 소유물과 재산을 뺏는 모든 시도를 다 포함합니다. 사람은 본능적으로 물질에 대한 욕심이 있습니다. 이 욕심을 다스리지 못할 때 도둑질하지 말라는 제8계명을 범할 수 있습니다. 이 죄악도 인류가 존속되는 동안 끊임없이 근절되지 않을 뿐 아니라 더욱 극심해질 수 있는 죄입니다. 세상은 날마다 도둑질하는 자로 넘쳐납니다. 제8계명은 사형에는 해당되지 않습니다. 율법에는 8계명을 범했을 경우에 훔친 것을 없앴을 경우 배상(5배, 혹은 4배)을 해야 했고, 만약에 배상을 하지 못할 경우에는(능력이 없어서) 자신의 몸을 팔아 종이 되어서라도 배상을 해야 했습니다(출 22:1–3). 그러나 훔친 물건을 그대로 보존하고 있을 경우에는 두 배로 보상하게 했습니다(출 22:4).

특별히 도둑질하지 말라는 계명에서 성경은 하나님의 것을 도둑질하지 말라고 언급하고 있음을 기억해야 합니다. 그것은 십일조와 관계된 말씀에서 언급됩니다(말 3:6-9). 하나님께 십일조를 드리지 않거나 온전한 십일조를 드리지 않을 때 사람은 하나님의 것을 도둑질하는 것이 된다고 경고하고 있습니다. 왜냐하면 십일조는 하나님의 것으로 거룩하게 구별해 놓으셨기 때문입니다. 원칙적으로 인간에게 있는 모든 것이 하나님의 것이지만 하나님께서는 아홉은 인간에게 맡기시고 열의 하나는 하나님의 것으로 정해 놓으셨습니다(레 27:32; 신 14:22-29; 마 23:23).

"사람이 어찌 하나님의 것을 도둑질하겠느냐 그러나 너희는 나의 것을 도둑질하고도 말하기를 우리가 어떻게 주의 것을 도둑질하였나이까 하도다 이는 곧 십일조와 헌물이라 너희 곧 온 나라가 나의 것을 도둑질하였으므로 너희가 저주를 받았느니라" (말 3:8,9)

예수님께서 제8계명(도둑질하지 말라)도 율법보다 더 단호하게 경계하셨습니다(마 5:30). 세리장 삭개오는 예수님을 믿고 그가 그동안 8계명에 대하여 범했던 것을 4배로 갚겠다고 말씀드리므로 예수님께서 삭개오의 신앙이 참신앙이며 구원받은 신앙임을 인정하셨습니다(눅 19:8,9).

제9계명(Ninth Commandment)

"네 이웃에 대하여 거짓증거하지 말라" (출 20:16)

제9계명과 제10계명은 말과 생각에 대한 규범입니다. "네 이웃에 대하여 거짓증거하지 말라"는 법정에서 거짓증거하지 말 것을 비롯한 모든 근거 없는 거짓말(거짓진술)을 포함하여 금하는 계명입니다(출 23:1-7; 신 17:6; 19:15 이하; 22:13 이하). 이 계명에 근거하여 미국의 법정에서는 증인이 성경에 손을 얹고 진실만을 말할 것을 서약합니다.

대개의 경우 거짓말은 자기를 보호하려 할 때와 자기 실속을 챙기고, 부당한 이익을 얻기 위해서, 그리고 다른 사람을 모함하고 해치기 위해서 하게 됩니다. 아마도 이 세상에서 거짓말처럼 쉽게 나오는 말도 드물 것입니다. 사람들은 고의적이든 부지중이든 혹은 악의가 없는 농담이든 거짓말들을 잘합니다. 따라서 제9계명은 사람들이(신자든 불신자든) 가장 범하기 쉬운 계명일 것입니다.

그러나 성경을 살펴보면 특별한 경우에 하나님께서 거짓말을 허용하신 경우가 있다는 것을 주목할 필요가 있습니다. 그것은 대개 선인이 악인으로부터 자신을 보호할 필요가 있을 때인데, 하나님 앞에 정당한 이유가 있을 때 허용되었습니다. 하나님께서 사무엘에게 명하여 다윗을 사울 대신 왕으로 삼도록 그를 찾아가 기름을 붓게 하셨을 때 사무엘은 그러면 질투에 사로잡힌 포악한 사울이 자신을 죽일 것이라고 하나님께 말씀드렸습니다. 그때 하나님께서는 다윗이 사는 동네에 암송아지를 끌고 가서 하나님께 제사 드리러 왔다고 장로들에게 말하고서 다윗에게 기름을 부으라고 거짓말을 지시(?)하셨고, 사무엘은 그대로 했습니다(삼상 16:1-13).

또한 다윗은 사울에게 쫓겨 도망자 생활을 할 때 자신의 목숨을 지키기 위해서 종종 악의 없는 거짓말을 하고 거짓행동을 하기도 했습니다(삼상 21:10-15; 29:6-11). 다윗의 아들 압살롬이 반란을 일으켰을 때 다윗의 모사 후새는 압살롬의 모사로 위장하여 전략을 가르쳐주었으나 그것은 압살롬을 실패시키기 위한 것이었습니다(삼하 16:15-17:14). 이와 같은 경우는 선인을 보호하시고 악인을 심판하시는 하나님의 은혜와 공의의 심판의 뜻에 따라 특별한 경우에 허용됩니다. 그러나 일반적인 차원에서 거짓말은 분명한 죄악임을 성경은 가르치고 있으며(딛 1:12), 거짓은 하나님의 속성이 아니라 사탄의 속성이기 때문에(요 8:44; 고후 11:13-15), 거짓말과 거짓행위는 심판의 대상이므로(계 21:8) 신자들은 거짓말을 회개하고 진실을 말하도록 힘써야 합니다.

오늘날 이 세상은 도처에 거짓말이 넘쳐나는 극도로 혼탁한 세상입니다. 정치인들은 입만 열었다하면 거짓말을 하고, 자기 입으로 맹세한 말까지도 눈 깜짝하지 않고 번복합니다. 대개의 상품광고는 거짓과 과장으로 포장된 것이고 대중매체는 거짓과 과장으로 사람들을 현혹합니다. 사람들은 거짓말과 참말을 잘 구별하지 못하고 거짓말을 참말로, 참말을 거짓말로 믿기를 잘하며 세상은 거짓말로 인한 불신풍조가 만연되어 있습니다. 제9계명을 소홀히 한 탓입니다.

제10계명(Tenth Commandment)

"네 이웃의 집을 탐내지 말지니라 네 이웃의 아내나 그의 남종이나 그의 여종이나 그의 소나 그의 나귀나 무릇 네 이웃의 소유를 탐내지 말지니라" (출 20:17)

제10계명은 남의 소유에 대한 모든 탐심을 금하는 계명입니다. 탐심은 정당하지 못한 욕심입니다. 사람은 본능적으로 다른 사람이 가진 것을 탐내는 마음이 있습니다. 탐심(covetousness)은 내면적인 것이므로 법정에서 심판을 받을 수 있는 것은 아닙니다. 그러나 탐심이 무서운 것은 모든 죄를 유발할 수 있다는 점입니다. 탐심 때문에 살인할 수 있고, 탐심 때문에 간음하게 되고, 성폭행하게 되고, 이혼하게 되며, 탐심 때문에 남의 것을 도둑질하게 되고, 하나님께 십일조를 바치지 않으며, 탐심 때문에 거짓증거를 하게 되고 사기를 치게 됩니다. 따라서 탐심은 모든 죄의 근본이 됩니다.

그러므로 성경은 탐심을 강하게 경고하며 심판을 선언합니다.

탐심은 반드시 인간을 파멸로 이끌기 때문입니다(마 6:19-24; 눅 12:13-21; 롬 1:29-32; 고전 6:9,10; 골 3:5,6; 딤전 6:9,10; 딛 1:12). 성경적 도덕관은 사람이 하나님을 사랑하고 이웃을 사랑하는 것인데, 성경적 도덕관을 잘 지키기 위해서는 탐심을 물리치는 것이 필수적입니다. 인간은 전 생애를 살아갈 때 행동뿐 아니라 마음을 감찰하시는 하나님 앞에 탐심을 멀리하고 정직하고 진실하게 살아야 할 것을 성경은 계시합니다.

"여호와여 주께서 나를 살펴 보셨으므로 나를 아시나이다 주께서 내가 앉고 일어섬을 아시고 멀리서도 나의 생각을 밝히 아시오며 나의 모든 길과 내가 눕는 것을 살펴 보셨으므로 나의 모든 행위를 익히 아시오니" (시 139:1-3)

기독교인의 결혼관結婚觀

"기독교는 결혼을 격하시키지 않으며 오히려 거룩하게 한다."
(디트리히 본 회퍼)

"결혼은 하나님의 위대한 선물이다." (리차드 포스터)

수도사였던 종교개혁자 마르틴 루터는 그때까지 수도사의 결혼을 금기시했던 교회의 엄격한 계율을 깨고 결혼하여 가정을 이루고 나서 다음과 같이 결혼을 찬미했습니다.

"오, 귀하신 주여, 결혼은…… 하나님의 선물이옵니다. 그것은 가장 감미롭고 값진 것이옵니다. 그렇습니다. 최고로 순전한 삶이옵니다."

창세기를 살펴보면 결혼은 인간의 창조와 함께 창조에 관한 중요한 사건으로 다뤄지고 있는 것을 알게 됩니다. 결혼은 인간의 타락 이전에 있었던 하나님의 큰 은혜요 복이었습니다. 그러므로 결혼은 신성한 것입니다. 창세기의 기사는 결혼의 연합이 부모자식 간의 연합보다 크다는 것을 분명히 깨닫게 해줍니다.

"이러므로 남자가 부모를 떠나 그의 아내와 연합하여 둘이 한 몸을 이룰지로다"(창 2:24)

예수님께서도 창세기의 이 구절을 언급하시며 결혼의 신성함과 중요성을 강조하셨습니다.

"이러한즉 이제 둘이 아니요 한 몸이니 그러므로 하나님이 짝지어 주신 것을 사람이 나누지 못할지니라"(마 19:6)

사도 바울도 역시 예수님과 그의 교회의 관계를 연합의 관계로 설명하면서 결혼의 중요성과 신성함을 영적으로 높은 차원에 두었습니다(엡 5:21-32).

"이러므로 사람이 부모를 떠나 그의 아내와 합하여 그 둘이 한 육체가 될지니 이 비밀이 크도다 나는 그리스도와 교회에 대하여 말하노라 그러나 너희도 각

각 자기의 아내 사랑하기를 자신 같이 하고 아내도 자기 남편을 존경하라"(엡 5:31-33)

그러므로 결혼은 성경으로 볼 때 위대한 소명입니다. 결혼을 일컬어 '사랑Agape의 계약'이라고 표현한 헬무트 틸리케Helmut Thielicke의 말은 참으로 적절한 것입니다.

결혼의 기초

그리스도인의 결혼의 기초는 무엇인가 살펴보는 것은 대단히 중요합니다. 대부분의 사람들은 결혼의 기초가 되는 것은 서로에게 낭만적 감정과 매력을 느끼는 것을 최우선으로 꼽습니다. 물론 그것은 결혼의 중요한 요소가 됩니다. 그러나 그것이 결혼의 기초가 될 수는 없습니다. 신약성경은 뜻밖에도 결혼에 있어서 낭만적 사랑과 매력은 언급조차 하고 있지 않습니다. 오늘날 결혼을 파국으로 몰고 가는 원인 중의 하나가 젊은 남녀가 단지 낭만적인 사랑이나 성적인 애정에 기초하여 결혼한다는 것입니다. 육체적 사랑인 에로스Eros는 하나님의 사랑인 아가페Agape에 복종되지 않기 때문에 에로스를 기초로 한 결혼은 결혼생활을 행복하게 영위할 수 없습니다. 에로스적인 사랑은 처음에는 불꽃같이 타오르지만 곧 꺼져버리고 맙니다. 그러므로 결혼생활에 끊임없이 다가오는 유혹, 시련, 권태 등을 이겨내지 못합니다.

만약 에로스가 결혼의 훌륭한 기초가 된다면 헐리웃의 섹시한 미남미녀 배우들의 결혼은 가장 이상적일 것입니다. 그러나 헐리웃의 배우들처럼 결혼에 실패하는 사람들도 드물 것입니다. 그들은 고작 몇 년, 혹은 몇 개월, 길어야 십 년을 넘기지 못하고 결혼을 파기하며 곧 서로 다른 에로스적인 파트너를 찾습니다. 헐리웃의 배우들 중 결혼을 끝까지 유지하는 경우는 지극히 드뭅니다.

그렇다면 온전한 결혼의 기초는 무엇일까요. 예수 그리스도 안에서의 결혼입니다. 그리스도의 뜻에 따른 결혼의 원칙은 우리들 자신과 다른 사람들의 행복을 위한 일이며 이 땅에 있는 하나님 나라 건설에 이바지하는 것이어야 합니다. 물론 여기에 낭만적 사랑과 성적 매력과 만족이 포함되어 있다는 점은 의심할 나위도 없습니다(고전 7장). 낭만적 사랑과 성적 희열은 하나님의 선하신 창조의 소산이므로 결혼에서 그러한 요소를 배제해서는 안 될 것이지만 결혼의 유일한 기초로 군림할 수는 없습니다.

그리스도인의 결혼관

그리스도인의 결혼관은 반드시 소명이라는 중대한 문제를 고려해야 하며, 이웃을 위하여, 신앙공동체의 행복을 위하여, 사회의 기여를 위하여, 그리고 무엇보다도 결혼함으로써 하나님 나라의 발전에 기여하게 될지 아니면 장애가 될지를 고려해야 합니다. 어떤 사람들의 경우 결혼과 함께 그때까지 신앙하던 그리스도를 떠나버리는 것을 종종 보게 됩니다. 그런 경우는 결혼이 소명이라는 것을 깊이 고려하지 않은 채 낭만적 사랑과 성적 매력에 끌렸거나 다른 그 어떤 조건만을 고려하고 배우자를 선택했기 때문입니다. 그리스도인의 결혼은 그리스도를 향한 믿음과 순종을 떠나서는 있을 수 없습니다. 결혼을 결정함에 있어서 반드시 고려해야 할 점은 이 결혼을 하게 됨으로써 예수 그리스도를 따르는 신앙에 보다 더 충실할 수 있는지, 그리스도의 나라 건설에 보다 깊이 이바지할 수 있는지에 대한 물음입니다.

어떤 신학생은 배우자를 선택할 때 학벌, 직업, 미모와 매력을 중심으로 결정했습니다. 그는 자기가 앞으로 목회를 할 것이라는 것을 숨기고 그 여성과 사귀며 계속 신학을 공부하고 졸업 후 목사가 되어 목회사역을 시작했습니다. 그러나 그의 아내는 시종일관 남편의 목회사역을 못마땅하게 여기며 늘 불평했기 때문에 그 부부는 목회하면서 늘 싸움만 했습니다. 그리고 마침내 이혼하고 말았습니다. 그런 경우는 결혼이 소명이라는 것을 전혀 고려하지 않았기 때문에 실패로 끝나고 말았을 뿐 아니라 당사자들과 자녀에게 씻을 수 없는 상처와 불행을 안겨주게 된 것입니다.

어떤 자매는 믿지 않는 남자를 소개받아 결혼을 전제로 사귀었는데 신앙생활을 묵인한다는 조건을 다짐받고 결혼했습니다. 그러나 결혼 후에 남편의 태도가 돌변하여 아내의 신앙생활을 미친 듯이 반대하기 시작했습니다. 견디다 못한 그 자매는 이혼까지 고려해 보았지만 결국 믿음을 포기하고 말았습니다. 이와 같은 일은 치명적 실수라고 보아야 마땅할 것입니다. 결혼이 소명이라는 결혼관을 가진 신자들은 이러한 치명적 실수를 저지르지 않습니다.

결혼의 계약적 특성

인생이란 그렇게 간단하게 포장된 채로 펼쳐지는 것이 아닙니다. 결혼의 잠재적 능력은 부부의 발전과 성숙과 행복(영적, 육신적)을 보장해 주기도 하지만 동시에 결혼으로 말미암아 인생이 끝없는 나락으로 떨어질 수도 있고 인생이 완전히 파멸당하는 극단적인 경우도 있습니다. 한 쌍의 남녀가 열렬히 사랑하는 요소는 무엇일까요. 감상적인 연애감정(로맨틱한 감정)과 성적 욕구일 것입니다. 그러나 그러한 요소들은 결혼과 함께 급속도로 사라지게 되어 있습니다. 뿐만 아니라 결혼생활은 감상적인 연애감정이나 성적 욕구만으로는 지탱할 수 없다는 것을 결혼을 해본 사람들은 다 아는 사실입니다(중요한 요소 중의 하나이기는 하지만).

결혼은 한 몸이 되는 실제를 가리키는 것이며, 한 몸이 되는 실제는 가난한 때나 부할 때나, 아플 때나 건강할 때나, 죽음이 둘을 갈라놓을 때까지의 영원한 계약의 성립을 말합니다. 계약이 성립되었으므로 낭만적인 사랑의 열정이 식어지고 성적 매력이 감소되더라도 결혼의 계약을 지켜야 하는 것입니다. 육체적 사랑Eros의 열정을 언제까지나 강렬하게 유지할 수 있는 사람은 아무도 없습니다. 겉만 번지르르하고 아름답고 윤택한 것이 육체적 사랑의 본질이기 때문입니다. 그러나 루이스C. S. Lewis가 "더 이상 사랑에 빠지지 않는 것이 곧 사랑하지 않는다는 것을 뜻하는 것은 아니다"라고 지적했듯이 때가 되면 하나님의 사랑Agape이 육체적 사랑Eros을 훈련하고 성숙하게 합니다. 곧 아가페 사랑은 육체적 사랑을 다시 타오르게 하고 무르익게 하고 성숙하게 하고 풍요롭게 하는 힘을 갖고 있습니다.

결혼의 계약을 지키기 위해서는 끊임없는 노력과 훈련이 요구됩니다. 결혼의 계약은 저절로 지켜지는 것이 아니며 자칫하면 서로에게 불성실하게 되고 계약을 위배하는 유혹에 빠질 때가 많기 때문입니다. 신자가 결혼생활에 주의를 기울여 성실하게 사는 자세는 하나님께 순종하는 행위입니다. 어떤 신자들은 결혼생활에 성실한 노력을 기울이는 것과 하나님께 순종하는 신앙행위를 별개로 여기거나 반대로 여기는 사람도 있으나 크게 잘못된 자세입니다(엡 5:22-33; 고전 7:1-5; 벧전 3:1-7).

오히려 결혼의 계약에 불성실한 것이 하나님께 불순종의 죄를 짓는 것입니다. 어떤 신자들은(신앙에 열심이 있다는) 보다 더 하나님께 충성하기 위하여 아내(남편)와 자녀들에게 대한 사랑과 관심을 등한히 하고 책임을 소홀히 하여 가족들에게 실망을 안겨주고 상처를 주는 경우도 종종 있습니다. 그러한 일로 인해서 겉으론 모범적인 신앙의 가정 같으나 속으로는 불만투성이의 불행한 가정들이 꽤 많이 있습니다. 주님께 충성하기 위하여 결혼의 계약을 위배할 정도라면 결혼을 하지 말았어야 합니다. 사도 바울은 주께 열심으로 충성하고자 하는 사람은 자기처럼 독신으로 지내라고 권하고 있습니다(고전 7:7,8). 그렇다고 결혼한 사람은 주께 충성하지 않고 결혼의 계약에만 충실하라는 차원의 뜻은 아닙니다. 결혼의 계약에 충실한 것도 주님께 충성하는 것에 포함된다는 뜻입니다. 신앙과 결혼은 별개가 아니라 하나입니다. 오히려 부부 혹은 가족이 합심하여 더 큰 열심과 충성을 주님께 바칠 수 있습니다. 혼자의 힘보다 둘 이상의 힘이 더 크다는 원리는 결혼의 계약과 신앙의 문제에도 적용이 되는 것입니다(전 4:9-12).

신자에게 있어서 결혼이 하나님의 소명이라는 것에 대하여 이미 언급한바 있지만 신자는 결혼이 하나님을 더욱 온전하고 충실하게 신앙하기 위한 것이어야 하며 신앙 안에서 결혼의 계약 또한 보다 더 충실하고 온전하게 지킴으로 결혼생활이 성숙하고 풍성하고 아름답도록 해야 하는 것입니다.

훈련과 노력

어떤 부부들(대부분의 부부들)은 결혼 전 교제할 때 낭만적 연애감정이 충만할 때는 서로에게 멋지고 교양 있고 매력 있게 보이기 위해서 무척 노력을 기울이던 것을 결혼과 함께 중단하는 것을 봅니다. 이제 결혼의 계약이 성립되었으니 더 이상 멋지고 교양 있고 매력 있게 보일 필요가 없다는 생각을 하게 된 것이지요. 그렇지 않아도 결혼하고 나면 낭만적 연애감정(로맨틱한 감정)이 급속도로 냉각되고 서로에 대한 신비한 감정이 사라지게 되는 데 서로에게 매력 있는 모습을 보이려고 신경을 쓰기는커녕 매력 없는 모습, 실망스런 모습을 보여주므로 서로에게 실망하고 결혼생활에 쉽게 흥미를 잃게 됩니다. 남편들은 퇴근과 함께 집으로 가기보다는 동료들과 함께 유흥업소 같은데서 시간을 보내게 되고 밖에서 보는 여자들에게 매력을 느끼게 됩니다.

부부는 결혼과 함께 서로에게 잘 보이려고 노력하는 일을 중단할 것이 아니라 오히려 더 노력해야 합니다. 물론 사람의 매력이라는 것이 외모만 잘 가꾸고 다듬는다고 해서 빛이 나는 것은 아닙니다. 사람의 내면이 아름답지 못하면 아무리 외모를 가꾸고 다듬어도 향기 없는 꽃과 같을 뿐 아니라 천박하기조차 합니다. 또한 각종 비싼 화장품과 장신구와 비싼 옷으로 치장한다고 해서 아름다움이 빛이 나는 것도 아닙니다. 성경은 아내들의 사치스럽고 고급스러운 단장을 금합니다(딤전 2:9; 벧전 3:3).

적당한 화장과 정갈하고 단정하고 누추하지 않은 옷차림으로 단장하고 있는 아내를 싫어할 남편들은 없을 것입니다. 무엇보다도 내면의 아름다움을 위해서 경건생활에 힘쓰고 현숙하고 슬기로운 아내가 된다면 그 아내는 결혼의 계약에 충실한 아내입니다. 남편 또한 아내 위에 무조건 군림하려고 하거나 반대로 아내가 하자는 대로 무조건 따르는 것이 아니라 아내를 존중하면서도 주관이 있고, 책임감이 있으며 아내를 이해하고 체휼하는 자상함이 있으며 남편의 권위가 있어야 합니다. 그것은 결혼의 질서를 위해서 필요합니다.

남편도 아내에게 남자다운 매력을 잃지 않기 위해서 노력을 기울여야 합니다. 억지로 꾸며진 남자다움이 아니라 삶과 인격에서 배어나온 남자다움, 적당한 운동으로 인한 건강한 몸, 규칙적인 생활, 절제된 행동, 몸의 청결, 부드러움과 강인함으로 훈련된 남자다움이야말로 결혼계약을 충실히 지키는 남편의 모습입니다. 결혼한 사람이나 결혼을 앞둔 사람, 결혼을 계획하고 있는 사람은 반드시 에베소서 5:22-33의 말씀을 늘 묵상해야 합니다.

가정폭력

성공적인 결혼, 행복한 결혼이라는 높은 봉우리에 올라선다는 것은 즐겁고 신나는 일입니다. 서로에게 만족하는 훌륭한 남편, 훌륭한 아내, 사랑스런 자녀들, 풍성한 삶, 보장된 장래…… 그러나 성공적인 결혼을 유지하는 부부는 그리 흔치 않습니다. 그렇다면 굳이 결혼이라는 계약을 할 필요가 없을 것입니다. 살다가 무슨 일이 생길지 모르기 때문에 '계약'이라는 것을 하게 되는 것입니다.

　결혼을 가장 비참하게 만드는 것이 가정폭력과 이혼일 것입니다. 남편으로부터 매 맞는 아내는 가정이라는 제도가 생긴 이래로 지금까지 계속 있어왔을 뿐 아니라 갈수록 더욱 심각해지고 있는 현상입니다. 남편에게 매 맞는 아내뿐 아니라 아내에게 매 맞는 남편, 심지어 남편에게 살해당하는 아내, 아내에게 살해당하는 남편, 아버지에게 살해당하는 자녀들, 어머니에게 살해당하는 자녀들, 자녀에게 살해당하는 부모들도 있습니다. 정말 끔찍한 가정폭력입니다.

　가정폭력은 가정을 황폐화시키며 즐겁고 평화로워야 하는 가정을 생지옥으로 만들고 폭력의 희생자가 되는 아내(혹은 남편)와 자녀들에게 지울 수 없는 상처와 고통을 안겨줍니다. 폭력은 어떤 폭력이든 악한 것이지만 가정폭력은 가장 악한 폭력입니다. 가정에서 폭력을 휘두르는 사람은 그가 남편이든 아내든(주로 남편이 가정폭력의 주인공이 많음) 결혼의 계약을 파기하는 죄를 짓는 것이며 결혼이 무엇인지도 모르는 무지한 사람입니다. 하나님은 폭력을 휘두르고 고통을 가하라고 남자의 갈빗대를 취하여 여자를 지으시고 남자와 한 몸이 되게 하신 것이 아니라 돕는 배필로써 부부가 되게 하신 것입니다.

아내에게 폭력을 휘두르는 것은 자신을 능욕하는 것과 같은 일입니다. 왜냐하면 부부는 하나로 연합된 존재이기 때문입니다. 남편에게 폭력과 폭언을 사용하는 것은 자신의 머리를 치는 것과 같습니다. 남편은 아내의 머리이기 때문입니다. 사도 바울은 남편이 자기 아내 사랑하기를 제 몸 같이 하라고 했으며 자기 아내를 사랑하는 것은 자기를 사랑하는 것이라고 했습니다(엡 5:28). 또한 아내들은 자기 남편을 섬기며 복종하기를 주께 하듯 하라(엡 5:22)고 했으며 그 이유는 그리스도께서 교회의 머리됨 같이 남편이 아내의 머리가 되기 때문이라고 했습니다(엡 5:23).

하나님께서 아브라함과 사라 부부를 복 주신 이유 중의 하나는 그들이 남편과 아내로서의 도리를 충실히 행한 것을 기억할 필요가 있습니다. 그들은 죽을 때까지 서로 사랑했으며, 사라는 남편을 주라 부르며 복종하고 섬겼으며(벧전 3:6), 아브라함은 사라를 지극히 사랑했고 그녀의 요청이라면 가능한 한 모두 들어주었습니다. 늙을 때까지 자식이 태어나지 않았어도 아브라함은 다른 여자에게서 아들 낳을 생각을 하지 않았고(고대 족장의 세계에서는 얼마든지 후처에게서 아들을 낳을 수 있는 풍속이 있었음에도), 사라의 강권에 못

이거 하갈에게서 이스마엘을 낳았으나 이스마엘로 인하여 사라와 하갈 사이에 불화가 일어나자 이삭과 사라를 위하여 하갈과 이스마엘을 내보내는 용단을 내렸습니다(창 21:9-14). 아브라함의 가정에서 폭력이 있었다는 것은 상상할 수가 없습니다.

아브라함만큼 아내를 사랑하고 존중했던 사람은 드물 것입니다. 아브라함한테서 이상적인 남편상과 아버지상을 보고 배운 이삭 또한 아내인 리브가를 지극히 사랑했으며 남편의 도리에 충실했고, 리브가 역시 이삭에게 훌륭하고 사랑스런 아내였으며 그들 가정에 여자문제로 리브가를 슬프게 한 일이 없었고 폭력은 더더구나 없었습니다. 우리는 하나님을 진실로 경외하는 가정에서 남편과 아내 사이에 폭력이 없었음을 알게 됩니다.

성경은 남편과 아내가 "생명의 은혜를 유업으로 함께 받을 자"(벧전 3:7)라고 말씀합니다. 이 세상뿐 아니라 내세의 영광에 함께 참여한다는 것입니다. 따라서 육체적으로 강한 남편은 상대적으로 약한 아내를 귀히 여기는 것이 당연하고 폭력을 휘둘러서는 안 되며 그래야 기도가 막히지 않을 것이라고 성경은 말씀하고 있습니다.

> "남편들아 이와 같이 지식을 따라 너희 아내와 동거하고 그를 더 연약한 그릇이요 또 생명의 은혜를 함께 이어받을 자로 알아 귀히 여기라 이는 너희 기도가 막히지 아니하게 하려 함이라" (벧전 3:7)

영적 정신적 폭력

폭력은 반드시 육체적 폭력만을 의미하지 않습니다. 정신적, 영적 폭력도 육체적 폭력 이상으로 심각한 문제가 있습니다. 육체적 폭력은 정신적 폭력을 동반하기도 하지만 육체적 폭력 없이 정신적 폭력만 가하는 사람들이 종종 있습니다. 남편이 아내의 결점이나 어떤 이유(교양, 지적 수준, 미모, 혼수문제, 과거의 남자문제, 섹스문제 등)로 스트레스를 지속적으로 주는 경우도 있고, 반대로 아내가 그와 같은 문제로 남편에게 스트레스를 줄 수도 있습니다. 그러한 정신적 스트레스로 인하여 행복하여야 할 결혼생활이 우울해지고 불행해질 뿐 아니라 결국엔 이혼까지 가는 경우도 종종 있습니다.

정신적 폭력도 육체적 폭력 못지않게 하나님 앞에 죄를 범하는 것이며 결혼의 계약을 지키지 않는 것입니다. 대개 배우자에게 정신적으로 스트레스를 주는 경우는 배우자의 결점만 볼 줄 알았지 자신의 결점을 보지 못하기 때문이며(마 7:2-5), 육신의 정욕과 안목의 정욕과 이생의 자랑(요일 2:16)에 사로잡혀있기 때문입니다. 부부간의 정신적 폭력은 서로의 입장을 헤아리며 끊임없는 말씀 묵상과 기도로 경건의 훈련에 정진할 때 극복해 나갈 수 있습니다.

영적 폭력 남편과 아내는 영적 수준이 차이가 나거나 서로의 신앙관이 다를 때 일어나기 쉽습니다. 부부의 영적 수준이나 열정이 비슷한 것이 바람직하지만 그렇지 못한 부부가 많습니다. 그럴 때 한쪽에서 상대의 영적 수준을 무시하거나 면박을 줄 수도 있고 신앙관이 다른 아내(혹은 남편)에게 상처 주는 말을 하게 됩니다. 그 결과 오히려 반발심이 생겨서 악화될 수가 있으므로 한쪽이 차이가 나거나 신앙관이 서로 다를지라도 상처 주지 말고 참을성 있게 서로의 영적 성장을 위해서 노력해야 합니다.

아마도 영적 폭력 중에 가장 어려운 문제는 한쪽이 이단적인 거짓 기독교에 빠졌거나 신비주의나 율법주의 경향이 있는 경우일 것입니다. 그런 경우에 남편(혹은 아내, 자녀)은 참으로 어려운 처지에 놓이게 됩니다. 함께 발을 맞추든지 아니면 반대하고 돌이켜 놓아야 하는 데 그것이 쉽지 않기 때문입니다. 그런 경우 혼자 힘으로 해결하려고 하기보다는 영적으로 성숙한 신앙의 선배나 동료들에게 도움을 구하고 본인 또한 바른 신앙에 대한 분별력을 키우도록 힘써야 합니다.

기독교인의 이혼관離婚觀

　현대인의 결혼에 관한 특징 중의 하나는 쉽게 이혼하는 일입니다. 그것은 기독교인들도 예외가 아닙니다. 불신자들은 말할 것도 없거니와 믿는 자들의 이혼도 급증하고 있습니다. 이혼을 쉽게 생각하고 쉽게 결정하고 있습니다. 결혼생활 중에 엄청난 어둠의 골짜기를 만나면 신앙인들은 어떻게 해야 할까요. 이에 대한 해답은 그리 간단하지 않습니다. 예수님 당시에도 이혼은 중요한 관심사였습니다. 이혼에 관한 문제 역시 예수님께로부터 해답을 얻는 것이 가장 바람직할 것입니다.

　구약의 히브리 사회에서 이혼은 일상적인 것이었으며 따라서 모세도 이혼에 관하여 합법적인 지침들을 제시했습니다(신 24:1-4). 그러나 모세의 지침들은 당시 이혼을 떡먹듯이 하는 악습으로 인한 궁여지책이었지 근본적인 해결책이 못되었음을 예수님은 말씀하셨습니다(마 19:1-8).

모세가 이혼에 관한 지침을 제시한 이유

예수님 당시에는 랍비 힐렐Hillel이 주도하는 힐렐 학파가 있었는데 그들은 남자가 어떤 이유로든 아내와 이혼해도 좋다고 주장했습니다. 아내가 아침에 빵을 태웠다거나 자기를 더 기쁘게 해주는 다른 여자를 만나게 됐을 경우에도 힐렐 학파에 따르면 충분한 이혼사유가 되었던 것이지요. 그러나 랍비 샴마이Shammai로 대표하는 샴마이 학파에서는 아내와 이혼할 수 있는 유일한 이유는 아내의 부정(간음) 외에는 없었습니다. 당시의 사회에서 이혼은 남성만의 전유물이었고 남자는 어떤 부정을 행하거나 잘못하는 일이 있어도 아내로부터 결코 이혼 당할 사유가 되지 못했습니다.

바리새인들은 이 두 학파의 이혼에 관한 상반된 주장을 의식하면서 예수님을 논쟁에 빠뜨리려는 의도로 물었습니다.

"사람이 어떤 이유가 있으면 그 아내를 버리는 것이 옳으니이까" (마 19:3)

이 질문에 대한 힐렐 학파의 대답은 "Yes"였고, 샴마이 학파의 대답은 "No"였습니다. 예수님은 어느 쪽이었을까요. 바리새인들은 그점을 노렸던 것이지요. 그러나 예수님은 어느 쪽도 지지하지 않으시고 처음으로 돌아가 하나님의 뜻이 무엇인지를 상기시켰습니다.

> "사람을 지으신 이가 본래 그들을 남자와 여자로 지으시고 말씀하시기를 그러
> 므로 사람이 그 부모를 떠나서 아내에게 합하여 그 둘이 한 몸이 될지니라 하
> 신 것을 읽지 못하였느냐 그런즉 이제 둘이 아니요 한 몸이니 그러므로 하나
> 님이 짝지어 주신 것을 사람이 나누지 못할지니라" (마 19:4-6)

결혼에 대한 하나님의 뜻은 영원한 한 몸의 실재가 되는 데 있음
을 상기시켰습니다. 바리새인들은 언제나 그랬듯 물러서지 않고
다시 물었습니다.

> "어찌하여 모세는 이혼증서를 주어서 버리라 명하였나이까" (마 19:7)

이에 대한 예수님의 답변에 주목하기 바랍니다.

> "모세가 너희 마음의 완악함 때문에 아내 버림을 허락하였거니와 본래는 그렇
> 지 아니하니라" (마 19:8)

예수님께서는 모세가 완악한 남자들로부터 여성들이 보호받도
록 하기 위해서 이혼을 허락했다는 점을 상기시켰습니다. 포악한
남편들로부터 허구한 날 매를 맞고 사느니 차라리 이혼당하는 편
이 낫다는 말씀입니다. 그러나 그럴지라도 본래 하나님의 뜻은 이
혼이 아니라는 것입니다.

이혼에 관한 예수님의 견해

예수님께서는 모세가 연약한 여성을 완악한 남편들로부터 보호하기 위해서 이혼증서제도를 만들었던 이유와 동일한 이유로 당시의 이혼관행을 반대하셨습니다. 당시의 여성들은 악하고 파괴적인 관행으로 인하여 무방비 상태로 당하고만 있었습니다. 현대의 페미니스트들이 알면 대단히 분노할 일입니다.

예수님 당시에(그 이전 구약시대에도) 남자들의 학대와 횡포 때문에 여자들이 당해야 했던 상처는 엄청난 것이었습니다. 이혼에 해당하는 용어는 정확하게 문자적 의미로 '내어버리다'라는 뜻이며, 여자들은 아주 간략한 절차로 법정이나 회당에 갈 것도 없이 버려질 수 있었습니다. 단지 증인만 있으면 되었지만 그 증인조차도 남편의 증인이면 되었습니다. 그리고 이혼증서 한 장만 여자에게 주면 이혼이 결정되었는데 그 증서에는 이러이러한 이유로 이혼 당했다는 이유가 씌어 있었습니다(빵을 잘 태운다거나 남편을 기쁘게 해주지 못한다는 따위).

남편에게 이혼당하여 거리로 쫓겨난 여인이 살 수 있는 방법은 단 하나밖에 없었습니다. 그것은 자기 몸을 파는 일밖에 없었습니다. 예수님 당시 창녀가 판을 치게 된 원인은 그 때문이었습니다. 아마도 막달라 마리아나 예수님의 머리에 향유를 붓고 눈물로 발을 적시고 머리털로 발을 닦아드린 죄 많은 여인도 이혼녀인지 모릅니다.

예수님의 이혼관이 샴마이 학파의 입장을 지지하는 듯싶지만(아내의 간음 외에는 이혼불가라는) 그것(간음)이 이혼을 가능케 하는 유일한 기준임을 의미하는 것은 아니며, 예수님의 이혼관은 1세기경의 유대 땅의 사회정황에서 인간관계에 관한 깊은 통찰로 인한 교훈의 핵심에 있습니다. 예수님은 페미니스트는 아니셨지만 남자나 여자를 동등한 권리를 가진 인간으로 보셨고 여자들이 당하는 부당한 처사에 분노하시며 탄식하신 것입니다.

예수님은 어떠한 경우에도 이혼을 정당하게 여기지 않으셨습니다. "누구든지 음행한 이유 외에 아내를 버리고 다른데 장가 드는 자는 간음함이니라"(마 19:9)는 말씀은 아내가 간음하면 이혼이 타당하다는 뜻으로 하신 말씀이 아니라, 당시의 사회에서 간음한 아내와 계속 결혼생활을 지속할 남자들이 없었으므로(사소한 문제라도 이혼사유가 되었으므로) 그 외의 이유로는 이혼을 방지하기 위해서, 가능하면 이혼으로 피해를 당하는 여자들이 없도록 하기 위해서 하신 말씀입니다. 즉 "아내가 간음한 경우라면 어쩔 수 없지만 그 외에 어떠한 이유로도 아내에게 이혼장을 써주어서 버리는 일은 있을 수 없는 일이다"라는 말씀입니다.

이처럼 예수님은 당시의 여자들을 남자들의 횡포와 이혼의 악습으로부터 보호하시기 위한 차원에서 이혼에 관한 견해를 말씀하셨습니다.

그럼에도 불구하고

하나님께서 남자와 여자를 창조하셨으며 함께 살도록 결혼하게 하셨고 한 몸 되게 하셨습니다. 남자와 여자는 피차에 배필이며 그것도 일생동안 함께하는 영원한 배필입니다. 이에 못 미치는 결혼은 어떠한 것도 하나님의 뜻을 거스르는 일입니다.

성경이 이혼에 대하여 쉽게 동의하지 않는다 할지라도 어쩔 수 없이 이혼할 수밖에 없는 상황에 처한 부부들은 상당히 많습니다. 이혼은 가슴을 도려내는 아픔과 같은 것입니다. 이혼은 한 몸을 둘로 잘라내는 것입니다. 이혼이 고통을 동반하는 것은 하나가 된 상태에서 둘로 갈라놓기 때문입니다. 수술을 하고도 살아날 수는 있지만 수술의 고통과 후유증은 결코 견디기 쉬운 것이 아니듯이 이혼의 고통과 후유증은 결코 쉽게 아물지 않습니다.

그러므로 신자들은 가능한 모든 방법과 수단을 동원하여 이혼까지는 가지 않도록 결혼생활을 유지해 보려고 노력한 후에 최종적 해결책으로 이혼을 생각해야 합니다. 이혼은 단지 결혼생활이 어려움에 봉착했다든지 아니면 다른 사람과 사랑에 빠졌다든지 하는 이유로 결정해야 할 일은 아닙니다. 그리스도인의 결혼은 한 몸으로의 연합이며 부부는 유기체이기 때문입니다. 그러므로 이혼은 다른 선택의 여지가 아무것도 없을 때 최후의 선택으로 한 몸을 둘로 나누는 결정을 해야 하는 것입니다. 이혼은 결코 성급하게 서두르지 말아야 하며 감정이 격해진 상태에서 하지 말아야 합니다. 먼저 주님의 뜻을 물으며 성경에서 해답을 찾도록 해야 합니다. 결혼은 쉽게 포기하거나 파괴해서는 안 됩니다. 성경은 서로 사랑하고 용서해야 한다는 말로 가득 채워져 있습니다. 따라서 사랑하고 용서한다면 결혼생활을 지속할 수 있습니다. 하나님께서는 우리의 결혼생활이 성공적이기를 열렬히 바라고 계십니다.

그러나 우리는 죄로 타락한 악한 세상에 살고 있기 때문에 온갖 참음과 노력에도 불구하고 결혼생활이 사망의 음침한 골짜기로 곤두박질 칠 때를 만날 수 있습니다. 모든 수단을 다 강구해 보았고, 치료할 수 있다는 모든 방법을 다 동원해 보았으며 결혼을 유지해 보려고 안 해본 일이 없이 다 해보았습니다. 그런데도 결혼을 더 이상 유지할 수 없는 절망과 고통의 늪에서 헤어나지 못하는 결혼생활이 있습니다.

그러한 경우라면 하나님께서도 더 이상 결혼을 유지하라고 강요하시지 않습니다. 하나님의 사랑의 법(아가페)은 이혼할 것을 명하십니다. 이혼만이 고통을 멈출 수 있고 해결책이 된다면 더 이상 불행해지는 것을 막을 수 있는 길이라면 성경은 이혼을 금하지 않습니다. 물론 신자들은 어떤 경우에라도 이혼을 고려할 때에는 기도를 통하여 하나님을 변호사와 재판관으로 삼아 사랑의 법에 어긋남이 없도록 해야 할 것입니다. 결혼생활을 계속해야 하는 것이 이혼하는 것보다 현저히 파괴적이라는 판단이 분명해지면 그때는 결혼생활에 종지부를 찍어야 합니다.

고통을 최소화하는 이혼

최종적으로 도저히 견딜 수 없는 상황이어서 근본적인 해결책으로 이혼을 하게 되더라도 예수님께서 말씀하신 바처럼 '내어버리는' 이혼이 되어서는 안 됩니다. 둘로 갈라지기는 했지만 한 몸이었던 사람입니다. 한 몸이었던 사람을 내어버리듯, 칼로 도려내듯, 더러운 것 떨쳐버리듯 할 수는 없습니다. 그것은 하나님의 사랑의 법에 어긋나는 일입니다. 자녀문제를 비롯, 재산문제, 앞으로 살아갈 문제에 대한 배려가 있어야 합니다. 남남처럼 자기 몫만 챙기기에 급급하여 상대에 대한 배려를 하지 않는다면 그것 때문에 이혼 후에도 원수처럼 생각하고 치를 떤다면 불행한 일입니다. 적절한 재산분배를 통하여 살아갈 방도를 만들어주어야 하며 그렇게 하므로 서로 빈궁에 처하지 않도록 해야 합니다. 자녀문제도 충분히 상의하고 배려할 뿐 아니라 자녀입장도 고려해야 합니다. 가능한 한 성심을 다하여 이혼의 고통을 줄이도록 서로 노력해야 합니다.

종종 이혼 후에 너무 성급하게 이혼한 것이 아닌가 깊이 회의하는 사람도 있습니다. "내가 조금만 참았더라면, 한 번만 더 노력했더라면……" 이런 회의를 하게 되는 것은 이혼이 결코 행복하지 않기 때문입니다. 이혼하면 만사 해결될 것 같았지만 외로움, 고독, 막막함, 두려움, 생활의 위협 등이 엄습하기 때문입니다. 또 떨어져 있어보니 자신이 충분히 참고 견딜 수 있는 문제인데도 너무 자기중심적이고 상대방을 이해하려는 마음이 부족했었다는 깨달음이 있을 수 있습니다. 이러한 아쉬움과 회의가 남는 이혼이 되지 않기 위해서는 이혼 전에 합의상 별거의 기간을 가져보는 것이 바람직할 것입니다. 서로 떨어져 있다 보면 좀 더 냉정하게 생각하게 되고 자신에 대한 성찰도 하게 될 기회가 있게 됩니다. 서로에 대한 장점도 발견하게 되고 그리움도 싹틀 수 있습니다.

별거 후에 다시 정상적인 결혼생활을 지속하는 부부도 종종 있습니다. 그러므로 이혼은 별거를 포함한 모든 은총의 수단과 방법을 다 써본 후 그래도 결혼생활이 불가능하게 여겨질 때 최종적인 해결책으로서 결정해야 합니다. 그만큼 이혼은 신중해야 합니다. 결혼이 신중해야 하듯 이혼 또한 신중해야 하며 결혼보다 훨씬 신중해야 합니다. 왜냐하면 한 몸을 둘로 갈라놓는 수술이기 때문입니다. 그리스도인이든 비 그리스도인이든 결혼도 이혼도 너무 쉽게 결정하는 세상입니다. 그리스도인은 결혼과 이혼에 대하여 세상 풍조를 따르는 사람이 아니라 하나님의 지침을 따르는 사람임을 잊지 말아야 합니다.

기독교인의 재혼관 再婚觀

재혼을 알선해주는 재혼상담소가 성업을 이룰 정도로 한 번 이상의 결혼과 이혼경력이 있는 남녀가 재혼을 하는 일이 초혼만큼이나 보편화되어 가고 있는 시대인 만큼 건전한 재혼관에 대한 인식이 필요합니다.

재혼의 조건

최근 어느 통계조사에 의하면 재혼을 원하는 사람들이 배우자 될 사람에게 원하는 조건으로 경제력, 직업, 용모, 성품을 꼽고 딸린 자녀(특히 아들)가 없어야 한다는 것을 꼽았습니다. 그 통계는 기독교인들을 상대로 한 것이 아니기는 했지만 그 안에는 기독교인이 상당히 포함되었을 것입니다.

통계에 나타난 것을 보면 재혼 희망자들의 원하는 조건들이 대부분 외적인 조건임을 알 수 있습니다. 외적인 조건은 언제든지 변할 수 있는 것이기 때문에 결코 외적인 조건이 맞는다고 선뜻 재혼을 결심할 수는 없는 일입니다. 성경은 그리스도인의 재혼에 대해서도 결혼과 이혼 못지않게 신중할 것을 가르치고 있습니다.

그리스도인의 재혼관

재혼에 있어서 가장 중요한 것은 사람을 존중할 수 있는 사람인가를 따져봐야 합니다. 아무리 경제력이 있고 용모가 마음에 들고 직업이 안정되고 딸린 자녀가 없어도 사람을 존중할 줄 모르는 사람은 재혼상대로서 적합하지 않습니다. 사람을 존중할 줄 모르는 사람은 결혼도 존중할 줄 모릅니다. 재혼을 희망하는 사람 가운데는 사별이나 기타 이유보다는 이혼한 전력이 있는 사람들이 더욱 많습니다. 이혼한 사람들 중에는 이혼의 원인이 누구에게 있었든지 결혼에 실패한 경험이 있습니다. 이혼의 경험을 가진 사람, 기타 다른 이유로 가정이 깨진 사람은 피해자의 입장이냐 가해자의 입장이냐에 따라 상처받은 마음을 가지고 있고, 결혼을 존중하지 않고 배우자를 존중하는 마음이 결핍되어 있습니다.

겉으로는 재혼상대로서 훌륭한 조건을 갖추고 있다하더라도 상처받은 마음을 가지고 있거나 결혼을 존중하고 배우자를 존중하는 마음이 결핍되어 있다면 성공적인 재혼이 되기 어렵습니다. 경우에 따라서는 초혼의 실패가 재혼의 실패로 이어질 수도 있습니다. 재혼상대로서 가장 훌륭한 조건을 갖춘 사람은 상대방의 상처를 이해하고 어루만져 줄 수 있는 사람, 사람을 존중할 줄 알고 결혼을 존중하는 사람이어야 합니다. 물론 그런 사람은 성실한 사람이기도 할 것이므로 결혼생활을 유지하기 어려울 정도로 경제적으로 궁핍하지도 않을 것입니다. 다소 궁핍하더라도 그런 사람이라면 둘이 힘을 합하여 어려움을 이겨나가며 훌륭한 가정을 꾸려나갈 수 있을 것입니다.

사도 바울은 신자가 재혼할 경우 주(예수 그리스도) 안에서만 하라고 말하고 있습니다(고전 7:39). 믿음 안에서 기도하고 믿음을 가진 사람과 재혼하라는 뜻입니다. 외적인 조건이 좋다고 믿음 없는 사람과 결혼할 경우 신앙문제로 야기되는 트러블을 비롯해서 재혼으로 인해서 당면한 실제적인 문제들을 바르고 지혜롭게 극복하기 어렵기 때문입니다. 성경은 초혼이든 재혼이든 일단 주 안에서 즉 같은 믿음을 가진 사람과 결혼할 것을 강조하고 있습니다. 실제로 불신자와 결혼하여 믿음을 포기한 사람들이 너무나 많습니다. 그런 경우는 초혼이든 재혼이든 결혼 안한 것보다 못하며 차라리 혼자 독신생활을 하는 편이 낫습니다.

"아내가 그 남편이 살아 있는 동안에 매여 있다가 남편이 죽으면 자유로워 자기 뜻대로 시집 갈 것이나 주 안에서만 할 것이니라 그러나 내 뜻에는 그냥 지

내는 것이 더욱 복이 있으리로다" (고전 7:크ㅁ,ㄲㅁ)

재혼의 실제적 문제

재혼 시 봉착하게 되는 실제적인 문제는 참으로 많이 있으나 가장 중요한 것은 첫 번 결혼의 실패에 대한 상처와 감정적 고통을 서로 어떻게 감싸주어야 할 것인가 하는 것입니다. 그러므로 재혼은 초혼보다 훨씬 복잡하고 어렵습니다. 상대방의 상처와 감정적 고통을 감싸주지 못하고 오히려 상처를 건드리고 트집을 잡는다면 그 재혼은 불행한 재혼입니다. 그런 사람은 재혼을 하지 말아야 합니다.

결혼이 실패하는 데에는 여러 가지 원인이 있으며 한쪽의 실패라고 보기 어렵고 어느 한쪽만 책임을 질 수 없을 정도로 복잡합니다. 설령 한편의 실책이 이혼의 결정적 요인이 되었다하더라도 둘 다 치료되어야 할 상처가 있을 것입니다. 이처럼 재혼 상대자의 상처를 끌어안고 어루만져주고 함께 치료해 나갈 본질적인 접근에 대한 의욕과 의지가 없이, 단지 혼자 사는 것이 외로워서, 혼자 사는 것이 힘들어서, 외적인 조건이 훌륭해서 재혼을 하려고한다면 현명한 일이 못 됩니다.

많은 경우에 건전한 신앙적 사고를 가진 신자들과의 교제와 사려 깊은 목회자와의 상담은 결혼, 이혼, 재혼에 대하여 훌륭한 조언을 들을 수 있을 것이며 도움이 될 것입니다. 좋은 책들도 도움이 될 것입니다. 무엇보다 본인 자신이 말씀에 비추어 자신을 성찰하며 진지한 신앙인으로 살고자 하는 자세가 중요합니다. 세속의 결혼과 이혼과 재혼에 관한 풍조를 맹목적으로 따라가는 일은 현명하지 못합니다.

기독교인의 섹스관

"기독교 역사상 참으로 비극적인 현상 가운데 하나는 성과 영성이 나누어진 것이다. 이 점은 성경이 인간의 성에 관하여 그토록 커다란 축복으로 보고 있기에 더욱 비극적인 현상이다"(리차드 포스터)

"성은 영성의 적이 아니고 친구이다"(도날드 괴르겐)

남성과 여성(창세기에 나타난 성)

창세기 1장에는 인간의 성에 관한 위대한 언급을 찾아볼 수 있습니다. 하나님은 남자를 지으신 후 독처하는 것을 좋지 않게 보시고 남자의 갈빗대를 취하셔서 여자를 지으신 후 그들을 함께 거하도록 이끄셨으며 둘이 한 몸이 되게 하셨습니다. 그들은 벌거벗었으나 부끄러워하지 않았습니다(창 2:18-25).

하나님께서 창조하신 우주만물은 선한 것이며 하나님 보시기에 매우 좋았습니다(창 1:31). 그러므로 이 세상의 물질은 선한 것이며 경멸해야 하는 것이 아닙니다. 영적인 것은 선하고 물질적인 것은 악하다는 개념은 이교사상에서 온 것이지 성경의 사상이 아닙니다.

그중에서 인간(남성과 여성)의 창조는 하나님의 창조행위의 절정입니다. 또한 다른 모든 피조물들의 창조와는 다른 차원입니다. 곧 인간(남성과 여성)은 하나님의 형상대로 창조하신 특별한 존재입니다(창 1:27). 그러므로 인간의 성적 특징은 하나님의 형상을 따른 창조와 밀접하게 연관되어 있습니다. 현대인들의 성적 방종과 성적 타락을 불러온 성에 대한 온갖 잘못된 개념은 인간의 성이 하나님의 창조와 밀접하게 연결되어 있음을 모르는 무지에서 비롯됩니다.

상호의존성

하나님께서는 하와를 지으실 때 아담의 갈비뼈를 사용하심으로써 그들을 상호의존성의 관계로 지으셨습니다. 그 둘은 서로 얽혔고, 의존하는 상태로 있고, 서로 교착되어 있습니다. 아담은 그 사람을 "이는 내 뼈 중의 뼈요 살 중의 살이라"(창 2:23)는 말로 시인하였습니다. 따라서 그들에게는 지독한 경쟁의식, 남성 지배의식, 여성의 독립적 자율성을 가질 필요가 없었습니다. 인간이 그런 것들을 가지게 된 것은 원래의 창조상태에서 타락했기 때문입니다. "아담과 그의 아내 두 사람이 벌거벗었으나 부끄러워하지 아니하니라"(창 2:25)고 했습니다. 두 사람의 성(sex)이 그 둘을 통합하여 온전히 하나로 연합되었기에 그들에게 부끄러움이란 없었습니다. 부끄러움을 느낀다는 것은 서로 이질감을 느끼기 때문입니다.

"벌거벗었으나 부끄럽지 않다"는 진술은 굉장한 의미가 있는 말입니다. 타락하기 전의 남자와 여자(남편과 아내)는 벌거벗었으나 서로 부끄러워하지 않았습니다. 그만큼 둘은 순수했고 온전한 일체감 속에 있었습니다. 그들은 하나님의 선물인 성(sex)을 전혀 죄악시하지 않았습니다. 남자와 여자가 성을 부끄럽게 여긴 것은 타락 후부터였습니다. 성을 죄악시하기 시작했다는 것입니다. 또한 그것은 그들의 온전한 일체감이 깨어졌다는 의미이며 서로에게 이질감을 느꼈기 때문입니다(창 3:7).

그 후로 인간의 타락의 독소는 인간뿐 아니라 만물을 처음 창조의 완벽한 상태에서 변질되게 했으며 하나님과 아담과 하와 사이의 관계를 단절시켰고, 결혼 관계마저 변질시켜 놓았습니다(창 3: 14-19).

"남편은 너를 다스릴 것이니라" (창 3:16)

하나님의 이 저주의 말씀은 타락하기 전의 남편과 아내 관계와는 너무나 다른 말씀이었습니다. 그 후 인류의 역사는 현재에 이르기까지 남성에 의한 여성의 지배와 이에 반발하는 여성에 관한 사건들로 가득하게 되었고, 왜곡된 성 의식으로 인하여 성을 죄악시하고 금기시 하면서도 남자와 여자는 인격의 일체감 없는 성의 쾌락을 추구하고, 여성을 남성의 성적 쾌락의 도구로, 혹은 남성을 여성의 성적 쾌락의 도구로 대하는 온갖 비인간적인 범죄와 비극을 유발해 왔습니다.

성의 축복(아가서에 나타난 성)

창세기가 남자와 여자(남편과 아내)가 성적인 존재로 지음 받은 것을 인정하고 있다면 아가서는 그 점에 대한 해석이라고 할 수 있습니다. 아가서는 남편과 아내의 성의 아름다움을 아낌없이 찬미한 내용입니다. 물론 그 이면은 예수 그리스도와 신자(교회)와의 영적 사랑에 대한 찬미이기도 합니다.

아가서에 묘사된 성(sex)은 너무나도 강렬하지만 음탕하지도, 난잡하지도, 탐욕스럽지도 않은 순수함과 절제된 아름다움으로 충만합니다. 아가서에는 성의 강렬함과 절제라는 아름다운 조화가 있습니다. 물론 아가서의 성의 강렬함과 아름다움과 정절에 대한 찬미는 남편과 아내의 성, 진심으로 사랑의 일체를 이룬 남녀간의 성을 말하는 것이지 불륜의 성을 찬미하는 것이 아닙니다. 성경은 불륜의 성은 이유를 불문하고 단호하게 배격하고 정죄합니다.

아가서에 묘사된 성은 성숙한 성입니다. 아가서의 어느 곳에서도 남자는 적극적 혹은 지배적이고, 여자는 수동적이라는 진부한 표현을 찾을 수 없습니다. 남녀는 서로가 주체적이요, 서로가 수동적이기도 합니다. 서로가 동등합니다. 마치 타락 이전의 아담과 하와의 성을 연상케 합니다. 예수 그리스도 안에서 하나님의 은혜로 온전히 회복된 성에 대한 축복이 아가서에 묘사되어 있습니다. 여자는 남자(남편)에 대하여 사랑과 정열을 표현하는 데 있어서 부끄러움이 전혀 없으며 적극적이고 공개적입니다.

> "나의 사랑하는 자는 내 품 가운데 몰약 향주머니요, 내 사랑하는 자는 노루와도 같고 어린 사슴과도 같다" (아 1:13; 2:9)

> "너는 나를 도장 같이 마음이 품고 도장 같이 팔에 두라 사랑은 죽음 같이 강하고 질투는 스올 같이 잔인하며 불길 같이 일어나니 그 기세가 여호와의 불과 같으니라 많은 물도 이 사랑을 끄지 못하겠고 홍수라도 삼키지 못하나니 사람이 그의 온 가산을 다 주고 사랑과 바꾸려할지라도 오히려 멸시를 받으리라" (아 8:6,7)

예수님의 가르침에 나타난 성

예수님은 성에 대하여 부정적이셨을까요? 아닙니다. 예수님은 성에 대하여 긍정적이었습니다. 예수님은 우선 부당한 성을 단호하게 경계하셨습니다.

"나는 너희에게 이르노니 음욕을 품고 여자를 보는 자마다 마음에 이미 간음하였느니라" (마 5:28)

예수님께서는 성에 관하여 높은 기준을 가지고 계셨으므로 그릇된 성을 정죄하신 것입니다. 부당한 음욕은 하나님의 창조의 의도에 벗어나고 순결하고 아름다운 성이 아닌 추하고 값싼 성으로 전락시키기 때문입니다. 예수께서 부당한 성을 정죄하신 것은 정당한 성(부부간의)을 보호하기 위함이었습니다. 그래서 예수님은 결혼에 대해서 높은 기준을 가지고 계셨으며 결혼에 대하여 교훈하실 때 창세기 기사를 인용하신 것입니다. 예수님께서 창세기 기사를 인용하셨다는 것은 부부간의 성을 아름답게 여기셨다는 증거입니다.

"그런즉 이제 둘이 아니요 한 몸이니 그러므로 하나님이 짝지어 주신 것을 사람이 나누지 못할지니라" (마 19:6)

여기서 예수님께서 언급하신 '한 몸'이라는 표현에는 성을 내포하고 있음을 기억해야 합니다.

오랫동안 섹스에 대한 이야기는 기독교에서 금기시되어 왔고, 섹스는 더럽고 추한 것으로 여겨왔으며, 섹스는 단지 생식수단으로밖에 여기지 않던 시대가 있었습니다. 그러면서도 그 배후에서는 섹스에 대한 은밀한 범죄가 수없이 자행되어지고 있었습니다. 그것은 성경의 가르침의 오해로 말미암은 불행이었습니다. 성경은 성의 오용과 남용을 정죄했을 뿐 성 자체를 부정적으로 언급한 적이 한 번도 없을 뿐 아니라 오히려 부부간의 정당한 성을 찬미하고 있음을 창세기와 아가서를 통해서 확인할 수 있습니다.

예수님께서도 창세기를 인용하시므로 남녀의 성(부부의 성)을 보증하시면서 부부간의 성을 위협하는 부정한 성을 정죄하시고 경계하셨습니다.

사도 바울의 섹스관

사도 바울 역시 남녀의 결혼을 그리스도와 교회 사이의 언약과 사랑의 관계로 비유하면서 찬양하였습니다(엡 5:31–33). 물론 사도 바울은 남녀의 독신생활에 대해서도 그 장점에 대하여 열심히 대변하였습니다(고전 1장). 그러나 한편으로는 결혼을 권장했으며 특히 부부 상호간의 성적인 의무를 이행할 것을 권면했습니다.

"남편은 그 아내에 대한 의무를 다하고 아내도 그 남편에게 그렇게 할지라 아내는 자기 몸을 주장하지 못하고 오직 그 남편이 하며 남편도 그와 같이 자기 몸을 주장하지 못하고 오직 그 아내가 하나니 서로 분방하지 말라 다만 기도 할 틈을 얻기 위하여 합의상 얼마 동안은 하되 다시 합하라 이는 너희가 절제 못함으로 말미암아 사탄이 너희를 시험하지 못하게 하려 함이라" (고전 7:3-5)

사도 바울은 아주 구체적으로 부부의 성적 의무이행에 대하여 강조했습니다. 그것은 창세기의 기사에 기초한 것으로써 부부는 성에 대하여 상호동등한 권리와 의무가 있으므로 피차 지배(주장)하고 지배받아야 한다고 가르치고 있습니다. 한쪽의 일방적인 강요나 기피, 무성의, 수동적이 되는 것을 경계하고 있습니다. 만약에 기도에 전념하기 위하여 특별한 기간 불가피하게 상대방에 대한 성적 의무이행을 못하게 된다면 그것도 일방적으로 결정하지 말고 상호 의논한 후에 합의상 그렇게 하라고 가르치고 있습니다. 또한 부부간의 성적 의무이행에 공백 기간이 생긴다면 사단으로 말미암아 시험에 들 수 있음을 경계했습니다. 그 만큼 사도 바울은 결혼생활에 있어서 섹스가 차지하는 비중을 크게 두고 있음을 알 수 있습니다.

"결혼에 있어서 섹스는 중요하지 않다. 믿음만 있으면 된다. 그리스도인들은 섹스를 초월해야 한다. 섹스는 영적 생활의 적이다. 그리스도인들은 가능한 한 부부간에 섹스를 삼가야 한다." 이런 말을 하는 목회자나 신자가 있다면 기독교신앙을 모르는 것이며 그들은 섹스를 부정적으로 생각하는 비성경적인 사고방식을 가진 자들입니다. 그런 사람들의 결혼은 결코 행복하지 못합니다. 또한 부부간의 섹스가 있은 후에 죄책감을 느끼게 되거나 섹스를 단순히 상대에 대한 의무감이나 혹은 생식수단으로 여기거나 무성의한 태도로 임하는 것도 성경의 가르침과 위배되는 태도입니다.

대부분 사이비기독교의 특징 중의 하나가 부부의 섹스를 부정적으로 여겨 분방하게 한다든지, 아니면 성도덕이 극도로 문란한 점입니다. 진실로 믿음이 깊은 사람은 섹스를 선물로 주신 하나님께 감사드리며 결혼생활을 섹스로 인하여 윤택하게 가꾸어나가는 사람입니다. 그런 사람은 섹스로 말미암아 하나님께 찬미와 감사 기도를 드릴 것입니다. 결혼생활에 있어서 섹스는 영적 방해물이 아니라 오히려 풍성함을 제공해줍니다. 성과 영성은 하나님 나라에서의 삶에 조화를 이루게 합니다.

어거스틴의 섹스관

사도시대 이후부터 기독교 안에는 성에 관하여 두 개의 중요한 가르침이 생겨나기 시작했습니다. 첫째로 육체적 쾌락은 악하다는 것이요, 둘째로 성관계는 종족보존을 위한 것으로만 제한되어야 할 것이라는 가르침이었습니다. 성적인 쾌락은 신령한 생활의적으로 가르쳐왔습니다. 이상의 가르침을 교회의 중요한 가르침으로 만든 사람이 성 어거스틴이었습니다. 그 이유는 자신의 젊은 날에 있었던 성적 방종이 회심 후에는 섹스에 대해서 그토록 부정적인 태도를 갖게 했던 것으로 보입니다. 그는 「신의 도성」(The City Of God)에서 "모든 성관계에 따르는 수치심"에 대해서 적고 있습니다. 어거스틴은 심지어 결혼생활에서조차 아이를 갖기 위한 목적이 아닌 성관계를 죄로 여겼습니다.

어거스틴 이후 기독교에서는 섹스를 죄악으로 여기고 수치심을 갖도록 가르쳤습니다. 분명히 어거스틴은 기독교 역사에 빛나는 위대한 스승이었지만 몇 가지 면에서는 건전한 기독교신앙에 부정적인 영향을 끼쳤습니다. 그중의 하나가 성에 대한 왜곡된 가르침입니다.

"어거스틴은 오늘날도 여전히 광범위하게 만연되어 있는 우리들의 성문화의 형성, 즉 기독교로 하여금 성을 악으로 더러워진 괴상한 것으로 여기게끔 암시한데 대한 막중한 책임을 져야만 한다." (데릭 베일리 Derrick Bailey)

그러나 어거스틴보다 성의식에 대하여 더욱 부정적인 개념을 심어준 사람들도 많았습니다. 심지어 어떤 이들은 그리스도인 부부에게 경고하기를 그들이 성관계를 갖게 되면 성령이 그 자리를 떠난다고까지 하였고 그 말을 그렇게 믿은 사람들이 적잖게 많았습니다. 이브스Yves Of Chartres는 신자들에게 목요일에는 그리스도의 잡히심을 인하여, 금요일에는 그리스도의 십자가 죽으심을 인하여, 토요일에는 동정녀 마리아의 영광을 위하여, 주일에는 그리스도의 부활을 인하여, 그리고 월요일에는 이미 고인이 된 조상들에게 경의를 표하기 위하여 부부간에 성관계를 가져서는 안 된다고 가르쳤습니다.

개혁자들의 섹스관

종교개혁자들은 어거스틴보다는 인간의 섹스를 긍정적으로 수용했지만 그래도 타락한 세상의 음욕을 걱정하여 결혼관계이든 아니든 성관계의 절제를 촉구했습니다. 그러나 개혁자들보다 훨씬 적극적인 입장을 보였던 사람들도 있었습니다. 제레미 테일러Jeremy Taylor는 「거룩한 삶과 죽음을 위한 규범과 실천」이라는 글을 통해 성관계가 "가사의 염려의 슬픔을 덜어 편안하게 해주거나 서로에게 애정을 갖도록 해준다"고 성관계에 대해서 고무적으로 기술했습니다.

청교도의 섹스관

흔히 생각하는 바와는 달리 청교도들은 성에 대하여 적극적이고 건전한 이해를 갖고 있었습니다. 그들은 성관계가 결혼의 본질적인 요소라는 성경적 개념을 가지고 있었으며 하나님의 선물임을 알고 장려했습니다.

그렇지만 기독교 전체를 볼 때 교회가 성경적 개념의 올바른 성을 이해하여 성을 높이 찬미하는 견해를 견지해 오지는 못했습니다. 그것은 기독교신앙에서 누리는 많은 축복 가운데서 중요한 축복을 놓쳐버린 것이라고 할 수 있습니다. 신자들은 보다 성경적인 올바른 성 개념을 이해하고 있어서 결혼에 있어서의 성의 축복을 감사함으로 누릴 줄 알아야겠습니다.

왜곡된 성

기독교와 섹스는 서로 어울리지 않는 인상을 줍니다. 하나님을 섬기며 거룩한 것을 추구하는 성직에 종사하는 사람과 신자들이 섹스에 관한 이야기를 입에 올리는 것조차 불경스럽다고 여기던 시대가 있었습니다. 그럼에도 기독교 안에는 섹스로 인한 온갖 불미스런 일이 발생했습니다. 섹스를 무조건 불경스러운 것으로 여기고 억눌렀기 때문에 섹스에 대한 본능이 음지로 숨어들어 오히려 비정상적이고 병적인 일들을 만들어낸 것입니다. 신자는 누구보다도 건전한 섹스와 왜곡된 성에 대한 지식이 있어야 합니다.

성경이 성을 찬미하고 있음이 분명하지만 주의를 주고 있음 또한 사실입니다. 인간이 타락했으므로 인간의 성도 타락의 속성을 보인 것이 이미 창세기에 나타나있고, 하나님께서는 성적 부도덕에 깊이 빠져있는 노아시대 사람들과 소돔과 고모라를 심판하셨습니다(창 6:1-4; 창 19:4-28). 성경은 성을 바르게 사용하는 것은 축복이지만 성을 왜곡하고 오용하는 것은 저주인 것을 거듭거듭 강조합니다. 성을 잘못 사용한 사람은 아무리 하나님께서 사랑하시고 아끼시는 사람일지라도 징계하시고 심판하셨음을 성경은 분명하게 보여줍니다. 다윗이 성을 잘못 사용하여 부하의 아내를 범했을 때 하나님은 철저하게 그를 징계하셨습니다(삼하 11장 이하).

성적으로 타락한 개인이나 민족은 반드시 하나님의 징계가 임한다는 것이 성경의 가르침이며 역사의 교훈입니다. 그러므로 사람이 성에 대하여 바르게 인식하고 바르게 사용하는 것은 무엇보다 중요합니다. 우리 그리스도인의 과제는 왜곡된 성의 모습을 통하여 형성된 사람들의 성에 대한 잘못된 인식을 바로잡아 온전한 성의 모습으로 회복시키는 것입니다. 인간은 죄로 인하여 성을 왜곡해 놓았는데 그 형태는 매우 다양합니다.

□ 외설(Pornography)

외설은 왜곡된 성의 한 형태입니다. 흔히 문학이나 미술이나 영화에 표현된 성을 논할 때 "외설이냐? 예술이냐?"라고 문제를 제기합니다. 시스틴 성당 천장에 그려진 미켈란젤로의 나체 그림과 도색잡지의 나체 사진 사이에는 엄연한 차이가 있는 법이며 정상적인 이성을 가진 사람이라면 이 양자의 차이점을 알 수 있습니다. 예술에서의 성은 고상하고 아름다울 뿐 아니라 전혀 음욕을 자극하지 않습니다. 예술에서 표현된 남녀의 나체를 보고 음욕을 자극받는 사람은 없을 것입니다. 그러나 외설에서 표현된 성은 인간의 성을 천박하게 만들고, 음욕을 부추기며, 비정상적인 타락한 성을 흥미본위로 묘사하여 사람들로 하여금 왜곡된 성 심리를 갖게 합니다.

외설 속에 표현된 성은 사람들을 교묘히 속여 돈을 벌려는 상업주의가 만들어낸 환상에 불과합니다. 이 환상은 마약과 같이 중독되기 쉬우며 사람들로 하여금 가공의 완벽한 성적 환상의 세계만을 추구하게 만들고, 성적 부도덕에 빠져들도록 유도합니다. 현대의 대중문화인 TV, 연극, 영화, 음악, 통속소설, 심지어 광고에 이르기까지 왜곡된 성의 표현은 무척 다양하고도 그 정도가 심하여 현대인들에게 심각한 악영향을 끼치고 있습니다. 현대인들이 이전에 살았던 사람들보다 훨씬 성에 대하여 개방적이면서 성범죄와 그로 인한 피해가 늘어가는 것은 외설로 인한 왜곡된 성이 만연되어 있기 때문입니다.

□ 음욕(Lust)

부단히 끓어오르는 성적 초조감에 애태우며 지내는 상태, 통제할 수 없는 성적 욕망으로 탈선으로 기울어지는 성적 정염을 음욕이라고 합니다. 죄로 말미암아 인간의 성적 요구들은 비정상적으로 뒤틀려버려 세상에는 밤낮으로 성적 충동에 시달리며 사는 사람들이 많습니다. 그런 사람들은 정상적인 부부간의 성만으로는 만족하지 못하고 새로운 상대와 자극적인 성적 유희에 탐닉하기 쉽고 몸과 재물과 인생을 탕진하기 쉽습니다.

그런 사람들을 상대로 세상에는 환락문화, 섹스산업이 번성하게 되고 매음과 성폭행과 간음이 도처에 횡행합니다. 성을 통제하지 못하는 사람은 가정을 파괴시키고 사회에 파괴적인 영향을 주게 되므로 인간의 성욕은 성의 창조주이신 하나님의 간섭 속에서 건강하게 다스려져야 하며 가정의 울타리를 넘어가지 말아야 합니다. 오늘날 성으로 흠뻑 젖어있는 세상의 문화에는 음욕을 부추기고 비정상적으로 음욕을 불태우게 하는 많은 유혹들이 도사리고 있으므로 그리스도인들은 규칙적인 경건생활을 통하여 이를 물리치도록 해야 합니다.

□ 가학적 변태성욕(Sadism)과 피학대 음란증(Masochism)

가학성 변태성욕은 섹스 상대에게 고통을 가하는 것으로, 피학대 음란증은 학대를 받는 것으로 쾌락과 성적 만족을 누리는 이상심리를 말합니다. 이들 양자는 모두 창세기와 아가서에서 보여준 따뜻하고 성숙된 모습의 성과는 거리가 멉니다. 물론 부부간에도 책임 있는 사랑과 관심 안에서 서로 용인된다면 과격하지 않은 범위 안에서 특이한 행위는 얼마든지 있을 수 있는 일입니다. 그러나 가학성 변태성욕자나 피학대 음란증 환자들에게 있어서 그러한 형태는 책임 있는 사랑과 상대방에 대한 배려와 관심과는 거리가 멀고 오직 성 상대를 고통에 빠뜨리는 것으로 자신이 쾌락을 얻고, 혹은 상대에 의해서 고통을 맛보는 것으로 자신의 성적 만족을 얻는 일에만 관심과 목적이 있을 뿐입니다. 상대가 상처를 입든 말든 상관하지 않습니다. 극단적인 경우에는 섹스행위 도중 상대를 죽이는 살인의 형태로 나타나기도 합니다.

사람에게 기쁨과 환희와 생명력을 주도록 창조된 성이 상처와 죽음을 가져다주는 폭력으로 뒤틀리고 말았습니다. 그것은 인간의 타락의 결과이며 타락의 부인할 수 없는 증거입니다. 심리학자들은 한결같이 인간의 본성에는 가학성 변태성욕과 피학대 음란증의 심리가 잠재해 있다고 주장합니다. 그것이 나쁜 환경이나 비정상적인 성경험, 혹은 왜곡된 향락문화와 섹스산업에 의해 자극을 받고 어떤 동기가 부여되면 정도의 차이는 있지만 실제의 형태로 나타나게 된다는 것입니다. 가학적 변태성욕과 피학대 음란증세가 나타나면 점점 더 도가 지나쳐서 통제하기 어려운 지경에 이르러 인생을 불행에 빠뜨리고 망치는 결과를 초래하게 되므로 그리스도인들은 이러한 변태성욕에 빠지지 않도록 주님의 은혜 안에서 건전한 성의 행복을 추구해야 합니다.

동성애

타락한 인간의 왜곡된 성에 대해서 이미 언급한바 있지만 그중의 하나가 동성애입니다. 인간의 타락 후 동성애는 창세기에서부터 지금까지 끈질기게 지속되어 온 뒤틀린 성인데 현대에 와서 더욱 두드러진 현상을 보이고 있습니다.

오늘날 세계적으로 동성애 현상이 두드러지게 나타나는 것은 동성애를 죄악시하며 수치스럽게 여기던 과거시대와는 달리 동성애도 하나의 성적 특징일 뿐 죄악이나 수치스러운 일이 아니라는 개념이 보편화되고 있기 때문입니다. 특히 소설이나 TV, 영화에 동성애를 주제로 하거나 동성애를 적나라하게 묘사한 작품들이 자주 나타나면서 그동안 음지에 숨어있던 동성애자들이 동성애를 인정해 달라는 요구와 함께 동성애가 세계 도처에서 확산되고 있습니다.

뿐만 아니라 동성애자들은 인류역사에 나타난 기라성 같은 위인들 가운데 동성애자들이 있었던 사실을 내세우면서 자신들을 옹호하기도 하는 데 이를테면 플라톤, 소크라테스 같은 고대 그리스의 철학자를 비롯하여 알렉산더 대왕이 동성애자였다는 등, 영국의 문호 오스카 와일드가 동성애자였다는 등, 유명인들(정치, 문화예술에 종사하는) 가운데 동성애자들이 있었음을 내세웁니다. 위인들이나 유명인이라고 타락한 인간에 속하지 않을 수 없으므로 그들도 얼마든지 왜곡되고 병든 성적 특징을 가지고 있을 수 있습니다. 그들이 동성애자였다고 해서 동성애를 정당화 할 수는 없는 것입니다.

한 마디로 동성애는 가장 가증한 왜곡된 성의 형태입니다. 성경에서 동성애만큼 분명하고 단호하게 정죄하고 있는 죄도 드물 것입니다. 소돔과 고모라의 성적 타락의 극치는 동성애의 만연이었습니다. 그들은 하나님의 사자(천사)들을 보고도 동성애를 즐기려고 덤벼들었습니다(창 19:4,5). 신약성경에도 동성애는 호모(남자동성애)든 레즈비언(여자동성애)이든 단호하게 정죄하고 있습니다(롬 1:26,27). 동성애를 하는 사람은 하나님 나라를 유업으로 받지 못할 것이라고 사도 바울은 분명히 말했습니다(고전 6:9,10).

"불의한 자가 하나님의 나라를 유업으로 받지 못할 줄을 알지 못하느냐 미혹을 받지 말라 음행하는 자나 우상숭배하는 자나 간음하는 자나 탐색하는 자나 남색하는 자나" (고전 6:9)

하나님 나라를 유업으로 받지 못한다는 것은 구원받지 못한다는 말입니다. 그러므로 기독교는 역사적으로 동성애를 단호하게 정죄하는 입장을 지켜왔습니다. 서구의 기독교국가에서는 동성애자들을 신분의 고하를 막론하고 가혹하게 처벌해 왔습니다. 20세기 초까지 동성애는 철저하게 죄악시되어 왔고 금지되었습니다. 그러면서도 그토록 가혹한 처벌을 받는 사회 속에서도 동성애는 근절되지 않고 행해져 왔습니다. 그만큼 동성애는 극복하기 어려운 것임을 말해줍니다. 현대에 와서 동성애는 죄가 아니라 하나의 성적 특징이며 성향이라는 주장이 대두되면서, 또한 동성애자들이 인권을 주장하면서 동성애자도 존중받고 보호받아야 한다는 것이 사람들의 공감을 얻으므로 동성애를 허용하는 추세로 정착되고 있습니다.

동성애자들의 수가 늘어가면서 그들이 정치적으로 문화적으로 경제적으로 무시할 수 없는 세력을 형성하게 되어 그들의 영향력을 무시할 수 없는 입장이 된 것이 동성애를 허용하는 데 큰 작용이 되었습니다. 그들의 지지를 얻지 못하면 대통령도 당선에 지장이 있을 정도며, 문화와 경제에도 지장이 있을 정도가 된 것입니다. 심지어 교회에서조차 동성애를 인정하며 미국에서는 동성애자들을 위한 교회들이 있을 정도입니다. 그것은 동성애를 정죄하는 하나님께 대한 반역이며 교회의 정체성을 잃어버린 채 세속의 성적 타락의 바다에 표류하는 꼴입니다. 기독교는 동성애를 인정해서는 안 됩니다. 그럼에도 동성애에 대한 사려 깊은 자세가 필요합니다.

차별대우와 조소와 학대로 지쳐있는 동성애자들을 포용하고, 그들이 그리스도 안에서 치유되어 정상적인 삶을 살도록 도와주어야 합니다. 실제로 신앙으로 동성애를 극복하고 정상적인 삶을 사는 사례들이 드물지만 나타나고 있습니다. 20~30% 정도의 동성애적 성향을 지닌 사람은 80~90의 성향을 지닌 사람보다 훨씬 쉽게 정상적인 이성관계로 전향될 수 있습니다. 어떤 사람의 성적인 기질을 결정하는 요인들은 대개 선천적 요인과 환경, 교육, 유년기 때의 경험 등이 작용되므로 복잡합니다. 어떤 사람은 한두 번의 동성애 경험으로 끝나고 마는 경우도 있지만 어떤 사람은 평생을 동성애로 살며 동성과 동거 내지는 결혼을 하는 사람도 있고, 어떤 사람은 동성과 이성을 상대로 하는 양성애적 성향을 지닌 사람도 있습니다.

동성애는 하나님의 창조의 순리를 역리逆理로 바꾸는 것이므로 하나님께서 단호하게 배격하십니다. 교회는 이점을 잊지 말고 세속풍조가 동성애를 용납하고 보편적인 일로 받아들이는 현상을 우려해야 하며, 왜곡된 성으로 인해 고민하고 고통당하는 사람들이 그리스도 안에서 치유받도록 힘써야 할 것입니다.

성의 자유시대

현대인은 과거 어느 때보다 성의 개방과 자유를 누리는 시대에 살고 있습니다. 성은 더 이상 은밀한 것이 아니고 부끄러운 것도 아닌 것이 되었으며 이 시대의 성은 최고의 상품가치로 떠오른 황금광맥이기도 합니다. 모든 상품광고에는 성을 직접적으로, 혹은 은유적으로 내세우고 성과 관련되지 않은 것에는 흥미를 느끼지 못할 정도까지 되었습니다. 광고 모델들은 더 많이 신체를 노출하므로 섹시함을 과시하고, 소설과 연극과 TV와 영화와 노래는 더욱 경쟁적으로 적나라한 섹스를 묘사합니다. 인터넷 속의 섹스는 청소년이 있는 가정에 비상이 걸릴 정도입니다.

사람들은 자신이 섹시한 매력이 있느냐 없느냐에 대하여 관심을 쏟고, 섹시하게 보이기 위하여 많은 관심과 노력을 기울입니다. 사람들한테 섹시하다는 소리를 듣는 것은 남녀노소를 막론하고 최고의 찬사로 생각합니다. 남들한테 섹시하다는 소리를 듣지 못하는 젊은 남녀는 고민에 빠집니다. 섹시하게 보이기 위한 화장을 하고 섹시한 분위기의 향수를 쓰고, 섹시한 몸매로 가꾸기 위하여 살과의 전쟁을 하고, 섹시한 옷으로 치장합니다. 바야흐로 이 시대는 섹스라는 종교에 빠져있는 듯합니다. 하나님보다 섹스를 찬미하고 하나님보다 섹스를 사랑합니다. 섹스에 환장한 한국 사람들이 섹스능력을 향상시키는 것이라면 무엇이든 잡아먹어 치우는 바람에 생태계에 이상이 생길 정도이며, 영계산업이니 하는 십대를 상대로 한 윤락업이 호황을 이루고 있는 시대입니다. 비아그라와 같은 성기능에 관련된 약품들이 날개 돋친 듯 팔리고 그것을 사용하다가 목숨을 잃는 사람들이 늘어가고 있습니다.

성과 관련된 범죄가 몇 배로 증폭되었고, 성범죄로 희생당하는 사람들이 늘어가고 있습니다. 부부 사이에 태어난 아기의 친자확인소송이나 임신한 아이에 대한 친자확인 시비가 늘어가는 것은 부부간의 성윤리가 무너져가고 있음을 증명합니다.

성경에서의 성의 자유와 아름다움과 성에 대한 축복은 부부라는 일심동체에 한해서인 것이지 그 외의 성은 금단의 열매이며, 허락되지 않은 금단의 열매에 손을 댔을 때는 불행을 초래한다는 것을 성경이 증명하며 역사가 증명하며 성의 남용과 오용으로 인해 불행해진 우리 주변의 모든 사람들이 증명하는 바입니다.

3장

상처傷處와 치유治癒

사람은 평생을 살아가는 동안 무수히 많은 상처傷處를 입게 됩니다. 여기서 상처라 함은 몸의 상처가 아닌 마음의 상처를 의미합니다. 몸의 상처는 소독하고 약을 바르고 주사를 맞음으로 아물 수 있지만 마음의 상처는 쉽게 아물지도 않을 뿐더러 많은 부작용이 일어나서 상처받는 사람의 마음과 삶을 황폐케 하고 파괴시킬 뿐 아니라 주변 모든 사람들에게 괴로움과 고통을 주게 됩니다.

상처받은 사람의 특징

상처받은 사람은 겉으로는 아무렇지도 않게 보이고 오히려 매력적으로 보이는 사람이 많습니다. 마음에 상처가 있는 사람일수록 그것을 위장하기 위하여(무의식적으로) 외모에 신경을 많이 쓰게 됩니다. 직업, 재물, 교양, 외모, 취미 등에서 뛰어난 점이 많을 수 있습니다. 왜냐하면 상처받은 마음에는 보상심리 같은 것이 있어서 상처를 받은 만큼 갚아주겠다는 심리가 의식에 흐르고 있기 때문입니다. 그래서 열심히 노력하여 원하는 것을 성취하기도 합니다. 그러나 반대되는 사람도 있습니다. 의욕 없이 자포자기 심리를 보이며 정상적인 삶에서 이탈된 채 폐인처럼 살아가기도 합니다.

상처받은 사람은 마음에 분노를 품고 있으며, 비정상적으로 뒤틀려 있거나 자폐적인 면도 있고 어느 한쪽으로 비상한 면이 있기도 합니다. 세상을 떠들썩하게 한 범죄자 중에는 어렸을 때부터 상처받고 자라난 사람이 많이 있습니다. 신창원도 어머니를 일찍 잃고 새어머니로부터 많은 상처를 받았음이 밝혀졌습니다. 상처받은 마음을 가진 사람은 보통 이상으로 피해의식을 많이 가지고 있습니다. 그래서 마음을 굳게 닫고 쉽게 열지 않으며, 자신이 피해를 당하기 전에 먼저 피해를 주겠다는, 또 다시 피해를 당하지 않겠다는 의식이 작용하고 있어서 지나치게 방어적이기도 하며 공격적이기도 합니다. 그러나 마음은 여려서 불안과 두려움도 많습니다. 그걸 보이지 않으려고 겉으로는 더욱 방어적이고 공격적이 되지요.

상처받은 사람은 사람을 잘 신뢰하지 않습니다. 의심이 많습니다. 사람이나 사물을 긍정적으로 대하기보다는 부정적으로 대하는 경향이 짙습니다. 그러다가 일단 신뢰하면 맹목적인 신뢰와 믿음을 보입니다. 균형 있는 사고력이 부족합니다. 상처받은 사람이 신앙을 갖게 되면 하나님을 그런 식으로 대하기 때문에 건강한 신앙생활을 영위하기가 어렵습니다. 그러므로 상처받은 마음은 반드시 치유되어야 합니다.

상처의 요인이 되는 것들

사람이 상처를 받기 시작하는 것은 태아 때부터임이 밝혀졌습니다. 임신 중 어머니가 남편이나 주위사람들로부터 상처받은 일이 많으면 인격형성에 나쁜 영향을 끼치게 되며, 특히 태아를 향한 부정적인 말과 행위는 깊은 상처를 주게 된다는 것이 밝혀졌습니다. 낙태를 당할 뻔 했던 태아는 부모에 대한 감정이 반항적이며 적개심을 품게 되고 건전한 인격형성에 많은 장애를 겪게 됩니다. 어렸을 때부터 무시, 멸시, 천대받은 사람, 버림받은 사람(부모로부터), 사고로 인하여 충격, 공포, 두려움을 겪은 사람, 굴욕감을 경험한 사람은 그 일로 인한 마음의 상처가 있습니다. 폭행, 성폭행도 깊은 상처를 남깁니다. 건전하지 못한 가정환경에서 자란 사람은 상처를 많이 받은 사람입니다. 부모의 이혼과 재혼, 가정불화, 가정폭력, 근친상간, 알코올중독자의 자녀들도 많은 상처를 받게 되고, 건전하지 못한 신앙심을 가진 가정에서 자란 사람도 상처가 있습니다.

특히 가까운 사람들, 그중에서 부모형제들로부터 인격적인 모욕을 당하는 것은 반드시 상처가 되므로 가정은 상처를 받게 되는 가장 많은 요인을 제공합니다. 조심성 없이 내뱉는 말 한마디가 깊은 상처가 되어 인생에 커다란 장애가 되는 일은 너무나도 흔한 일입니다.

데이빗 A. 씨맨즈는 『어린아이의 일을 버렸노라』라는 책에서 "나는 그래"라는 자신의 무가치함, 낮은 자존감을 갖게 하는 절름발이 성인이 되는 것은 가까운 주위 사람들로부터 다음과 같은 말을 들으면서 받은 상처가 원인이 된다고 했습니다.

"자, 이 정도는 해야지."
"씩씩한 아이는 울지 않는단다."
"네가 그걸 한다구? 너는 안 돼."
"너한테는 그렇게 할 권리가 없어."
"너는 왜 늘 하는 일이 그 모양이니."
"그 따위 말을 하려거든 아예 입 다물고 있어."
"용케도 삐딱한 일만 골라가지고 하는군."
"딱하다 딱해. 너는 왜 늘 그 모양이니? 바보천치 같으니라구."

"한 번이라도 제대로 해 봐라."

"어쭈, 네가 그 일을 다 했어? 믿을 수가 없네."

"너는 왜 형(언니, 오빠, 누나, 동생)만도 못하고 늘 그 모양이니."

"도대체 앞으로 어떻게 되려고 그러니? 한심하다 한심해."

"……하는 짓을 보니 꼭……처럼밖에 안 되겠구나."

"네 믿음에 하나님이 행여나 감동하시겠다."

"하나님이 할 일 없으셔서 너 같은 인간을 사랑하시겠니?"

"넌 우리 집안의 골칫덩어리, 사고뭉치야."

"네가 그런 애라는 사실을 누가 알까 두렵다."

"태어나라는 아들은 태어나지 않고서……."

"너는 뱃속에 있을 때부터 말썽이었어."

"태어난 이후로 이날 이때까지 골치를 썩여보지 않은 적이 없다니까."

"어쩌자고 저런 자식이 태어났나 몰라."

"엄마 아빠가 이혼하지 않고 사는 이유는 너희들 때문이야. 그것도 모르고 속만 썩이니? 너희들만 아니었으면 당장……."

"어휴, 저 주책덩어리, 푼수."

"내가 너한테 어떻게 해줬는데(어떻게 키웠는데) 나한테 이럴 수 있니?"

"지금까지 네가 무슨 일 한 번 제대로 해본 적 있어? 있으면 어디 얘기해 보라구."

"저러니 친구 하나 없지."

"저러니 만날 저모양이지……바보, 등신."

"내가 저런 앨 왜 낳았나 몰라."

"남의 집 애들은 똑똑하기만 하던데 우리 집 애들은 왜 이 모양이야?"

이러한 말들은 흔히 가정에서 부모형제로부터 혹은 가까운 친구들로부터 들을 수 있는 말입니다. 이 말들의 대부분은 인격에 대한 비난이요 멸시이기 때문에 심한 상처를 주게 됩니다. 그럼에도 불구하고 생각 없이 습관적으로 나올 수 있다는 점에서 주의하지 않으면 자신도 모르게 가까운 사람에게 상처를 주게 됩니다. 상처가 되는 말은 비수처럼 마음에 꽂힙니다. 이러한 상처를 많이 받는 사람은 낮은 자존감의 인격이 형성되어서 "나는 원래 그래", "나는 원래 이 모양이야", "나는 별 수 없어", "나 같은 것이 뭘" 이런 열등감, 자포자기, 자기 비하 심리로 괴로움을 받게 되고 자기 자신에 대하여 부정적인 사람이 되고, 의지력 있는 건강한 사고력과 자신감 있는 행동의 결여를 보입니다.

그러기에 예수님께서는 남한테 상처 주는 말을 하는 것에 대하여 준엄하게 책망하셨습니다.

"나는 너희에게 이르노니 형제에게 노하는 자마다 심판을 받게 되고 형제를 대하여 라가라 하는 자는 공회에 잡혀가게 되고 미련한 놈이라 하는 자는 지옥 불에 들어가게 되리라" (마 5:22)

*라가 : 조롱하고 욕할 때 쓰는 경멸적인 말. 어리석은 놈, 멍텅구리, 바보, 등신에 해당하는 말.

인격에 대한 비난의 말이 주는 상처

사람은 칭찬의 말은 쉽게 잊어버리지만 상처를 주는 비난의 말은 단 한 마디라도 오래도록 생생하게 기억하게 됩니다. 그중에서 자기의 인격에 대한 비난의 말은 더욱 오래 기억에 남으며 깊은 상처가 됩니다. 인격자체에 대한 혹평의 말들은 완벽하게 자존감을 뒤흔들어 놓기 때문에 상처받은 자의 자아형성과 인생 전반에 걸쳐서 심각한 부정적 영향을 끼치게 됩니다.

만일 인격에 상처를 주는 말이 그냥 한번쯤 튀어나온 말로서 그친다면, 곧 평상시에는 그렇지 않은데 너무 피곤하고 신경이 예민해진 터에 어쩌다 한 말이라면 그렇게 큰 상처를 주지는 않을 것입니다. 그러나 그것이 가정(부부관계, 자녀관계)의 일반적인 태도요 분위기라면 그것이 자아상에 주는 부정적 영향은 심각합니다.

행동에 대한 비난의 말이 주는 상처

무슨 잘못을 저질렀을 때 관심어린 적절한 훈계와 책망은 상처가 되지 않고 오히려 유익이 됩니다. 그러나 거칠고 신경질적인 비난은 상처가 됩니다. 특별히 감정적인 비난이나 모욕적이고 자극적인 말이 들어간 비난은 큰 상처가 됩니다. 상처받은 사람은 자신에게 상처 준 사람을 결코 신뢰하거나 존경할 수 없습니다. 감정의 쓴 뿌리가 남아 있어 상처 준 대상에게 분노와 증오심을 품고 사는 사람이 많은 것은 가족 상호간에 상처 준 일들이 많기 때문입니다. 그러면서 한편으로는 사랑하기 때문에 미워하면서도 사랑하는 엇갈리는 감정인 애증愛憎을 품게 됩니다. 무엇보다도 행동에 대한 비난의 말로 자주 상처받은 사람은 매사에 자신감이 없고 주눅 들기 쉽습니다. 무슨 일로 또 야단맞지나 않을까, 또 비난받지나 않을까, 상처받지나 않을까 하는 심리 때문에 잔뜩 움츠러드는 것입니다.

성장기의 인간에게 있어 부모란 너무도 중요한 존재이기에 그들은 부모로부터 일상화된 비난, 편애, 다른 아이들과의 비교를 당하면 상처를 받게 될 뿐 아니라, 부모로부터 사랑받지 못하고 인격의 존중을 받지 못하는 것도 상처를 받게 됩니다.

게리 스몰리Gary Smally와 존 트렌트John Trent는 그들의 탁월한 저서 『축복(The Blessing)』에서 성경에 나타난 자녀에 대한 부모의 다섯 가지 축복의 요소를 말했습니다.

① 의미 있는 피부접촉

② 의사소통

③ 아이가 매우 가치 있는 존재라는 사실을 표현

④ 독특한 장래에 대한 제시

⑤ 믿고 맡기는 실천

이상의 요소는 자녀에 대한 경우뿐만이 아니라 모든 인간관계에서 필요한 요소일 것입니다.

상처의 가장 큰 요인은 가정

사람이 일생동안 받는 크고 작은 상처의 대부분은 가정을 통해서 받게 됩니다. 가정은 부정적이든 긍정적이든 사람의 일생을 좌우하는 가장 큰 요인이 됩니다. 사려 깊은 사랑(결코 감정적인 사랑이 아닌), 적절한 훈계와 체벌, 신뢰와 칭찬과 존중받음 속에서 자란 사람은 상처 없이 건강한 인격이 형성되겠지만 문제 있는 가정에서 자란 사람은 크고 작은 상처로 인해 건강하지 못한 자아가 형성되기 쉽습니다. 부모 중 어느 쪽이 알코올중독인 가정, 별거나 이혼한 가정, 부부싸움이 끊임없는 가정, 가정폭력에 시달리는 가정, 편애하는 가정, 고부갈등이 심한 가정, 맞벌이로 늘 아이들에게 무관심한 가정에서 성장한 사람들은 건강한 자아가 형성되어 있지 못한 경우가 많은데 그것은 그러한 가정환경을 통해서 많은 상처를 받았기 때문입니다.

그들이 전도를 받고 교회에 출석하는 교인이 되었다고 해서 쉽게 상처받은 마음이 치유되는 것은 아닙니다. 상처받은 마음에는 신앙이 들어가더라도 건전한 신앙이 형성되기가 쉽지 않습니다. 상처가 치유되어야만 정상적인 신앙인이 될 수 있습니다. 상처받은 마음에 사탄이 틈타면 더욱 복잡한 문제가 생겨서 자신과 주변 사람들을 끊임없이 괴롭히는 사람이 됩니다.

상처받은 사람의 심리

상처받은 사람의 심리 속에는 다음과 같은 것들이 있습니다.

□ 낮은 자존감 : "나는 원래 그래", "나 같은 것이 뭘……", "나는 안 돼", "난 소용없어", "난 세상에 있으나마나한 인간이야", "나 같은 인간은 빨리 죽어 없어져야 돼" 같은 자기 혹평, 자기혐오, 자기비하의 심리가 있습니다. 다른 사람의 칭찬이나 호감을 의심하며 쉽게 받아들이지 않습니다. 하나님은 결코 하나님의 백성이 이러한 마음이 되는 것을 기뻐하시지 않습니다. 진노하십니다. 사탄은 사람으로 하여금 낮은 자존감을 갖게 하여 하나님을 거역하게 합니다.

출애굽한 이스라엘의 열두 지파의 대표들이 가나안 땅을 정탐하고 돌아와서 회중에게 보고한 말이 "우리는 그들(가나안 족속들)에 비해 메뚜기 같다"는 자기 혹평, 자기비하의 말이었습니다. 이스라엘은 그들의 말을 듣고 하나님과 모세를 원망하며 출애굽을 후회하며, 가나안 정복이 불가능할 것이라고 말하며 애굽으로 돌아가자고 대성통곡했습니다. 그 일로 인하여 이스라엘은 40년간을 가나안에 들어가지 못하고 광야에서 헤매다 죽는 징벌을 받아야했습니다. 그러나 "우리는 할 수 있다"고 보고한 여호수아와 갈렙은 제외되었습니다(민 13:1-33; 14:1-45).

□ 교만 : 상처받은 사람의 심리 속에는 뜻밖에 교만이 있습니다. 교만은 낮은 자존감의 또 다른 측면입니다. 낮은 자존감을 가진 사람은 자신이 타인으로부터 무시당하고 멸시당하고 인정받지 못하기 전에 자신이 먼저 다른 사람을 무시하고 멸시하고 인정하지 않는다는 방어심리 내지는 보복심리가 있습니다. 그래서 다른 사람에게 쉽게 설득당하지 않으려하고 고집이 세기도 합니다. 교만과 낮은 자존감은 동전의 앞뒤와 같습니다. 낮은 자존감을 가진 사람은 종종 자신의 낮은 자존감을 교만의 형태로 표현합니다.

□ 분노와 증오 : 상처받은 사람의 마음에는 자신에게 상처 준 사람에 대한 분노와 증오심을 비롯하여 그들과 비슷한 언행을 하

는 사람, 그들과 가까운 사람, 심지어는 자신에게 상처 준 사람과 비슷한 용모를 한 사람에게도 때로 분노를 느낍니다. 뿐만 아니라 작은 일에도 분해하고 노여움을 타며 증오심을 나타냅니다. 마음 속에 늘 분이 가득 차 있는 사람도 있습니다.

□ 원망 : 상처받은 사람은 작은 일에도 원망을 합니다. 자신을 괴롭힌 사람, 피해를 준 사람에 대한 원망을 비롯하여 세상을 원망 합니다. 자신의 시련이나 실패에 대한 문제를 자신에게서 찾으려 하고 성찰하는 것이 아니라, 다른 사람에게서 찾으려하며 세상에 서 찾으려고 합니다.

□ 불안과 피해의식 : 상처받은 사람은 대체로 마음이 불안정합 니다. 작은 일에도 쉽게 불안해 하고 마음의 평안을 누리지 못합 니다. 피해의식이 강하여 자신은 많은 사람들에게 피해를 입었다 고 생각하며, 또 다른 피해를 당할까봐 불안해하고 두려워합니다. 따라서 사람들을 경계하고 쉽게 마음의 문을 열지 않습니다. 자신 이 다른 사람에게 준 피해에 대해서는 생각할 줄 모르고 자신만 피 해자라고 여깁니다.

□ 애정에 대한 갈급함 : 상처받은 사람은 항상 사랑에 굶주려

있습니다. 왜냐하면 풍족한 사랑을 누려보지 못했기 때문이며, 사랑에 관하여 상처를 많이 받았기 때문입니다. 아마도 바람둥이에게 가장 마음을 쉽게 주는 여인은 상처받은 여인일 것입니다. 건강한 인격이 형성되어 있는 사람은 바람둥이의 감언이설에 넘어가지 않지만 정에 굶주린 상처받은 여인은 사람을 현혹하는 바람둥이의 감언이설에 쉽게 넘어갑니다. 그러다가 또 상처를 받습니다. 그러면서 상처의 악순환이 계속됩니다. 그렇게 거듭 상처받은 여인 중에는 모든 남자에 대한 증오와 복수심을 품은 이상심리가 형성되는 등 다양한 증세가 나타납니다.

진정한 상처의 치유는 예수 그리스도의 사랑 외에는 불가능합니다.

상한 감정을 저장하는 인간의 두뇌

상처를 받은 마음은 수십 년이 흘러도 그대로 두면 치유되지 않습니다. 외상은 그대로 두면 치유되는 경우가 있거니와 마음의 상처는 저절로 치유되지 않습니다. 70~80 노인들이 어렸을 때 혹은 젊은 시절에 받은 상처를 현실처럼 기억하면서 분노의 감정을 그대로 간직하고 있는 것은 그 때문입니다.

인간의 두뇌에 대한 연구 자료를 보면 인간의 기억구조는 과거의 지적知的 그림만을 저장하는 것이 아니라 당시 경험된 최초의 감정들도 저장한다고 결론짓고 있습니다. 따라서 만일 어떤 사람이 상처나 모욕이나 박탈이나 거절당했던 경험이 있다면 그 감정을 오래도록 그대로 간직하고 있게 됩니다. 오래된 일들을 얘기하면서 마치 현재 일처럼 감정이 격해져서 눈물을 흘리거나 분노를 드러내는 것은 그 때문입니다. 수십 년 된 상한 마음을 그대로 간직하고 있고, 수십 년 전 있었던 일도 앙심을 품고 복수의 마음을 조금도 누그러뜨리지 않고 증오심을 키우는 사람이 얼마나 많은지 모릅니다.

그리스도인이 되었어도 상한 마음을 치유 받지 못하고 있으면 마찬가지입니다. 그러므로 상처받은 마음은 반드시 치유 받아야 됩니다. 그렇지 않으면 이름뿐인 그리스도인이 되기 쉽습니다. 그리스도인이 상처받은 마음을 치유 받지 못하면 사탄이 틈타서 더욱 복잡한 문제를 야기합니다(엡 4:26,27). 사탄이 건강한 영혼을 가진 사람보다 상처 받고 병든 마음을 좋아한다는 사실은 이미 널리 알려진 사실입니다. 상처 받고 병든 마음은 사탄의 가장 좋은 서식처가 됩니다.

상처받은 마음의 치유

대부분의 정신질환자들은 상처받은 마음을 가진 사람들입니다.

그러므로 정신치유에서 반드시 다뤄지는 것 중의 하나가 상처치유입니다. 그러나 정신치료로는 상한 감정을 온전히 치유할 수 없습니다. 근원적인 치유가 되지 않기 때문입니다. 상처받은 마음의 근원적인 치유는 마음을 지으신 하나님(예수님)의 치유로만 가능해집니다. 상처받은 마음을 주님께 가지고 나와서 그 분께 내어 보일 때(마치 환자가 의사에게 자신의 환부를 보이듯이) 그 분은 상처를 어루만져주시며 치유해 주십니다.

상처받은 마음을 치유받기 위해서는 먼저 주님께 자신이 상처받은 마음임을 시인하고 고백해야 합니다. 주님은 자신이 치유 받아야 할 환자가 아니라고 생각하는 사람은 결코 치유하실 수 없습니다. 주님은 "네가 낫기를 원하느냐?"고 물으시고, "예, 주여 낫기를 원합니다"라는 대답을 들으실 때 치유해 주셨습니다. 상처 받은 마음을 치유받기 원한다면 먼저 전에 상처받았을 당시의 고통스러운 감정을 그대로 느끼도록 해야 합니다. 그 이유는 수년 혹은 수십 년 동안 묻어왔을 수도 있는 상한 감정을 정직하게 드러내 보이기 위해서입니다. 그때의 감정을 기도 가운데 하나님께 보여드리고 다른 형제자매들과 나눈다면 더욱 좋습니다.

"그러므로 너희 죄를 서로 고백하며 병이 낫기를 위하여 서로 기도하라 의인의 간구는 역사하는 힘이 큼이니라" (약 5:16)

우리가 다른 사람과 함께 우리의 아픈 감정을 나누게 된다면 우리는 자신과 하나님을 향해서 좀 더 깊은 차원의 개방과 정직함이 생겨나게 될 것입니다. 그것은 치유의 중요한 요소가 됩니다. 이러한 자기개방은 대단히 고통스러운 것일 수도 있으며, 충격을 던져줄 감정이 일어날 수도 있습니다. 그러나 정직한 자기개방만큼(하나님과 인간에 대한) 치유에 중요한 영향을 끼치는 것은 없습니다. 정신과 치료에서도 환자는 의사한테 자신의 모든 은밀한 마음을 드러내보여야 합니다. 그래야 치료가 가능해집니다.

　마찬가지로 상처받은 마음을 가진 사람이 하나님과 사람 앞에 정직하게 자기를 개방할 때 하나님의 치유의 은혜가 임합니다. 하나님의 은혜가 가장 놀랍게 표현된 곳은 십자가입니다. 십자가는 인간의 어떤 죄악의 모습도 외면하지 않고 사랑하시는 하나님의 은혜의 징표입니다. 그러므로 십자가 앞에 인간이 숨기고 부끄러워할 것은 아무것도 없습니다. 예수님의 십자가 안에서 하나님은 인간의 어떠한 죄도 용서하시며, 어떠한 저주와 질병도 풀어주시고 치유하십니다.

　십자가의 은혜가 가져다주는 용기에 힘입어서 우리 인생에서 가장 고통스럽고, 가장 모욕적이고, 가장 능욕적이며 가장 마음을 쓰리게 했던 경험들과 정면으로 부딪칠 때 마음속에 그것들을 떠올리고 감정 속에 그것들을 재생시킨 후 그것들을 하나님께 양도

해야 합니다. 즉 하나님께 내드려야 합니다. 그리고 우리에게 상처 입힌 사람들을 용서해야 합니다.

이러한 일들을 혼자 할 수 있는 믿음을 가진 사람도 있지만 혼자서 할 수 없는 신자도 있습니다. 그런 경우에는 신실한 동료 신앙인이나 목회자에게 상담하고 도움을 구하는 것이 좋습니다. 적개심과 증오는 과거의 상처 준 사람들과 그 고통스러운 경험들을 사슬로 꼭꼭 결박해 놓는 역할을 합니다. 잊고 싶어도 잊히지 않으며 떨쳐버리고 싶어도 떨쳐지지 않습니다. 잊고 떨쳐버리려고 하면 할수록 더욱 집요하게 생각납니다.

상처받은 마음이 치유되지 않은 상태에서는 자신에게 상처 준 대상에 대한 증오심과 적개심을 떨쳐버릴 수 없습니다. 오직 예수 그리스도 안에서의 용서와 사랑만이 과거의 고통스러운 기억들과 적개심과 증오로부터 자유롭게 해줄 수 있습니다. "진리(예수 그리스도)를 알지니 진리가 너희를 자유롭게 하리라"(요 8:32)는 예수님의 말씀은 상처받은 마음이 치유되어 적개심, 증오, 고통으로부터 자유로워지는 데도 어김없이 적용되는 진리입니다.

그리스도인들이 상한 마음을 치유 받고 뒤틀려진 마음과 낮은 자존감과 증오와 적개심과 고통으로부터 자유로워질 때 하나님께서 기뻐하시는 진정한 신앙인의 삶을 살아갈 수 있습니다.

상처를 입히는 자의 죄

지금까지는 상처를 받은 입장에서 살펴보았습니다. 그러나 상처의 원인제공을 한 사람 역시 치유 받아야 하고 용서 받아야 하며 죄에서 놓여나야 합니다. 우리는 평생을 살아가는 동안 상처를 받기도 하고 상처를 주기도 합니다. 특히 상처를 많이 받은 사람은 다른 사람에게 의식, 무의식적으로 상처를 많이 주게 되므로 세상을 살아가는 동안 다른 사람에게 상처를 주지 않고 살아갈 수 있는 사람은 한 사람도 없다고 말할 수 있습니다.

평생을 살면서 남한테 상처주지 않고 살 수만 있다면 그것처럼 훌륭한 일은 없을 것입니다. 그러나 사람은 누구나 죄로 오염된 채 태어나 죄를 짓고 살기 때문에 고의적이든 아니든 남에게 크고 작은 상처를 입히게 됩니다. 조심성 없이 내뱉은 말 한마디, 능욕, 멸시, 무례함, 교만, 불친절, 거짓증거, 비난, 혹평, 조롱, 모욕감을 주는 언행, 배신 등은 상처를 주는 일입니다.

그런데 사람들은 자신이 남한테 상처받은 것은 대단한 것으로 여기며 평생 상한 감정을 가지고 적대감과 증오심을 키우면서도 자신이 남한테 상처를 입힌 것에 대해서는 가책을 느끼거나 크게 문제 삼지 않을 뿐 아니라 전혀 신경 쓰지 않는 사람이 있습니다. 그것은 대단히 잘못된 일입니다. 다른 사람의 마음에 크고 작은 상처를 입히는 것이 얼마나 큰 죄인가를 모든 그리스도인들은 알아야 합니다. 도둑질하고 살인하고 간음하는 것만이 죄가 아닙니다. 법적으로 저촉 받을 만한 죄만 죄가 아니라 동료인간의 마음을 서운하게 하고 쓰리고 아프게 하는 것도 죄인 것입니다.

더 나아가서 타인에게 상처 줌으로 해서 상처받은 당사자가 평생을 낮은 자존감으로 괴로워하며, 삶을 긍정적으로 살지 못하고 부정적으로 살거나, 적개심과 증오심을 품고 살거나, 상처받은 것으로 인해서 정신적으로 황폐해져서 대인관계가 원만하지 못하고 인생을 그릇 살게 되거나 어떤 범죄로 이어진다면 한 사람의 인생을 망치게 되는 것이라고 해도 지나친 말이 아닙니다. 그러므로 타인의 마음에 상처를 입힌다는 것은 무서운 범죄입니다. 그럼에도 대부분의 그리스도인들이 이 사실을 간과하고 있다는 것입니다. 그리스도인은 매일매일 자신이 말과 행실로 타인에게 상처 준 일이 없나 철저하게 살피는 습관을 가져야 합니다.

상처 주는 사람들

상처 주는 사람들은 대개 가까운 사람들입니다. 가장 가까운 사람들이 가장 많이 상처 입히기 쉬운 사람들입니다. 부모, 자녀, 형제, 친척, 부부, 교회신자, 친구, 직장동료, 가까운 이웃 등은 늘 얼굴을 마주 대하는 친밀한 대상들입니다. 가까운 사이는 흉허물이 없게 되고 장단점을 다 알게 되며 사소한 비밀도 알게 됩니다. 어떤 경우는 생각 없이 한 말인데 상처를 입힐 수도 있고, 어떤 경우는 고의적으로 상처를 입힐 수도 있습니다. 가까운 사람으로부터 받은 상처가 더 깊고 아픈 것은 친밀하고 믿는 사람으로부터 받은 모멸감, 배신감, 상실감 때문입니다.

상처받은 마음으로 괴로워하는 사람의 대부분은 가까운 사람들로부터 받은 상처로 인해 고통을 겪고 있는 경우가 많습니다. 그러므로 가까운 사람일수록, 사랑하는 사이일수록, 친밀한 사이일수록 상처를 주지 않는 세심한 주의가 필요합니다. 세심한 주의를 한다 해도 자신도 모르는 사이에 상처를 입히게 되고 받게 되는 데, 세심한 주의를 하지 않는다면 어떻겠습니까? 상처를 입히는 일의 대부분을 차지하는 것은 말과 행위입니다. 그중에서 말만큼 사람에게 쉽게 상처 주는 것은 없을 것입니다. 성경은 말을 함부로 하여 타인에게 상처 주는 일이 없도록 경계하기를 결코 소홀히 하지 않습니다(잠 12:18; 13:2,3; 15:1-4; 마 5:22; 약 3:1-12).

사죄와 용서

타인에게 상처 입힌 사람이 자기로 인하여 상처 받은 사람에게 용서를 구하는 일은 대단히 중요합니다. 물론 하나님께 회개하는 기도를 드리는 것을 병행해야 합니다.

"하나님 아버지, 저의 잘못된 말과 행위로 인하여 ㅇㅇㅇ에게 마음의 상처를 입혔습니다(구체적으로 고백할 것). 저로 인하여 상처 받은 ㅇㅇㅇ의 마음을 예수 그리스도의 십자가 은혜로 치유하여 주시고, 그의 마음에 평강이 있게 하옵소서. 또한 저를 용서해 주시고 같은 죄를 반복하지 않도록 하옵소서. ㅇㅇㅇ가 저의 언행으로 인한 고통과 괴로움에서 벗어나게 하시고, 분노와 슬픔의 감정, 낮은 자존감, 원망과 미움의 마음에 사로잡히지 않게 하시고 저를 용서하는 마음이 되게 하소서. 저의 잘못과 죄를 예수님의 십자가 밑에 내려놓습니다. 주님께서 치유해 주시옵소서. 예수님의 이름으로 기도드립니다."

진심으로 하나님께 기도하고 상처 입힌 자에게 진심으로 사죄한다면 그도 기꺼이 용서할 것입니다. 만날 수 없는 먼 거리에 있는 사람이라면 편지를 써서 보내도 좋을 것입니다. 사죄하고, 용서하고, 용서받은 것처럼 하나님께서 기뻐하시는 일은 없습니다. 예수님께서 세상에 오셔서 십자가에 못 박혀 죽으신 일은 바로 용서를 위한 일이었습니다. 사죄하고 용서하고 용서받을 때 성령님의 은혜로 상처가 치유되는 경험을 한 사람은 헤아릴 수 없이 많습니다. 뿐만 아니라 가장 성령 충만한 은혜는 사죄와 용서를 통해서 나타납니다.

상처받지 않는 마음 훈련하기

개인의 기질이나 성품에 따라서 어떤 사람은 작은 일에도 상처받는 사람이 있는가 하면, 어떤 사람은 비교적 상처 받지 않는 사람도 있습니다. 상처를 잘 받는 사람은 성격이 예민하고 날카로운 사람인 경우가 많고 자기사랑이 강하고 자기중심적인 사람이 많습니다. 상처를 잘 받는 사람은 자신도 괴로울 뿐 아니라 주위 사람들에게도 많은 괴로움을 끼치게 됩니다. 자신이 상처를 잘 입는 성품인지 아닌지를 분간하는 일은 중요합니다. 만일 자신이 상처를 잘 입는 성품이라면 그 점을 개선하기 위하여 끊임없이 노력해야 합니다. 상처 되는 일을 만날 때마다 그 일을 주님께 기도하고 드리는 훈련을 하므로 치유 받도록 해야 하며, 상처 준 사람을 이해하고 용서하고 사랑하는 마음을 갖도록 해야 합니다.

자신이 상처받는 일이 자신의 영혼에, 정신건강에, 자신의 인생에 얼마나 큰 손실인지, 상처받은 마음을 가지고 산다는 것이 얼마나 큰 고통이며 사탄에게 공격거리를 제공하는 일이며 하나님이 기뻐하지 않으시는 일인지, 복을 감하는 일인지, 주위 사람들을 불편하게 하는 일인지를 깨달아야 합니다. 상처 준 사람을 원망하고 미워하기 전에 자신을 먼저 성찰해보고 성경말씀을 묵상하며 경건에 이르기를 게을리 하지 않는다면 반드시 개선될 것입니다.

"주여, 쉽게 상처받는 연약한 마음이 되지 않게 하소서."

질병과 성경적 치유

    질병은 인류가 안고 있는 불행 중에서 가장 큰 비중을 차지하고 있는 것 중의 하나라고 할 수 있습니다. 인류는 질병을 정복하고 보다 건강하고 행복하게 장수하려는 연구를 계속해 왔지만 의학이 발달했다고 해서 질병이 줄어든 것이 아니고 오히려 더 많은 환자가 발생하고, 병원균도 내성이 강해져서 더 끈질기고, 새로운 바이러스의 출현 등 질병의 공포는 더욱 가중되고 있는 셈입니다.

    신자는 성경적인 질병관과 치료에 대해서 알고 있어야 합니다. 예수님은 우리의 의사시며(마 9:1,13), 여호와는 치료하는 여호와시며(출 15:26), 성령님은 신유의 은사를 주시는 분입니다(고전 12:9).

성경적 병의 정의

웹스터 사전은 병을 정의하기를 '안정과 평온의 결핍상태 또는 건강의 혼란상태'라고 합니다. 병은 비정상적인 상태로서 나쁘게 된 건강 때문에 바른 사회생활이나 인간생활을 하지 못하게 되거나 지장을 초래하는 상태라고 볼 수 있는데, 성경적인 병은 좀 더 그 범위가 넓고 깊습니다.

성경에서 병이라 함은 영적인 병인 죄와 정신적인 병인 사랑결핍, 시기, 질투, 미움, 고립, 우울, 편집증, 강박증, 나태, 이상성격 등과 육신적인 모든 질병을 다 포함하여 '모든 병과 약함'(마 4:23)으로 표현합니다. 그러나 성경은 이 모든 병이 영적인 병 곧 죄로 인함이라고 규정하고 있습니다. 그러므로 영적인 병에 대해서 모르면 왜 인간이 병을 앓게 되었는지, 세상에 왜 병이 존재하는지 그 원인을 모릅니다.

병은 아담과 하와의 타락으로 인하여 세상이 죄로 오염되었기 때문에 인간이 치러야 할 죄의 대가 중의 하나입니다. 그러나 하나님께서는 인간을 사랑하시고 긍휼히 여기시기 때문에 질병을 치료하는 은혜를 베푸시는데, 그것은 일반은총에 의한 치유와 특별은총에 의한 치유입니다. 일반은총에 의한 질병치료는 의술을 통한 치유이고, 특별은총에 의한 치료는 하나님(예수님)께서 친히 치유하시는 신유를 말합니다.

질병의 직접적인 원인

모든 질병은 근원적으로 죄에서 비롯되었지만 실제적으로 땅과 거기 있는 모든 것들이 창조시와 같은 온전한 상태에서 아득하게 멀어진 오늘의 상태에서는 여러 가지 원인을 찾아볼 수 있습니다.

첫째로 법칙위반의 결과로 병이 생깁니다. 인간의 육체나 정신은 자연계와 마찬가지로 법칙이 있습니다. 맥박과 호흡과 신진대사(육체)와 건전한 정신활동이 그것입니다. 과식이나 상한 음식은 배를 아프게 하는 원인이고, 과로나 영양부족은 몸살이나 기타 중병의 원인이 되며 몸에 해로운 기호품(술, 담배 등)은 호흡기와 간을 병들게 하는 원인이 됩니다. 또한 건전하지 못한 정신과 그로 인한 뒤틀린 인간관계는 사람의 마음에 상처주고 병들게 하는 원인이 됩니다.

두 번째로 유전적인 병이 있습니다. 종종 간질, 정신병 등이 가문을 이어 내려오면서 가족들을 괴롭히고, 폐결핵이나 암도 체질적, 정신적 유전의 경향을 띠고 있다는 연구결과가 나왔습니다.

세 번째로는 사고와 우발적인 원인에 의한 질병이 있습니다. 갑작스런 사고, 전염병, 어떤 물리적 정신적 충격에 의한 병이 그것입니다.

이처럼 사람의 질병은 대체로 환경적 요인과 병원균과 외적 충격과 유전적인 요인으로 발생합니다. 그러나 그리스도인은 하나님과의 잘못된 관계로 인한 질병이 있을 수 있습니다. 즉 하나님과의 평화가 깨졌을 때 마귀의 침입으로 인한 영적, 정신적, 육체적 질병이 올 수 있다는 것입니다.

귀신과 질병

성경에 보면 병과 귀신이 아주 밀접한 관계가 있음을 알 수 있습니다. 복음서에는 귀신으로 인하여 벙어리, 꼬부라진 병, 간질병, 미친 증세 등을 보이고, 막달라 마리아는 일곱 귀신이 들렸던 것으로 나옵니다. 이스라엘의 초대 왕 사울은 악신이 들려 정신착란을 일으키고 마음이 심히 병든 상태로 묘사됩니다. 물론 병과 귀신을 연관 짓는 문제는 논란의 여지가 있으므로 조심스럽게 다뤄야 하겠지만 적어도 성경 특히 복음서에는 귀신과 질병이 밀접한 관계가 있음을 확실히 보여 주고 있습니다. 그렇다고 해서 베뢰아파(김기동 목사)처럼 "인간의 모든 질병이 귀신 때문"이라고 성경은 말하고 있지 않습니다.

그러나 어떤 경우에는 실제로 귀신으로 인한 질병을 앓고 있는 경우가 있다는 것은 부인할 수 없는 사실입니다. 귀신과 관련된 질병은 그것이 어떤 병이든 의학적으로 치료될 수 없습니다. 그것은 영적인 치료로만 치유가 가능합니다. 즉 죄의 회개, 하나님과의 바른 관계, 귀신 쫓기 등이 아니면 치유가 되지 않는 병이 있다는 것입니다.

그러므로 이러한 점들을 잘 파악하면 의학의 범위 안에서 치료될 수 없는 의문의 질병을 쉽게 해결할 수 있습니다. 뿐만 아니라 의학적으로 쉽게 해결될 수 있는 질병인데도 어떤 사람의 경우에는 잘 치료가 안 되는 경우가 있습니다. 그런 경우에도 본인(환자)과 하나님과의 관계 혹은 환자의 가족과 하나님과의 관계가 연관되어 있을 수 있음을 배제하지 말아야 합니다. 그럴 경우에 환자 혹은 환자의 가족이 죄를 회개하고(구체적으로) 하나님과 바른 관계를 갖게 되면 뜻밖에 병이 쉽게 완쾌되는 경우가 많습니다.

그러므로 신자는 질병이 찾아왔을 때 자신이든 가족이든 먼저 하나님과의 관계를 돌아보고 바르게 하려는 것이 순서인 것이지, 무턱대고 병원치료에만 매달리는 것은 신자답지 못한 태도입니다.

의사 예수 그리스도

예수 그리스도는 구원자이시되 영혼과 육신의 구원자요 나아가서는 세계의 구원자이십니다. 예수님께서 어떤 사람의 병을 고치셨을 때 성경은 반드시 그가 구원받았다고 표현했습니다(마 9:22). 예수님께서 공생애 사역에서 실제로 질병을 치료하시고 귀신을 쫓으시는 일에 큰 비중을 두셨습니다. 누구나 복음서를 읽어본 사람이라면 이 사실을 부인할 수 없을 것입니다(마 4:2; 8:16,17; 9:35; 10:1 등).

예수님께서는 예수님께 나아오는 어떤 병자든지 이유를 불문하고 무조건 고쳐주셨으며, 즉각적으로 완벽하게 고쳐주셨습니다. 예수님께서 고치신 병은 절대로 재발하지 않았습니다. 예수님은 창조주의 능력으로 병을 고쳐주셨습니다. 그 분은 몸의 질병뿐 아니라 마음의 병과 영적인 병을 다 고쳐주시는 대의사요 통전적 의사였습니다.

예수님은 무슨 병이든 말씀 한 마디로, 때로는 안수하심으로 고치셨습니다. 병은 마치 살아있는 인격처럼 예수님을 만나면 그 분의 말씀 한 마디에 환자로부터 즉시 떠나갔습니다. 그것을 보더라도 그 분이 창조주의 권세를 가진 분임을 알 수 있습니다.

성경적 치유(구원)

예수님의 치유에서 우리가 깨달을 수 있는 것은 하나님께서는 자녀들이 건강하기를 원하시며 까닭 없이 병에 걸려서 무익하고 고통스럽게 사는 것을 원치 않으신다는 사실입니다. 그 증거는 예수님께서 병을 고치실 때마다 성경은 그 치유로 인하여 하나님께 영광 돌리게 되었음을 기록하고 있다는 것입니다. 이 사실은 병든 자를 고치는 것이 하나님 나라를 전파하러 오신 예수님의 중요한

과업이었으며, 그것은 다른 말로 병의 원인제공을 하고 있는 사탄의 나라와 그의 일을 멸하시는 것이었음을 증명합니다(요일 3:8).

그러므로 병을 고치는 것이 하나님의 선하신 뜻임을 알아야겠습니다. 물론 어떤 특별한 경우에는 병을 고쳐주시지 않는 것이 하나님의 뜻일 때도 있습니다(고후 12:7-9). 그러나 그것은 일반적인 사례가 아닌 드문 경우이며, 그 사람에게 부여하신 어떤 사명이나, 병을 고침으로써 영광 받으시는 것이 아닌, 병을 고침 받지 못한 상태에서의 특별한 신앙으로 영광 받으시려는 경우에 해당합니다.

그러나 일반적인 경우에는 성도들이 병에 걸려있는 것으로 하나님께서 영광 받으실 이유가 없기 때문에 자신의 과오로 인한 병이든, 환경에 의한 병이든, 유전에 의한 병이든, 사고와 충격에 의한 병이든 병을 고쳐서 건강하게 살면서 하나님과 사람에게 봉사하라는 것이 하나님의 뜻입니다. 그렇지 않다면 예수님께서 그토록 많은 사람의 병을 고치신 이유가 무엇이며, 초대교회의 사도들이 그토록 열심히 병을 고친 이유가 무엇이겠습니까?

예수님은 특별히 제자들에게 병 고침의 사역을 명하셨고, 성령의 은사 중에 신유의 은사를 행하도록 하셨고, 또한 믿는 사람들이 손을 얹어 기도하면 병을 낫게 하겠다고 약속하신 것은 예수님께서 질병치유에 얼마나 많은 비중을 두고 관심을 기울이고 계신가를 알게 하는 성경적 근거입니다(마 10:8; 고전 12:9; 막 16:18).

치유와 믿음

그런즉 성경적 치료의 기초가 되는 것은 하나님은 '치료하시는 여호와'(출 15:26)이심을 의심 없이 믿는 것입니다. 의심은 치유의 은혜를 받지 못하는 가장 큰 걸림돌입니다. 그 다음은 치료의 방법인데 하나님의 말씀으로 고친다는 사실입니다. 이것은 전능하신 하나님의 약속이므로 신자가 마땅히 누리는 특권입니다. 신구약 성경은 말씀으로 병을 고치시고 낫게 하셨다고 했습니다(마 8:16; 사 53:4,5; 벧전 2:24; 시 103:3; 107:20 등).

만약 우리가 진정한 하나님의 자녀인 것을 믿는다면 자녀의 권리로 병이 낫게 기도할 수 있고(요 1:12; 마 15:26; 요 15:7), 하나님은 약속하셨으므로 지켜야 할 책임이 있습니다. 그리고 고린도전서 3:6, 6:19에 말씀하신 대로 신자가 하나님의 성전이며 성전(예수) 속에는 모든 복(건강의 복을 포함)이 있음을 확신해야 할 것입니다. 성전은 항상 하나님께서 임재하셨습니다. 전능하신 하나님을 모시고 있는 성전이 병으로 약해지고 오염된다는 것은 이치에 맞지 않은 일입니다. 능력의 하나님으로 말미암아 병을 쫓아낼 수 있습니다.

문제는 참 신앙으로 인하여 참 성전이 되는 것입니다. 항상 하나님과 화평한 관계를 누리는가? 사람과의 잘못된 일은 없는가? 즉 죄를 멀리한 경건하고 신실한 신앙심을 유지하고 있는 것이 무엇보다 필요합니다. 그러므로 회개와 기도, 때로는 금식도 필요한 것입니다(막 9:29; 17:21; 사 58:6-9). 만약 하나님과의 관계가 원만하지 못하고 사람에게 잘못한 일이 있을 때 신자로써, 성전으로써 합당 치 못한 상태로 있으면서 병이 찾아왔다면 즉시 회개하는 것이 우선입니다.

하나님의 섭리와 질병

신학적으로 하나님의 섭리와 질병은 아주 중요하고, 조심스럽고, 까다롭고, 복잡한 문제입니다. 과거에 자신이 어떤 병에 걸렸는데 하나님의 은혜를 입어 현재의 복을 누리게 되었다는 사실을 간증하는 신자들이 흔히 있습니다. 질병이 당시에는 괴로움이요 시련이었으나 결국에는 말할 수 없는 하나님의 은총으로 나타나는 경우가 많다는 것입니다. 여기서 문제는, 그렇다면 질병이 하나님의 섭리이므로 운명으로 받아들이고 순종해야 하느냐, 병을 고치려고 애써야 하느냐 하는 딜레마에 빠질 수 있습니다.

그러나 어느 누구라도 병에 걸린 채로 오래 있으려고 하지 않습니다. 아무리 세상만사가 하나님의 섭리요, 참새 두 마리가 한 앗사리온에 팔리는 것도 하나님의 뜻이라고 굳게 믿는 신자들이라도 자신이 병에 걸렸을 때 "하나님의 뜻이오니 병을 앓겠습니다" 하지 않고 병 낫게 해 달라고 기도하고 약을 먹고 병원을 찾습니다.

히스기야 같은 믿음 좋은 사람도 죽을병에 걸렸을 때(하나님의 뜻으로) 대성통곡하며 병을 고쳐주시라고 기도로 매달렸습니다(사 38:1-3). 만약 병을 앓는 것이 하나님의 뜻이라면 약도 먹지 말고, 병원도 가지 말고 고쳐주시라고 기도도 하지 말아야 합니다. 하나님께서 주신 병을 낫게 하려는 시도 자체가 불순종이기 때문입니다.

그렇다면 신자들은 병에 걸렸을 때 어떻게 해야 할까요? 물리적 원인으로 생긴 질병은 물리적 치료를 해야 합니다. 세균(병균)에 의한 것이라면 병균을 없애야 합니다. 즉 의학은 인류를 위하여 주신 하나님의 치료의 선물(일반은총)이므로 병을 치료하기 위해서 사용하는 것이 하나님의 뜻입니다.

그러나 만일 질병의 원인이 신앙문제에 있다면 즉시 회개하지 않으면 안 됩니다. 회개와 더불어 하나님을 신뢰하므로 병 낫기를 기도하며 의술의 도움을 받아야 합니다.

예수님께서 모든 사람의 질병을 무조건 이유를 불문하고 고쳐주셨다면 내 병도 고쳐주실 것이라는 확신이 필요합니다. 실제로 병 낫기를 위하여 기도하라고 성경은 말씀하고 있고(약 5:14-16), 여호와 하나님은 치료의 여호와이시기 때문입니다(출 15:26). 행여 그 병이 하나님의 섭리 속에서 꼭 걸려야 할 질병이라 할지라도 병 낫기를 위하여 기도하는 것이 신자의 기본자세입니다. 불신자라 할지라도 현대의학이 포기한 병에 걸렸을 경우 그가 예수 그리스도게 두 손 들고 나와 회개하고 주님을 영접하고 간구하면 병을 고침 받는 일이 있습니다.

치유의 복음의 중요성

예수님의 치유의 복음은 영혼구원과 함께 중요한 것임에도 불구하고 오늘날 치유의 복음을 소홀히 하고 오직 영혼구원만 강조하는 일이 많습니다. 그러나 성경은 영혼구원만 중요하다고 가르치지 않습니다(물론 영혼구원이 절대적으로 중요하지만). 치유의 복음, 곧 영적 치유, 상한 마음(정신)의 치유, 몸의 치유도 중요한 것임을 성경은 보여 주고 있습니다. 인간은 누구나 병든 채로 태어납니다(원죄로 인한). 영적으로 사망에 이르는 병에 걸려 있고, 죄악이 만연된 세상에 살면서 여러 가지 일로 마음에 병이 든 채로 살고 있습니다. 그것은 자기 자신도 자각하지 못하는 병입니다. 뿐만 아니라 육체를 위협하는 각종 질병에 노출되어 있고, 인간은 언제 어느 때 질병의 포로가 될는지 예측할 길이 없습니다.

그러므로 예수님은 자신이 세상에 오신 목적이 병든 자를 위해서라고 말씀하신 것입니다. 예수님은 자신이 병든 자임을 깨닫는 사람에게 필요한 분이 되어주신다고 말씀하셨습니다. 자신이 병든 자인 것을 인정하지 않는 사람은 예수님이 필요 없는 사람입니다.

"건강한 자에게는 의사가 쓸 데 없고 병든 자에게라야 쓸 데 있나니 내가 의인을 부르러 온 것이 아니요 죄인을 불러 회개시키러 왔노라" (눅 5:31,32)

예수님은 우리를 사랑하시고 우리를 구원하셨고, 하나님의 자녀로 삼으셨다는 보증으로 성령을 주셨으며(고후 1:22), 성령님은 병 고치는 은사를 주셨습니다. 그러므로 예수님을 모신 사람은 당연히 치료의 은혜를 누릴 특권이 있는 것입니다. 당연히 누릴 특권을 누리지 못하는 것처럼 어리석고 손해나는 일은 없을 것입니다.

사람들은 대개 TV의 회로나 내부구조를 잘 모르지만, 혹은 컴퓨터의 내부구조를 잘 모르지만 전원을 넣고 스위치를 누르면 화면이 나타나고 원하는 정보를 얻을 수 있으며 TV나 컴퓨터를 통해서 얻을 수 있는 특권을 누릴 수 있습니다. 그러므로 신자는 성경이라는 놀라운 선물을 믿음이라는 전원과 스위치를 활용하여 성경으로부터 얻어내고 누리는 특권을 활용할 수 있어야 합니다.

성경의 계시를 다 깨닫지 못하고 완벽하게 알지 못한다 해도, 하나님의 명령임을 알고 그대로 실행하면 복을 누리게 됩니다. 즉 무엇을 얼마나 아는 것보다는 무엇이든지 사용할 줄 알고 누리고 사는 것이 중요하다는 것입니다. 성경을 아는 것, 배우는 것은 참으로 중요합니다. 그러나 성경의 명령을 실행하여 그로부터 얻을 수 있고 누릴 수 있는 것은 더욱 중요합니다.

신자들이 믿고 있는 종교적 거짓말들

　기독교신자들 가운데는 정말 믿어야 할 진리는 믿지 않고, 믿지 말아야 할 비진리는 진리처럼 믿고 있는 사람들이 상당히 많습니다. 그것은 주로 교회의 설교단에서 흘러나온 말이기도 하고 열심히 믿고 있는 선배신자들 입에서 나온 말이기도 하기 때문에, 또한 수십 수백 차례 반복해서 들은 말이기 때문에 머릿속 깊이 박혀있으므로 제거하기도 그만큼 어렵고 건전한 신앙생활을 집요하게 방해하는 요소가 됩니다.

꽃꽂이에 대한 거짓말

　대부분의 교회에서는 강단의 꽃꽂이 장식을 아름답게 하는 것에 상당한 비중을 두고 있습니다. 교회강단을 아름답게 장식하는 것은 신자라면 누구나 좋아할 일입니다. 더구나 설교자는 아름답게 꽃꽂이가 장식된 강단에 서서 설교를 하면 기분이 좋을 것입니다. 꽃을 싫어할 사람은 세상에 아무도 없습니다. 그러나 강단의 꽃꽂이 장식이 언제부턴가 복과 관련된 신앙으로 발전되어 하나님이 꽃꽂이를 무척 좋아하시고 꽃꽂이를 열심히 봉사하는 사람은 복을 받는다는 얘기를 진리처럼 믿는 신자들이 많다는 것입니다.

교회들은 주일마다 새로운 꽃꽂이를 장식하는 데 신경 쓰며 많은 꽃값을 지출하는 형편입니다. 또 어떤 신자들은 하나님께 헌신한다며 무리를 해가며 꽃꽂이 봉사를 합니다. 그들은 꽃꽂이 봉사를 열심히 하면 하나님께서 복을 주신다고 믿고 있습니다. 그러한 믿음은 근원적으로 설교단에서 그런 말을 했기 때문일 것입니다. 그래서 많은 신자들이 꽃꽂이에 관한 일을 진리처럼 믿고 있으며, 꽃꽂이를 하지 않으면 하나님이 섭섭히 여기신다거나 하나님을 소홀히 여기는 것처럼 생각하기도 합니다.

꽃꽂이는 교회당 미화 차원 이상의 아무런 의미가 없습니다. 여유가 있으면 소박한 꽃꽂이로 교회당의 분위를 아름답게 연출하면 좋겠지만 반드시 해야 된다는 법도 없고, 꽃꽂이를 하지 않는다고 죄가 되는 것도 하나님을 홀대하는 것도 아닙니다. 신구약 성경 어디에도 꽃꽂이에 관한 구절은 한 마디도 없습니다. 오히려 꽃꽂이에 들어가는 돈을 가난한 자 구제에 사용한다면 그것처럼 하나님을 기쁘시게 해드리는 일은 없을 것입니다. 복으로 따진다면 꽃꽂이를 하는 것이 복 받는 일이 아니라 가난한 자를 도와주는 일이 복 받는 일입니다. 그럼에도 많은 교회들이 꽃꽂이에 들어가는 돈만큼 가난한 자 구제를 위하여 사용하지 못하는 실정이며, 구제는 못할망정 꽃꽂이는 무슨 일이 있더라도 해야 한다는 것을 신앙처럼 믿고 있습니다.

교회당 건축에 관한 거짓말

멋진 교회당을 짓는 것은 임대교회당에서 신앙생활을 하거나 작고 초라한 예배당, 혹은 상가교회당에서 신앙생활을 하는 목회자와 신자들의 간절한 염원입니다. 따라서 교회당 건축은 모든 교회의 최고의 관심사이며 제일 목표이며 가장 공력을 들이는 일일 것입니다. 그러나 날이 갈수록 땅값 폭등과 건축비 폭등으로 인하여 교회당을 건축하는 일은 어려워만 가고 있으며 정상적인 방법(거짓말하지 않는 방법)으로 교회당을 건축하는 일은 기적과도 같은 일이 되었습니다.

따라서 각 교회들은 어느 정도 교회가 안정권에 들어가면 교회당 건축 준비를 하게 되고, 그중에는 안정권에 들어가지 못한 상태임에도 일찌감치 교회당 건축을 준비합니다. 그 과정에서 교회들이 가장 신경 쓰는 부분이 건축자금을 준비하는 일입니다. 그래서 그때부터 소위 성전건축헌금이란 명목의 헌금을 드리게 되는 데 정상적인 방법으로 성전건축헌금을 모으는 일은 여간 어려운 일이 아니고 부지하세월입니다.

그러므로 각 교회들은 강제성을 가지고 성전건축헌금을 모으는 것이 보편적인데, 그 방면에 유능한 부흥강사를 초빙해서 부흥회를 개최하여 분위기를 한껏 조성하여 작정헌금을 유도하는 방법을 사용하는 것을 비롯해서 집사 이상의 제직들에게 교회당 건축헌금 적금통장을 만들어 적금을 붓게 하거나 금융기관에서 융자를 얻는 방법 등 다양한 방법을 사용하는 데 대부분의 방법이 비성경적이라는데 문제가 심각합니다. 헌금을 바치게 하는 과정에서 성전건축을 교회가 이루어야 하는 지상과제처럼 강조하고, 하나님이 가장 기뻐하시는 일이며 영광 받으시는 일이요, 복 받는 일인 것처럼 강조하며 필요이상으로 성전건축이란 말을 사용하는 데 사실 성전이란 말은 신약성경에서 예수님 자신을 상징하는 말이고 예수님을 모신, 또는 성령님을 모신 신자의 마음을 가리켜 성전이라고 할 뿐(고전 3:16-19), 어떤 건물을 가리켜 성전이라고 한 적은 어디에도 없습니다.

구약의 성전은 예수님의 예표였기 때문에(요 2:19,20) 예수님이 오신 후에는 구약의 성전은 필요 없게 되었습니다. 구약의 성전의 제사제도에 관한 모든 것은 예수님을 예표한 것입니다. 성전의 제사는 죄인이 하나님께 나아가 죄를 용서받기 위하여 필요했는데 예수님이 오시기 전에는 제사장에 의한 짐승의 제사를 중보삼아 하나님께 나아갔지만 예표의 실체인 예수님이 오신 후에는 예수님을 중보자로 죄인이 하나님께 나아가게 된 것입니다. 그래서 예수님이 스스로 대제사장이 되어 자신의 몸을 제물로 십자가에 못박혀 죽으심으로 온전한 제사를 드리셨을 때(히 9:11-15) 예루살렘 성전휘장이 위로부터 아래까지 찢어졌던 것입니다(마 27:51). 그때부터 사실상 성전제사는 영원히 폐지되었고 모든 사람은 예수님 안에서 하나님을 만나야 되는 것입니다.

예수님께서 사마리아의 우물가에서 만난 여인에게 "여자여 내 말을 믿으라 이 산에서도 말고 예루살렘에서도 말고 너희가 아버지께 예배할 때가 이르리라"(요 4:21)고 하신 말씀은 바로 모든 사람은 예수님 안에서 어디서든지 예배드릴 수 있게 된다는 뜻입니다. 그때까지 유대인들은 예루살렘 성전에서만 예배드려야 한다고 알고 있었고, 사마리아 사람들은 사마리아 산 위의 성전에서만 예배드려야 한다고 알고 있었습니다(요 4:20). 그러나 성전의 실체이신 예수님이 오셨으므로 성전제사가 폐지되고 예수님을 믿는 믿음으로 예배드리는 곳이라면 그곳이 어디가 되었든, 산이든 들이든 집이든 창고든 어디든지 하나님의 성전이라는 것입니다.

그러므로 오늘날 성전건축을 강조하면서 성전을 지나치게 신성시하는 것은 비성경적인 일입니다. 물론 성전인 성도들이 모여 하나님께 예배드리는 집이기 때문에 성전이라는 말을 사용할 수는 있겠지만 대부분의 신자들이 이해하고 있는 성전에 대한 개념은 그런 의미보다는 구약시대에서처럼 하나님의 집, 곧 성막, 성소, 성전이라는 개념으로 이해하는 경우가 많습니다. 그것은 교회에서 그렇게 가르쳐왔기 때문이며 교회에서 그렇게 가르친 이유는 목회자가 신학적으로 무지한 경우도 있겠고, 교회당건축을 위하여 일부러 성도들에게 그런 개념을 심어준 때문이기도 합니다.

실제로 교회에서 교회당건축에 관한 성경적 근거를 제시할 때 인용하는 성경구절은 대부분 구약성경이지 신약성경이 아닙니다. 그러나 구약성경에서도 오늘날의 교회처럼 성전건축에 대하여 그렇게 강요한 일은 절대로 없었습니다. 모세의 인도로 광야에서 성막을 지을 때도 성막을 위하여 재료를 모을 때에 "무릇 즐거운 마음으로 내는 자에게서 내게 드리는 것을 너희는 받을지니라"(출 25:1,2) 하고 하나님은 명령하셨지 무리하게 재산헌납을 권하거나 작정헌금을 강요하지 않았습니다.

또한 다윗이 성전을 짓기 위한 준비를 할 때도 같은 방법이었으며(대상 28-29장), 솔로몬에 의한 성전건축 때도 마찬가지였습니다(왕상 6,7장; 대하 2,3장). 요아스 왕 시대에 성전을 보수할 때도 같은 방법으로 했습니다(대하 24:4-13). 유다가 바벨론 포로 귀환 이후 예루살렘 성벽과 성전을 재건할 때도 어느 정도 강제성을 띄기는 했지만 그때는 특별한 상황이었습니다. 또한 그때는 귀환한 유다 백성 모두가 귀환의 감격에 젖어있을 때였으며 성벽과 성전 재건은 가장 중요하고 시급한 문제였습니다(스 3–6장; 학 1,2장). 그럴지라도 지금처럼 성전건축을 빙자하여 이상한 방법을 사용하지는 않았습니다.

하물며 성전의 존재가 절대적인 구약시대도 아닌, 성전의 의미가 바뀐 신약시대에 성전건축의 개념을 구약시대처럼 말하며 이상한 방법을 쓰는 것은 비복음적인 병폐입니다. 신약시대에는 성전건축이란 말이 한 번도 언급된 적이 없고 오히려 예수님은 예루살렘의 아름다운 성전을 보고 감탄하는 제자들을 보시며 그 성전의 돌 하나도 돌 위에 남지 않고 파괴될 것을 말씀하시므로(막 13:1, 2; 마 24:1,2; 눅 21:5,6) 성전에 어떤 의미를 부여하는 것을 금하셨습니다.

사실상 하나님께서 성전을 중히 여기셨더라면 성전은 지금까지 보존되었을 것입니다. 그러나 예루살렘 성전은 완전히 파괴되고 지상에서 사라졌습니다. 또한 신약성경에는 교회당건축에 관한 언급이 한 번도 없습니다. 물론 그때는 기독교에 대한 박해가 극심했던 때이기도 했지만 교회당건축을 그렇게 중요한 일로 여기는 것이라면 어디엔가 언급이 있을 텐데 없습니다.

오히려 신약성경에서 강조하고 있는 것은 보이는 교회당 건물이 아니라 사랑, 용서, 자비, 긍휼, 희생, 겸손, 온유, 정의 같은 것들입니다. 곧 성전 되시는 예수님 안에서 예수님을 신앙하며 따르며 본받는 것을 무엇보다도 중히 여기며 강조하고 있습니다. 그러므로 교회당건축보다 더 중요한 것은 이웃사랑과 용서와 화해이며 정의입니다. 굶주린 자, 병든 자, 연약한 자, 갇힌 자를 돕는 것(섬기는 것)이 무엇보다 힘써야 할 일임을 예수님은 명령하셨습니다 (마 25:31-46). 예배는 어디서 드려도 진심으로 예수님 안에서 드리는 예배는 하나님이 기쁘게 받으십니다. 물론 교회당건축 자체가 나쁘다는 것은 아닙니다. 신자라면 교회당건축에 관심을 가져야 하고 자발적으로 희생을 감수하며 즐거움으로 건축에 참여하는 것이 옳은 신앙태도일 것입니다. 그러나 그것이 기독교신앙의 최우선순위에 해당하거나, 교회당건축에 헌금을 소홀히 하면 복을 받지 못한다거나, 하나님에 대한 믿음이 없는 것이라거나, 죄를 짓는 것으로 말하는 것은 종교적 거짓말입니다.

오늘날 성전건축(교회당건축)에 대한 왜곡된 이해로 말미암아 건전하고 성숙한 신앙생활에 저해를 받는 신자들이 많이 있는 것을 보게 되는 데 불행하고 통탄스런 일입니다.

"하나님의 사랑은 노력해서 얻어내야만 한다"는 거짓말

종교적 거짓말들은 마치 하나님의 뜻인 것처럼 가르쳐지기 때문에 신자들은 그것들을 물리치는 데 많은 어려움을 겪을 수밖에 없습니다. 자신의 머릿속에 한 번 깊이 박혀버린 종교적 거짓말들을 거부하는 것은 마치 하나님께 대항하는 행위처럼 느껴지기까지 하여 두려워하는 신자들이 많습니다. 오늘날 이단에 속한 신자들이 많은 종교적 거짓말에 속고 있지만 뜻밖에도 기존교회의 신자들 가운데도 종교적 거짓말을 진리처럼 믿고 있는 경우가 얼마나 많은지 모릅니다.

성경에서 가르치고 있는 하나님의 사랑은 사람의 행위의 결과로 주어지는 것이 아니라 무조건적인 은혜로 주어지는 것임에도 많은 신자들이 자신의 행위의 결과에 따라 하나님께서 자신을 사랑하시기도 하고 미워하시기도 하신다는 거짓말을 믿고 있습니다. 이러한 거짓신앙을 신봉하게 되는 것은 자녀에게 조건적인 사랑을 베푼 부모의 영향을 받은 것도 있고, 무엇보다도 복음적인 설교가 아닌 율법적인 설교를 들으면서 신앙생활을 하는 신자들 가운데 많이 있습니다.

하나님의 사랑은 조건부라고 생각하고 있는 신자는 매우 안정되지 못하고 불안한 신앙생활을 할 수밖에 없습니다. 그들은 자신의 구원받음에 대한 확실한 신앙을 가질 수가 없습니다. 잘못하다가는 구원받지 못한다, 하나님께 버림받을지도 모른다는 불안한 마음이 있는데, 특히 자신의 선하지 못한 행위에 죄책감을 느낄 때 더욱 심합니다. 그러다가 자신이 무슨 선한 행위를 한 일이 있다면 그 일 때문에 하나님의 사랑을 받을만하다고 여겨져서 안심이 되곤 하는 데 그러한 신앙형태는 하나님의 사랑은 노력으로 얻어내는 것이라는 거짓말에 단단히 붙잡혀 있는 것입니다.

이런 종류의 사고방식에 젖어있으면 죄를 지으면 지을수록 하나님이 더욱 자신을 미워하실 것이라고 믿게 되고 그 다음단계로 어떤 큰 잘못을 저질렀을 때 하나님께서 자신으로부터 영원히 등을 돌리고 사랑을 거두어 가실 것이라고 믿게 됩니다. 대개 이런 종류의 사고방식에 젖게 되는 신자는 완벽주의 신자인데, 완벽주의 신자는 죄를 짓게 되면 하나님께서 자신에게 무척 화가 나 있으며 자신을 외면하신다고 생각하게 됩니다. 이러한 신자는 하나님 안에서 기쁨과 평화를 누리기보다는 늘 불안에 눌려 살다가 영적 탈진상태에 빠지게 됩니다. 완벽주의 신자는 자신에게 늘 완벽할 것을 요구하고, 스스로 완벽하다고 여길 때 자기에게 만족하는 것처럼 자기가 완벽해야 하나님께서도 만족해하시며 자신을 사랑해주실 것이라고 믿고 있습니다. 그러나 완벽주의 신자가 스스로 만족해하는 때는 별로 없습니다. 그러므로 늘 자신에게 실망하며 하나님께서도 자신에게 실망하실 것이라고 생각합니다. 그러기 때문에 예수 그리스도 안에서 자신을 사랑하시는 하나님의 은혜를 실감하지 못하고 늘 불안하고 평안이 없습니다.

이런 신자에게 율법적인 가르침, 곧 "하나님의 사랑은 노력해서 얻어내야만 한다" 즉 "하나님은 노력하는 신자, 완전하고 훌륭한 신자만 사랑하신다"는 거짓말은 더욱 자신을 잃게 하는 절망스런 상태에 빠지게 할 뿐 하등의 도움이 되지 않습니다.

하나님의 사랑은 변함이 없다는 사실을 신자는 꼭 기억하고 있어야 합니다. 혹 커다란 죄를 범하게 되었을 때에도 나를 향한 하나님의 사랑은 변함이 없으며 하나님은 날 외면하지 않으시고 날 버리지 않으신다는 사실을, 세상 모든 사람들 심지어 내 부모마저 나를 버릴지라도 하나님은 나를 버리지 않으신다는 사실을 꼭 기억하고 있어야 합니다(시 27:10). 신자를 향한 하나님의 사랑을 끊어놓을 존재는 보이는 세상의 것이나 보이지 않는 세상의 것들 중에 아무것도 없습니다(롬 8:31-39).

하나님께서는 신자가 경건한 삶을 살기 원하시며 영광을 받으시지만, 내가 경건함이 부족하고 부끄러운 모습을 하고 있을지라도 나를 향한 하나님의 사랑은 변함이 없으시며 있는 그대로를 사랑하신다는 것입니다. 물론 이 말은 죄를 짓고 회개하지 않아도 된다거나 신자가 불경건한 생활을 해도 무방하다는 차원의 얘기가 아닙니다. 신자가 죄를 짓고 회개하지 않고 계속적으로 불경건한 생활을 한다면 하나님은 슬퍼하시고 탄식하시며 사랑의 매를 드시는 분입니다(히 12:3-13). 그것은 사랑하시기 때문이지 미워하거나 싫어하는 차원이 아닙니다.

"하나님께 떳떳해지기 위해 힘쓰라"는 거짓말

또한 여기서 조심해야 할 것은 신자가 자신의 행위에 만족할 때, 자신이 하나님을 만족스럽게 해드렸다고 생각할 때, 그것 때문에 하나님께서 자신을 사랑하시고 인정해 주신다는 착각에 빠지기도 하는 데, 흔히 율법적인 설교를 많이 들은 신자들이 그렇게 되기 쉽습니다. 사람이 어떤 행위를 통해서 하나님을 만족스럽게 하고 하나님께 인정받는다는 것은 거짓말입니다. 사람은 오직 예수 그리스도의 십자가 공로를 힘입을 때만 하나님을 만족스럽게 하고 하나님께 인정받습니다. 그러므로 자신의 행위가 만족스럽기 때문에 그 사실을 의지하여 하나님 앞에 떳떳하다고 여기는 일이 없도록 경계해야 합니다.

"너희는 그 은혜에 의하여 믿음으로 말미암아 구원을 받았으니 이것은 너희에게서 난 것이 아니요 하나님의 선물이라 행위에서 난 것이 아니니 이는 누구든지 자랑하지 못하게 합이라" (엡 2:8,9)

"하나님이 우리를 구원하사 거룩하신 소명으로 부르심은 우리의 행위대로 하심이 아니요 오직 자기의 뜻과 영원 전부터 그리스도 예수 안에서 우리에게 주신 은혜대로 하심이라" (딤후 1:9)

그러므로 신자는 자신의 행위와 노력을 무기삼아 하나님께 인정받으려고 해도 안 되고 자신의 행위와 노력에 실망하여 하나님의 사랑을 의심해서도 안 됩니다. 신자가 의지해야 하는 것은 어떤 경우이든 예수 그리스도 한 분이어야 합니다. 만약 우리가 죄를 범하여 죄책감으로 고민하고 절망하면서 하나님께서 등을 돌리실 것이라는 생각이 들 때 다음의 말씀을 의지하여 그런 생각을 쫓아야 합니다.

> "우리가 아직 죄인 되었을 때에 그리스도께서 우리를 위하여 죽으심으로 하나님께서 우리에게 대한 자기의 사랑을 확증하셨느니라" (롬 5:8)

이러한 말씀은 하나님의 사랑은 인간의 노력 여하에 따라 달라진다는 거짓말을 봉쇄하고도 남습니다. 이러한 말씀을 묵상하는 것이야말로 거짓진리가 사실이 아님을 깨달을 수 있는 첫 번째 단계입니다.

"주의 종을 잘 섬겨야 복을 받는다"는 거짓말

교회를 타락하게 하는 통탄스러운 일 중의 하나가 "주의 종을 잘 섬겨야 복을 받는다"는 말입니다. 이러한 말도 설교단에서, 특히 부흥사들의 입을 통해서 나온 말인데 이 말은 "주의 종을 대적하면 화를 당한다"는 말과 함께 생각해보는 것이 좋을 듯싶습니다.

주의 종은 목사를 가리키는 말입니다. 어떤 의미에서 이러한 말들은 전혀 근거 없는 말이라고 할 수는 없을 것입니다. 이를테면 성실하고 진실한 목회자가 궁핍한 생활을 하고 있다면 성도는 자기만 걱정 없이 살고 있는 것을 민망하게 생각하며 물질적인 필요를 충당해주는 것을 외면해서는 안 될 것입니다. 신자들은 목회자의 육신적 필요를 채워주어야 하며 존경해야 할 의무와 책임이 있다고 성경은 분명히 말씀하고 있고 목회자는 그러한 권리가 있음을 말씀하고 있습니다(고전 9:4-11; 갈 6:6; 딤전 5:17,18; 벧전 5:5; 히 13:17). 또한 성도들이 목회자를 존중하며 필요한 것들을 공급하는 것을 하나님께서 향기로운 제물로 여기시고 기뻐하신다고(빌 4:18) 성경은 말씀하고 있습니다.

실제로 성경에 보면 그러한 사례들이 많이 있습니다. 엘리야와 엘리사 선지자를 섬겼던 사렙다 과부와 수넴 여인이 그 대표적인 예입니다(왕상 17:8-22; 왕하 4:8-37; 왕하 8:1-6). 그녀들은 두 위대한 하나님의 종들을 아름다운 마음으로 섬기므로 하나님께서 많은 복을 주셨습니다. 그러나 그녀들은 미리 복을 받으려는 계산을 하고 그런 것이 아니라 그냥 순수한 마음으로 하나님을 경외하며 하나님의 종들을 섬기고자 했습니다.

신약에서 사도 바울을 섬겼던 많은 성도들도 마찬가지였습니다. 그들은 무슨 복을 받기 위해서가 아니라 예수님을 사랑하고 복음을 사랑했기 때문에 복음의 일꾼인 사도 바울을 비롯한 하나님의 일꾼들을 최선을 다하여 섬겼습니다. 브리스길라와 아굴라 부부는 사도 바울을 비롯한 하나님의 일꾼들을 최선을 다하여 섬겼습니다. 그들은 사도 바울을 위하여 목숨을 내어놓았고, 뵈뵈 집사 또한 목숨을 아끼지 않고 바울의 로마서를 수만리 떨어진 로마교회에 전했을 뿐 아니라 순회전도자들에게 숙식을 제공했으며(롬 16:1-4), 루디아 집사도 그랬습니다(행 16:13-15). 우리는 성경에서 하나님의 종들과 성도들의 아름답고 감동적인 사랑의 교제와 헌신과 섬김을 수없이 발견하게 됩니다. 그런데 문제는 목회자 자신이 의식적으로 강조하여 성도는 당연히 목회자를 섬겨야 하고 그러면 하나님께서 복은 주신다는 소리를 공공연히 하고 있다는 것입니다. 더욱 심각한 것은 진실하거나 성실하지 못한 목회자일수록 그것을 강조한다는 것입니다. 차마 스스로 그 소리를 하지 못하면 부흥강사나 외부강사를 통해서 하게 되는 데 목사님의 옷을 해주라, 사모님의 옷을 해주라, 승용차를 사주라, 새 승용차로 바꿔주라는 등, 이런 소리를 공공연히 떠벌리며 그것을 마치 복 받을 기회로 여기라는 식으로 강조합니다.

물론 옷이 없는 목사의 옷을 사주면 좋은 것입니다. 옷이 없어 누추한 옷차림을 하고 있는 사모는 아랑곳없이 값비싼 옷을 사치스럽게 입고 다니는 성도도 잘하는 일은 아닐 것입니다. 그러나 그렇다 할지라도 그것은 공개적으로 말할 수 있는 성질의 것이 아닙니다. 자신이 성령의 감동으로 자발적인 마음이 우러나서 할 수 있어야 되는 일이며 은밀하게(오른손이 하는 일을 왼손이 모르게) 이루어져야 하는 것이지, 공개적으로 "목사님 양복 해줄 사람 손드시오!" 혹은 "목사님 승용차 사줄 사람 손드시오!"라고 하는 것은 정말 비성경적입니다. 그렇게 되면 다른 성도들까지 그런 분위기에 영향받아 충동적으로, 혹은 경쟁적으로 "내가 하겠다"고 나설 수 있으며, 그렇게 하지 못하는 성도들은 마음이 불편해지므로 하나님은 그런 식으로 하는 것을 절대 기뻐하지 않으십니다.

더군다나 목회자는 비록 궁핍할지라도 그런 것들을 신자들에게 기대하거나 요구해서는 안 되며 공개적으로 거론되는 것은 더더구나 안 될 것입니다. 그런 것을 기대하거나 요구하는 목사, 공개적으로 거론되게 하는 목사는 그 인격과 신앙을 의심받아야 마땅합니다. 사도 바울은 자신이 굶어죽을지언정 그렇게 하지 않겠노라고 했고(고전 9:15), 그 이유는 자신이 좀 더 순수하고 순결하고 물질에 오염당하지 않으려는 뜻도 있었고, 주님 앞에 부끄럽지 않기 위해서였고, 신자들을 부담되게 하거나 그것으로 시험거리를 제공하고 싶지 않아서였으며, 이다음에 주님께 상 받고 싶은 마음에서였습니다.

에베소교회에서 3년간 목회하는 동안 바울은 성도들에게 아무

것도 누를 끼치지 않았다고 했습니다.

> "내가 아무의 은이나 금이나 의복을 탐하지 아니하였고 여러분이 아는 바와
> 같이 이 손으로 나와 내 동행들이 쓰는 것을 충당하여 범사에 여러분에게 모
> 본을 보여준 바와 같이……" (행 20:33-35)

예수님께서는 양의 탈을 쓴 노략질하는 이리를 삼가라고 하셨
고(마 7:15), 사도 바울은 물질적 착취를 일삼는 거짓교사들(거짓사
역자)에 대하여 경계했습니다(행 20:29,30). 오늘날 지각없고 몰염치
한 목회자들 중에 "주의 종을 잘 섬기면 복을 받는다"는 말을 공공
연하게 떠들고 다니며 헛된 축복의 말을 남발하는 것은 복음사역
자의 위상을 실추시키기에 족할 뿐 아니라 성경적 기독교신앙에
많은 저해를 가져오는 일이므로 신자는 이점에 대해서 바르게 알
고 있어야 합니다.

"주의 종을 대적하면 화를 당한다"는 거짓말

이 말도 설교단, 특히 부흥강사의 입에서 흘러나온 말입니다. 어
떤 면에서 이 말도 전혀 성경적 근거가 없는 말은 아니며 종종 사
실로 나타나는 말이기도 합니다. 그러나 이러한 말이 목회자가 교
회에서 군림하기 위하여 공갈협박의 무기가 되고 있다는 점에서,

때로는 신자들의 자유를 억압하는 무기가 되고 있다는 점에서 심각한 문제가 되고 있습니다.

물론 신자들 중에서 애매하게 잘못도 없는 하나님의 사역자를 괴롭히는 경우도 종종 있으며 심지어는 목회생활을 못하게 하는 극단적인 경우도 있습니다. 성경에서 모세를 비방했던 모세의 누이 미리암이 하나님의 징계를 받아 7일간 문둥병 환자가 되었던 일이 있었고(민 12:1-16), 모세를 대적했던 고라 일당이 하나님의 심판으로 죽음을 당한 일도 있었습니다(민 16;1-50). 또한 엘리사를 대머리라고 야유했던 젊은이들이 곰에게 찢겨 죽음을 당한 일도 있고(왕하 2:23,24), 다니엘을 모함했던 바사국의 대신들이 사자들의 밥이 되었으며(단 6:24), 모르드개를 모함하여 살해하려던 바사국의 하만 장군은 오히려 자기가 모르드개를 매달려고 하던 나무에 달려 죽었습니다(에 7:1-10).

분명히 하나님은 애매하게 사람을 괴롭히고 대적하는 것을 기뻐하지 않으십니다. 하물며 하나님의 사역자들을 애매하게 괴롭히고 대적하는 일이겠습니까? 또한 하나님은 질서를 존중하시는 분이십니다. 하나님은 교회가 질서를 지키며 서로 존중하며 섬기기를 바라시지 질서를 거슬러 혼란케 하는 것은 원치 않으십니다. 목회자는 교회의 지도자로 세우셨으므로 성도들은 질서상 목회자를 존중하고 그 가르침을 따르는 것이 원칙입니다(딤전 5:17; 벧전

5:5; 히 13:17). 그것은 그들이 신자들보다 탁월하고 높은 신분이라는 뜻이 아니라 교회에서의 직책상 그렇게 해야 교회가 평안을 유지할 수 있기 때문입니다. 그것은 마치 남편과 아내가 동등하지만 질서상 남편이 아내의 머리가 되는 이치와 같다고 볼 수 있습니다 (고전 11:3).

목회자는 교회에서 성도들 위에 군림하는 직분이 아닙니다. 목회자는 성도를 바르게 가르쳐서 예수님과의 사이를 바르게 해주는 역할을 하는 직분이지 교회에서 군림하며 높임 받고 자기마음대로 힘을 휘두르라는 직분이 아닙니다. 그러면서 자신의 뜻을 따르지 않고 이의를 제기하거나 반발하지 못하게 하기 위하여 주의 종을 대적하면 화를 입는다는 말을 하는 것은 온당치 못한 일입니다.

목회자가 하는 일이 100% 하나님의 뜻에 합당한 일이라면 좋은 일이겠지만 실제로 그렇지 못한 것이 현실입니다. 때로 목회자보다 성도들이 생각하고 계획하는 것이 하나님의 뜻에 합당한 일일 수도 있습니다. 그럴 때 목회자가 일방적으로 자기의 뜻이 하나님의 뜻과 일치한다며 순종을 요구할 경우, 그 일이 중요한 일이라면 성도들은 목회자의 뜻을 따르지 않을 수 있고, 심한 경우 교회를 떠날 일도 있을 수 있습니다. 그럴 경우 목회자가 주의 종을 대적하면 화를 입는다는 식의 분위기를 만들면 예수님 안에서 신자의 신앙이 성숙하게 자랄 수 없을 것입니다. 신자는 목회자의 양이 아니라 예수님의 양이며, 특정 목회자에게 속한 사람이 아니라 예수님께 속한 사람입니다. 스스로 예수님 안에서 생각하고 판단하고 결정할 수 있도록 해주고, 잘못된 일이 있으면 기도하고 권면해주는 일 이상 어떤 강요나 협박성의 말을 해서는 안 되는 것이 목회자의 입장입니다. 혹 신자가 잘못된 생각과 판단과 결정을 했을지라도 진실한 목회사역을 하고 있는 목사라면 절대로 "주의 종을 대적하면 화를 당한다"는 말을 입 밖에 내지 않을 것입니다.

"하나님은 죄를 짓는 신자를 미워하신다"는 거짓말

신자들은 누구나 죄를 짓고 나면 하나님께서 자기를 멸시하시고 미워하신다는 생각에 사로잡히기 쉽습니다. 그렇게 되면 신자는 자신을 미워하고 자학하는 건강하지 못한 심리상태가 되기 쉽습니다. 뿐만 아니라 그렇게 되면 죄에서 돌아서서 건전한 삶을 살기가 훨씬 더 어려워집니다. '하나님이 나를 미워하신다'고 생각하는 것은 하등의 도움이 되지 못할 뿐 아니라 오히려 점점 더 심한 자학과 절망에 빠지게 합니다. 하나님이 나를 미워하신다는 생각, 하나님이 나를 멸시하신다는 생각, 하나님은 나 같은 것은 사랑하지 않으신다는 생각은 마귀의 생각입니다. 그런 생각에 사로잡혀 있다면 마귀의 유혹과 공격을 받고 있는 것이 틀림없으며, 영적으로, 심리적으로 건강하지 못한 상태일 뿐 아니라 자신을 파괴시키는 위험에 직면해 있다는 신호입니다.

이러한 신자는 죄를 회개하고 나서도 하나님께 용서받았다는 확신이 없어 늘 불안한 마음을 떨쳐버리지 못하고 죄책감과 우울증에 시달리게 됩니다. 그런 사람은 신앙 안에서 자유로움과 기쁨을 누리는 것을 죄악으로 여기며, 하나님은 내가 극심한 고통에 시달리는 것을 원하신다고 생각하고, 그렇게라도 해야 자신이 조금이라도 죗값을 더는 것이라고 생각합니다. 결국 예수님께서 십자가에 못 박혀 피 흘려 죽으신 공로를 전혀 인정하지 않고 자기가 스스로 학대하는 것으로 죄책감에서 벗어나 보려고 하지만 결과는 점점 더 깊은 수렁에 빠지게 될 뿐입니다.

그런 사람은 죄를 회개하면 하나님께서 죄를 용서하시고 잊으신다는 사실을 알지도 못할 뿐 아니라 믿지도 못합니다. 그렇게 된 이유는 복음적인 설교보다는 준엄한 율법적인 설교를 들어온 신자들의 경우에 많고, 잘못했을 때 야단치고 곧 용서해준 후 다시는 그 문제를 거론하지 않는 것이 아니라 두고두고 그 일을 문제 삼고 자녀를 용서해 주는 일에 인색한 부모의 영향 때문이기도 하며, 성격적으로 지나친 결벽증이나 완벽주의의 기질인 사람 중에 많습니다.

하나님은 신자가 진심으로 죄를 회개했을 때 즉시 용서해 주실 뿐 아니라 그 죄를 기억도 하지 않으실 것이라고 하셨습니다(시

32:5; 겔 18:21,22). 성경은 하나님께서 죄를 미워하시고 싫어하시기는 하지만 죄인을 미워하거나 싫어하는 분이 아니라는 사실을 수없이 언급하고 있고, 죄인에 대한 인애와 긍휼과 자비를 풍성히 베푸시는 분이심을 강조합니다(시 103:3,4).

물론 죄를 지으면 회개해야 하는 것이 원칙입니다. 하나님은 신자가 죄를 짓는 것을 원치 않으십니다. 그러나 신자가 죄를 짓지 않고 완벽하게 살 수 없는 연약한 존재임을 하나님은 너무나도 잘 알고 계십니다. 신자가 죄를 짓지 않고 산다면 더 바랄 것이 없겠지만 그렇지 못하다는 것을 하나님은 잘 아시기 때문에 회개하고 돌이키는 자에게 용서해 주신다는 죄 사함의 은혜를 마련해 놓으신 것입니다. 누구든지 십자가에 못 박혀 피 흘려 죽으신 예수님의 죄 사함의 공로에 의지하여 죄를 고백하고 용서를 구하면 죄를 용서받을 뿐 아니라 변함없는 하나님의 사랑과 자비와 긍휼 속에서 살게 됩니다. 물론 구원받는 일에도 전혀 변함없습니다(요일 1:9-2:2).

그렇다고 해서 같은 죄를 반복해도 무방하다는 뜻이 아닙니다. 이를테면 낙태의 죄를 지은 신자가 계속 상습적으로 낙태의 죄를 범한다거나, 도적질과 거짓말을 한 신자가 회개한 후 또다시 계속 같은 죄를 범한다거나, 여타의 크고 작은 죄를 짓고 회개하고 나서 다시 반복한다면 그것은 진정한 회개일 수 없습니다. 진정한 회개는 같은 죄를 되풀이하지 않으려는 결단과 의지를 보입니다. 그럴지라도 어쩔 수 없이 죄를 범하기 쉬운 것이 죄의 무서움입니다. 하물며 결단과 의지도 없다면 어떻게 되겠습니까? 예수님은 간음한 여인을 용서해 주시면서 다시는 죄를 짓지 말라고 말씀하셨습니다(요 8:11). 예수님의 말씀은 또다시 죄를 지으면 절대로 용서받을 수 없다는 의미가 아닙니다. 그만큼 죄를 경계하라는 뜻입니다.

하나님은 절대로 죄인을 미워하시지 않는 분입니다. 이 세상에 죄인 아닌 사람, 의로운 사람은 한 사람도 없습니다(시 14:1; 롬 3:10). 하나님께서 죄인을 미워하신다면 세상에 독생자를 보내시어 십자가에 못 박혀 죽게 하시지 않았습니다. 하나님께서 죄인을 사랑하신다는 증거는 예수님을 보내주신 것으로 증명됩니다(요 3:16; 롬 5:8). 그러므로 내가 죄를 짓게 될 때 하나님이 나를 미워하실 것이라는 생각은 쓸데없는 걱정이며 사단의 거짓말입니다. 하나님은 어떤 경우에도 우리를 사랑하십니다.

"하나님께서 사랑하시는 자에게 고통과 괴로움을 당하지 않도록 해주신다"는 거짓말

우리는 종종 어렵고 힘든 일을 만날 때마다 '하나님께서 나를 사랑하신다면 내가 왜 이런 일을 당하도록 내버려두시는 것일까? 하나님은 날 사랑하시지 않나보다'라는 생각이 들 때가 있습니다. 복음, 곧 예수를 믿는 사람이 된다는 것은 말 그대로 기쁨, 평화, 만족등을 누리는 사람이 되는 것입니다. 그런데 우리는 그것을 마치 그리스도인에게는 아무런 문제나 고통이나 시련 같은 것이 일어나지 않는다는 뜻으로 오해하게 됩니다. 마치 하나님은 내가 원하는 일은 무엇이든지 이루어주시는 알라딘의 램프요, 무슨 사고가 나더라도 털끝 하나 상함이 없이 지켜주시는 만능 보디가드로 여기고 있다는 것입니다.

이 거짓말이 어쩌면 기독교에 도사리고 있는 가장 교활한 거짓말일지도 모릅니다. 많은 신자들이 이 거짓말 때문에 신앙에 회의를 느끼고. 하나님의 사랑을 의심하고, 상처를 입고 있습니다. 기독교신앙을 이런 식으로 이해하는 신자는 신앙의 유치원 단계에 있다고 보는 것이 좋을 것입니다. 기독교신앙을 육신적이고 현세적인 문제들을 해결해 주는 사랑의 해결사로만 이해한다면 그것은 여타의 하등종교나 샤머니즘과 다를 바 없을 것입니다.

기독교신앙은 어떤 직면한 문제들에 대한 일시적 구출을 통해 문제들을 해결해 줌으로써가 아니라 우리에게 문제를 다룰 수 있는 통찰력과 원천을 제공해줌으로써, 곧 우리 문제를 해결할 수 있는 지혜와 어려움을 이겨낼 수 있는 인내와 그런 일을 통하여 성숙하고 아름답고 보석처럼 다듬어지고 닦여서 빛나는 존재가 되게 하는 데서 그 깊은 의미를 찾아야 합니다.

기독교신앙은 결코 힘든 계단을 쉽게 오르게 해주는 에스컬레이터나 만사형통의 고속도로로 이해해서는 안 됩니다. 인생을 좀 더 쉽고 편하게 살아가기 위해서 기독교신앙에 접근한다면 그것은 핵심에서 벗어난 기독교신앙입니다. 성경에서 확인하는 바로나 역사상 가장 헌신적으로 살았던 신앙인들의 삶을 살펴본다면 그리스도인이 된다는 것은 고통이 덜하기는커녕 보통 사람들보다 더 고통스러운 길을 가는 것이라는 것을 알 수 있습니다. 신자들은 예수께서 "좁은 문으로 들어가라 멸망으로 인도하는 문은 크고 그 길이 넓어 그리로 들어가는 자가 많고 생명으로 인도하는 문은 좁고 길이 협착하여 찾는 이가 적음이니라"(마 7:13,14)고 말씀하신 의미가 무엇인지를 알아야 합니다.

그리스도인의 삶은 '자기 자신에 대하여 죽는 것'(갈 2:20; 5:24)이며 '자기를 부인하고 자기 십자가를 지는 것'(마 16:24)입니다. 내가 원하는 것을 성취하고 형통한 삶을 추구하며 성공과 존귀와 명성과 평안과 행복을 추구하는 삶은 결단코 기독교가 아닙니다. 신자들은 어려움과 고통을 당할 때 오히려 하나님이 나를 지극히 사랑하신다는 진리를 깨닫고 한숨과 불평이 아니라 오히려 기뻐해야 할 사람들입니다. 왜냐하면 그 일을 통해서 하나님께서 나를 성숙하고 아름답고 보석처럼 다듬고 닦아서 온전한 사람이 되게 하시려는 뜻이 있기 때문입니다.

"내 형제들아 너희가 여러 가지 시험을 당하거든 온전히 기쁘게 여기라 이는 너희 믿음의 시련이 인내를 만들어내는 줄 너희가 앎이라 인내를 온전히 이루라 이는 너희로 온전하고 구비하여 조금도 부족함이 없게 하려 함이라" (약 1:2-4)

이와 함께 시련이나 어려운 일들도 하나님의 오묘한 섭리 속에서 선한 결과로 결실을 보게 됩니다.

"우리가 알거니와 하나님을 사랑하는 자 곧 그의 뜻대로 부르심을 입은 자들에게는 모든 것이 합력하여 선을 이루느니라" (롬 8:28)

인생은 "고통 없이는 아무 것도 배울 수 없다"는 것이 성경의 가르침입니다(시 119:67-71). "예수 믿으면 만사형통하다. 하나님께서 고통과 괴로움에서 온전히 보호해 주신다"는 말은 사탕발림 같은 거짓말입니다.

내 모든 문제들은 나의 죄 때문에 당하는 벌이다?

대부분의 신자들은 자신이 겪고 있는 고난의 문제들이 자신의 죄 때문에 죗값을 치르는 것이라고 생각합니다. 그렇다면 이 세상에 나쁜 짓을 하는 사람은 모두 시련과 고난을 당해야 한다는 말이 되는 데, 실제로 어려움과 시련을 당하는 사람들을 보면 나쁜 짓을 하는 사람들보다는 선한 사람들이 더 많습니다. 오히려 나쁜 짓을 하는 사람들은 아무 일 없이 형통하여 히히 낙락하며 살면서 교만한 눈을 떠 선하지만 어렵게 사는 사람들을 비웃고 무시합니다.

성경에서 그런 불합리한 세상을 보며 하나님은 왜 선한 사람을 형통하게 하고 악한 사람을 벌주지 않으시고, 오히려 악한 사람이 형통하게 살도록 내버려두시느냐고 하나님의 불공평한 처사에 항의했던 신앙인들이 있었습니다(시 73:1–28). 욥도 고난을 당하면서 그 점에 대해서 하나님께 항의를 참 많이 했습니다.

신자들의 모든 문제들은 죄 때문에 당하는 하나님의 벌이라는 생각을 갖게 되는 것도 복음적인 설교보다는 율법적인 설교를 들으며 신앙생활을 하는 사람들 가운데 많습니다. 그들은 조금만 어려운 문제를 만나도 하나님이 벌주시는 것이라고 생각합니다. 그런 생각에 사로잡힌 채 신앙생활을 하게 되면 신앙생활이 즐겁고 기쁘고 감사한 것이 아니라 벌받을까봐 두려워하는 노이로제에 걸려 힘들고 고달픈 신앙생활이 되기 쉽습니다. 물론 하나님은 신자들에게 징계를 하시는 분입니다(히 12:5–13). 그러나 우리가 우리에게 잘못하는 사람에게 화를 내고 나쁜 감정을 갖는 것처럼 하시는 하나님이 아닙니다. 아마 하나님이 그런 분이시라면 세상은 벌써 멸망하고 말았을 것이며, 우리 또한 생명을 유지할 수 없을 것입니다(욥 34:14,15). 하나님은 참지 못하실 때까지 참고 인내하시다가 마지못해 징계하시는 분이지, 벌주는 것을 즐기는 분이 아닙니다.

우리는 우리에게 일어나는 모든 일의 원인을 그때마다 속 시원하게 분명히 밝힐 수 있는 능력이 없습니다. 만약 어떤 목회자나 신령하다는 신자가 다른 사람이 겪는 고난의 이유를 그때마다 알려준다면, 그리고 그것이 신자의 잘못에 대한 하나님의 벌이라고 말한다면 그것은 거짓말일 것입니다. 하나님의 깊고 오묘한 섭리를 사람은 다 헤아릴 수 없습니다. 우리가 알 수 있는 것은 성경에서 가르쳐주는 범위 내에서만 가능할 뿐입니다.

성경은 때때로 하나님께서 그 분의 능력과 영광을 나타내시기 위하여, 그리고 하나님께서 사랑하시는 그 자녀들(백성들)을 위하여 어떤 선한 일을 계획하시는 과정에서 고통과 시련을 허락하신다는 것을 가르쳐줍니다. 사랑하는 자녀를 좀 더 성숙한 자로 빚으시기 위하여 그런 일(시련)을 허락하시기도 하고, 혹은 시련과 고난에도 신앙을 굳게 지키는 자들을 통하여 영광을 받으시기 위함이기도 하며, 혹은 인간의 자유의지로 인하여 편안하고 안전한 길 대신에 기꺼이 고난과 시련의 길을 택함으로 인한 경우도 있습니다.

분명한 것은 예수 그리스도 안에서 겪는 고난은 어떤 성격의 것이든 불행이 아니라는 것입니다. 그것은 성경의 일관된 가르침이요 진리입니다. 그러므로 세상의 믿지 않는 사람들은 고난을 불행으로 여기며 불평하고 한탄하지만 신자들은 고난과 시련 속에서도 감사하게 되는 것입니다. 신자가 고난 중에 있을 때 반드시 붙잡고 묵상해야 할 말씀은 "하나님을 사랑하는 자 곧 그의 뜻대로 부르심을 입은 자들에게는 모든 것이 합력하여 선을 이루느니라"(롬 8:28)는 말씀입니다. 이 말씀은 성경의 모든 신앙인들의 삶에서, 그리고 지금까지의 모든 신앙인들의 삶 속에서 반드시 이루어지고 있는 불변의 진리입니다.

다른 모든 사람들의 필요를 채워주는 것은 신자의 의무다?

그리스도인들 가운데는 다른 사람을 도와주는 일에 강박적인 집념을 보이는 사람들이 있습니다. 그들은 다른 사람의 요청을 거절하거나 다른 사람을 도와주지 못하게 되면 심한 죄책감과 좌절을 느끼기까지 합니다. 마치 하나님께서 도끼눈을 뜨시고 "너 지금 아무개 도와주지 않고 무엇하고 있느냐"라고 호통 치시는 것 같습니다.

그러다가 다른 사람을 도와주고 나면 비로소 하나님께서 만족하신다고 생각이 듭니다. 신자는 다른 사람의 요청을 무조건 도와줄 수 있는 슈퍼맨이 아닙니다. 가능하면 그렇게 하면 좋겠지만 역부족일 때가 많습니다. 물론 그리스도인들은 다른 사람들의 요구를 들어주고 도와주는 것을 힘써야 하며 그런 일을 등한히 여기거나 외면해서는 안 된다는 것을 성경은 가르치고 있습니다. 그러나 하나님께서는 신자가 자신을 소진시키고 탈진시키면서까지, 강박 관념을 느낄 정도로 다른 사람의 필요를 채워주라고는 하지 않습니다. 하나님은 우리의 제한됨에 대해서 잘 아십니다. 기독교신자는 자기 혼자 무거운 짐을 몽땅 짊어지고 사는 사람이 아닙니다. 짐은 신자들이 서로 나눠지는 것입니다.

"너희가 짐을 서로 지라 그리하여 그리스도의 법을 성취하라" (갈 6:2)

마리아와 마르다의 얘기는 우리에게 좋은 교훈이 됩니다. 두 자매는 예수님을 극진히 사랑했던 신실한 신앙인이었습니다. 예수님과 사도들에게 봉사하고 싶은 마음이 간절했던 언니 마르다는 귀한 손 대접을 위하여 동분서주했고, 동생 마리아는 예수님 발 앞에 앉아서 그 분의 말씀을 들으며 그 분과 함께 있는 것 자체를 즐겨했습니다. 혼자 동동거리며 손 대접 준비를 하던 마르다는 마리아가 자기를 도와주지 않는다고 불평하기 시작했습니다. 우리라도 그랬을 것입니다.

마르다는 예수님께 요청하기를 마리아가 자기를 도와주게 해 달라고 했습니다(눅 10:40). 그녀는 마리아에게 뿐 아니라 마리아와 대화를 나누고 있는 예수님에게까지 화가 나 있었습니다. 그러나 예수님은 이렇게 말씀하셨습니다.

"마르다야 마르다야 네가 많은 일로 염려하고 근심하나 몇 가지만 하든지 혹은 한 가지만이라도 족하니라 마리아는 이 좋은 편을 택하였으니 빼앗기지 아니하리라" (눅 10:41,42)

예수님께서는 세상의 모든 마르다가 일거리로 동분서주하며 한 숨을 내쉬며 세월을 보내면서 그보다 더 중요한 영적 생활을 소홀히 여기고 있다고 지적하십니다. 건전한 신앙은 좌우로 치우치지 않는 신앙입니다. 또한 예수 그리스도 안에서 자유함을 누리는 신앙입니다. 무엇엔가 억눌리듯 쫓기듯, 강박적으로 집착하는 신앙은 결코 건전한 신앙이 못 됩니다.

훌륭한 그리스도인은 분노, 불안, 걱정, 우울증을 느끼지 않는다?

우리는 훌륭한 그리스도인에 대한 어떤 환상을 가지고 있습니다. 그들에 대해서 모든 면에서 초인간적일 것이라는 기대를 합니다. 그들은 분노도, 불안도, 걱정도, 우울증도 느끼지 않고 항상 평안과 기쁨을 누리며 어떤 일에도 불신앙적인 모습은 보이지 않을 것이라고 생각합니다.

그러나 그들도 보통사람과 다를 바 없습니다. 불쾌한 일을 당하면 기분나빠하고, 억울한 일을 당하면 분노하며, 슬픈 일을 당하면 눈물을 흘리며, 어려운 일을 만나면 근심걱정을 하기도 하며 종종 우울해질 때도 있습니다. 기분 좋은 일을 만나면 들뜨기도 하고, 나쁜 일을 만나면 두려워하기도 합니다. 그것은 사람이기 때문입니다. 사람은 원래부터 감정이 있는 존재로 지음 받았기 때문에 누구나 정도의 차이는 있을지언정 이상과 같은 감정들을 느끼며 살아갑니다.

믿음이 훌륭한 사람들도 감정을 초월한 사람들이 아닙니다. 성경은 오히려 감정이 풍부한 사람들이 훌륭한 신자들이었다는 것을 보여줍니다. 다윗의 생애와 그가 쓴 시편을 보면 그 점을 확인할 수 있습니다. 또 모든 선지자들도 마찬가지였습니다. 심지어는 예수님께서도 종종 슬퍼하셨고, 분노하셨으며, 잡히시던 밤 겟세마네 동산에서는 십자가를 모면했으면 좋겠다는 연약한(?) 모습을 보이기도 했습니다(마 26:39).

그러므로 신자가 어떤 부정적인 생각에 사로잡힌다거나 그런 느낌을 갖게 된다 하더라도 자신의 신앙이 형편없는 자라고 자학할 필요는 없습니다. 더욱 중요한 것은 자신의 부정적인 감정들, 혹은 그런 느낌들을 지나치게 억누르며 밖으로 표출하지 않게 되면 오히려 건강한 신앙 인격이 형성되지 않는다는 점입니다. 그렇게 되면 점점 감정이 메마른 사람이 되거나 엉뚱하고 부적절하게 폭발할 우려가 생깁니다. 성숙한 신자는 자신의 부정적인 감정을 억누르고 숨기는 사람이 아니라 그 감정을 그리스도 안에서 바르게 처리하는 사람입니다. 즉 그 감정을 주님께 고백하고 주님의 도우심 속에서 선하게 처리해야 한다는 것입니다. 또한 인간관계에 있어서도 무조건 나쁜 감정이나 느낌을 숨기고 누르려고만 한다면 그 관계는 얼마못가서 숨이 막힐 것입니다. 부정적인 것이든 긍정적인 것이든 적당한 감정표현은 탄력 있는 인간관계를 유지하게 하며, 인간관계의 성숙을 가져오는데 반드시 필요한 요소입니다.

하나님은 우리에게 좋은 감정이나 느낌만 갖기를 강요하시는 분이 아닙니다. 하나님은 우리가 좋은 감정이나 느낌에서부터 나쁜 감정이나 나쁜 느낌에 이르기까지 다양하고 폭넓은 감정을 경험하도록 지으셨습니다. 성숙한 신자란 부정적인 감정이나 느낌을 갖지 않는 사람이 아니라 그것을 그리스도 안에서 바르게 처리해서 선한 결과가 되도록 힘쓰는 사람입니다. 그러면서 주님 안에서 부단히 다듬어지고 깎여지고 아름다워져 가는 사람입니다.

영적으로 뛰어나지 않으면 하나님께 쓰임받을 수 없다?

이 거짓말은 매우 널리, 그리고 깊게 퍼져있는 거짓말입니다. 많은 신자들이 이 거짓말을 굳게 믿고 있습니다. 그래서 자신은 영적으로 뛰어나지 못하기 때문에 하나님께 쓰임 받을 자격이 없는 사람이라고 스스로 자격미달자로 여기고 하나님의 일을 할 생각조차 하지 않거나, 그럴 기회가 주어져도 한사코 사양하는 신자들이 많습니다.

"나 같은 것이 뭘…… 저는 자격이 없습니다."

"저는 제 주제를 압니다. 저는 못해요."

겸손해 보이는 것 같지만 실은 '영적으로 뛰어나지 않으면 하나님께 쓰임 받을 수 없다'는 거짓말을 믿고 자신을 자격미달자로 여기는 신자입니다.

그러나 성경의 위대한 진리 중의 하나가 연약하고 쓸모없는 자들을 통하여 하나님께서 그 분의 영광을 드러내신다는 것입니다. 우리는 영적으로 훌륭하지 못하면 하나님께서 나를 사용하실 수 없다고 믿고 있습니다. 그러나 전능하신 하나님께서는 그 분이 원하시기만 하면 언제 어느 곳에서든지, 어떤 사람을 통해서든지 목적하신 일을 하실 수가 있습니다. 심지어 하나님은 악한 영에 사로잡힌 자들까지도 하나님의 일을 위한 도구로 사용하시는 분입니다.

민수기에 보면 모압 왕 발락은 메소포타미아의 삯군 선지자 발람에게 부탁하여 이스라엘 족속을 저주하게 하였을 때, 발람은 발락이 제시한 돈과 벼슬에 욕심에 생겨 이스라엘을 저주하려고 했으나 하나님에 의하여 오히려 축복을 선포하게 되었으며(민 23:1-12; 18-24), 또한 발락이 돈과 벼슬을 얻기 위하여 이스라엘을 저주하러 가는 도중에 발람을 태운 나귀가 입을 열어 발람을 책망하게 하신 일도 있었습니다(민 22:30). 하나님은 또 아합 왕을 심판하시기 위하여 거짓선지자들을 사용하시기도 했습니다(왕상 22;20-33). 하물며 하나님을 믿고 사랑하는 자녀들이 원하는 데 영적으로 뛰어나지 못하다고 하나님의 일을 하지 못하게 하시겠습니까?

신약성경은 하나님께 쓰임 받는 사람은 마음이 깨끗한 사람이라야 한다고 가르치고 있습니다. 즉 교만하지 않고 겸손하며 정직하고 진실한 사람이 하나님께 쓰임 받는다는 것입니다.

> "큰 집에는 금 그릇과 은 그릇뿐 아니라 나무 그릇과 질그릇도 있어 귀하게 쓰는 것도 있고 천하게 쓰는 것도 있나니 그러므로 누구든지 이런 것에서 자기를 깨끗하게 하면 귀히 쓰는 그릇이 되어 거룩하고 주인의 쓰심에 합당하며 모든 선한 일에 준비함이 되리라"(딤후 2:20,21)

그러므로 영적으로 뛰어나고 완전한 자라야 하나님 일을 하고 하나님께 쓰임 받는다는 말은 거짓말입니다. 누구든지 하나님을 신앙하며 하나님을 위하여 일하고 싶고 그 분께 쓰임 받고 싶은 마음만 있다면 반드시 큰 일이 아닐지라도 어떤 일이든 하나님께서 사용하시는 자가 됩니다. 우리는 또 반드시 사람들이 알아주는 일만이 하나님의 일이라고 생각하기 쉽습니다. 그러나 사람이 생각할 때 아주 작고 사소한 일 같아도 하나님 보시기에는 크고 대단한 일일 수도 있습니다. 인간의 기준과 하나님의 기준은 다릅니다. 영적으로 연약한 점을 시인하고 그럼에도 부족하지만 하나님께 쓰임 받고 싶고, 하나님 나라를 위하여 한 알의 썩는 밀알이 되고자 하는 간절한 마음이 있는 사람을 하나님은 원하십니다. 오히려 하나님은 '난 이만하면 영적으로 하나님께 쓰임 받을만한 사람이야'라고 생각하는 사람은 쓰시지 않습니다.

신자는 하나님의 일을 하기 위하여 결코 영적 거장巨匠이 될 수가 없습니다. 우리는 예수님께서 "건강한 자에게는 의원이 쓸 데 없고 병든 자에게라야 쓸 데 있느니라"(마 9:12)고 하신 말씀을 잊지 말아야 합니다. 근본적으로 우리는 모두 병들어 있는 자들이고 예수 그리스도라는 의원이 필요한 사람들입니다. 신자는 늘 자신이 하나님께 인정받을만하고 쓰임 받을만해서 하나님 일을 할 수 있는 것이 아니라 늘 병든 자이고 부족한 자이지만 예수님 안에서 하나님께 인정받고 쓰임 받을 수 있다는 사실을 명심해야 합니다.

영적 싸움

끝없는 질문들

모든 그리스도인의 삶은 투쟁(싸움)입니다. 그리스도인들 중에 기도의 중요성에 대해서 들어보지 못한 그리스도인은 없을 것입니다. 예배의 중요성, 주일성수의 중요성에 대해서 들어보지 못한 그리스도인은 없을 것입니다. 사랑하고 용서하는 일의 중요성에 대해서 들어보지 못한 그리스도인은 없을 것입니다. 성경을 묵상하고 순종하는 삶의 중요성에 대해서 들어보지 못한 그리스도인은 없을 것입니다. 봉사와 헌신과 전도의 중요성에 대해서 들어보지 못한 그리스도인은 없을 것입니다. 하나님과 다른 사람들에게 마음을 넓게 여는 것의 중요성에 대해서 들어보지 못한 그리스도인은 없을 것입니다. 겸손에 대해서 들어보지 못한 그리스도인은 없을 것입니다.

　그럼에도 불구하고 많은 그리스도인들이 한결같이 기도하기를 꺼리고, 예배와 주일성수를 소홀하고, 사랑하지 못하고, 용서하지 못하고, 화를 잘 내고 분노하며 시기 질투하며, 이기적이고, 교만하고, 탐욕스럽고, 성경읽기를 싫어하고, 봉사와 헌신을 하지 않으려하고, 다른 사람에게 복음을 증거하지 않으며, 하나님께 마음을 열지 못하고 사람에게 폐쇄적인 채로 살아가고 있습니다.

　왜 그럴까요? 왜 우리는 쉽게 성장하지 못하고 늘 그대로이며, 잘 깨어지고, 좌절하며, 죄를 범할까요? 왜 교회는 쉽게 침체하고 부패하고 타락할까요? 이러한 질문들은 끝이 없습니다.

두 가지 대답

성경에는 이에 대하여 두 가지로 대답하고 있습니다.

　첫째, 예수 그리스도를 믿어 하나님의 자녀가 되었어도 여전히 하나님을 거역하여 반역함으로 죄의 노예가 되기 때문입니다.

　사도 바울은 자신 속에 두 개의 자아가 서로 갈등하며 싸우는 것에 대하여 적나라하게 묘사하고 있습니다.

　"……나는 육신에 속하여 죄 아래에 팔렸도다 내가 행하는 것은 내가 알지 못하노니 곧 내가 원하는 것은 행하지 아니하고 도리어 미워하는 것을 행함이라

만일 내가 원하지 아니하는 그것을 행하면 내가 이로써 율법이 선한 것을 시인하노니 이제는 그것을 행하는 자가 내가 아니요 내 속에 거하는 죄니라 내 속 곧 내 육신에 선한 것이 거하지 아니하는 줄을 아노니 원함은 내게 있으나 선을 행하는 것은 없노라 내가 원하는바 선은 행하지 아니하고 도리어 원하지 아니하는바 악을 행하는도다 만일 내가 원하지 아니하는 그것을 하면 이를 행하는 자는 내가 아니요 내 속에 거하는 죄니라 그러므로 내가 한 법을 깨달았노니 곧 선을 행하기 원하는 나에게 악이 함께 있는 것이로다 내 속사람으로는 하나님의 법을 즐거워하되 내 지체 속에서 한 다른 법이 내 마음의 법과 싸워 나를 사로잡는 것을 보는도다"(롬 7:14~23)

예수 그리스도를 믿어 거듭난 사람은 옛사람(옛 자아)과 새 사람(거듭난 자아)이 존재합니다(엡 4:22~24). 옛사람은 육신에 속한 자아이고, 새 사람은 예수 그리스도와 연합하여 거듭난 자아입니다. 이 두 자아는 서로 상반된 입장이 되어 갈등을 일으키고 싸웁니다. 옛 사람은 하나님의 뜻을 거스르며 죄를 지으려는 성향이고, 새 사람은 죄를 멀리하고 하나님의 뜻을 행하려는 성향입니다. 그러므로 옛사람(옛 자아)이 이길 때는 죄를 짓게 되고, 새 사람(거듭난 자아)가 이길 때는 하나님의 뜻에 순종합니다. 신자들이 하나님께서 원하시는 대로 살아야 된다는 것을 알면서도 기꺼이 그렇게 하기 어렵게 여기거나 그렇게 살지 못하는 것은 옛 자아에 지배당할 때가 더 많기 때문입니다.

둘째, 영적 전투를 하지 않기 때문입니다.

그리스도인이 하나님의 뜻을 좌절시키는 옛 자아에 의해 지배 당하지 않고 오히려 옛 자아를 압도하고 하나님의 뜻을 따르는 성 령으로 거듭난 자아의 지배를 강하게 받아야 하는 데, 그렇게 되기 위해서는 영적 싸움을 하지 않으면 안 됩니다. 그런데 문제는 사탄 이 끊임없이 우리 그리스도인들의 삶 속에 개입하여 하나님의 뜻 을 좌절시키고 육신의 소욕(옛 자아) 대로 살도록 유혹하고 부추긴 다는 것입니다.

오늘날 많은 사람들이 인격적인 마귀의 존재를 믿지 않습니다. 믿는다 해도 자신의 삶 속에 개입하여 자신을 넘어뜨리고 패배하 게 하고 범죄하게 하는(하나님의 뜻대로 살지 못하게 하는) 마귀(사탄)의 여러 가지 유혹과 공격에 대해서 무신경하게 살고 있습니다. C. S. 루 이스는 그리스도인의 이러한 이중적 위험에 대하여 경고했습니다.

"우리 인류가 마귀(사탄)에 대하여 오류에 빠지기 쉬운 두 가지 가 있다. 이는 동일하면서도 정반대이다. 하나는 마귀의 존재를 믿 지 아니하는 것이다. 또 하나는 마귀를 너무 과신하며, 너무 과도 하고 비건전하게 마귀에 대하여 관심을 갖고 있는 것이다. 마귀는 사람들의 이 두 가지 오류에 대하여 기뻐하고 있으며 유물론자와 마술사를 동일하게 환영하고 있는 것이다"(Screwtape Letters, Bles 19 42, p.9).

그러나 안타깝게도 마귀의 존재를 믿는 신자들 사이에서도 마귀가 어떻게 자신을 공격하고 유혹하는지에 대한 실제적인 전략과 마귀의 속성에 대해서 너무 모르고 있는 경우가 허다합니다. 많은 그리스도인들이 마귀로부터 영적 공격을 받고 있으면서, 마귀가 자기에게 어떻게 역사하고 있는지 그 본질과 속성을 파악하지 못하고 있기 때문에 신자들은 성장하지 못하고, 쉽게 패배하고, 깨어지고, 좌절하며 죄를 범하고, 교회는 침체되고 부패하고 타락하고 세속화되어 가고 있는 것입니다.

사탄의 유혹과 공격방법

사탄 혹은 귀신들에 대한 개념을 진지하게 생각하지 않는 사람들은 이에 대하여 성경이 얼마나 엄청난 지면을 할애하며 가르치고 있는지, 예수님께서 사탄(마귀)과 귀신들에 대하여 얼마나 많이 가르치셨는지를 주목해야 합니다.

신구약 성경에 있는 사탄(마귀)과 귀신들에 대한 무수한 증거들을 차치하고라도, 예수님께서 사역을 시작하실 때 혹은 시작하시기 직전 "성령에 이끌리어 마귀에게 시험을 받으러 광야로 가셨다"(마 4:1)는 사실은 매우 중요한 의미를 지니고 있습니다. 예수님께서는 사탄의 유혹과 공격을 물리치신 후에 비로소 사역을 시작하셨습니다. 마귀는 그때 집요하고도 고단수적인 방법으로 예수님을 유혹하고 공격하였습니다.

성경에서 신자들을 유혹하고 공격하는 마귀(사탄)와 귀신들은 결코 공포호러영화에 나오는 기괴하고 무시무시한 존재가 아닙니다. 그런 점에서 할리우드의 공포호러영화나 한국의 여고괴담 류의 영화에 나오는 사탄과 귀신의 개념은 성경에서 가르치고 있는 것과 상당히 거리가 있는 '사이비'입니다.

성경에서 가르치고 있는 사탄의 유혹과 공격은 신자들의 약점을 부추기고 유혹하여 신자로 하여금 옛 자아, 곧 육신에 복종하도록 하고 하나님의 뜻을 따르지 못하게 한다는 것입니다. 예수님께서도 사탄에게 그러한 유혹과 공격을 받으셨습니다. 사탄의 그러한 방법은 에덴동산에서 하와를 유혹하고 부추겨서 하와로 하여금 인간본성에 끌려 행동하게 하고 하나님의 명령에 불순종하게 했던 것과 일치합니다. 종종 귀신들이 사람의 인격에 침투하여 '귀신들림 현상'을 보여 주기도 하지만, 일반적으로 가장 흔한 방법은 신자로 하여금 하나님의 뜻에 불순종하고 죄인의 본성대로 행하게 하여 신앙을 실패로 유도하는 일입니다.

사탄은 예수님께서 십자가를 앞에 두시고 겟세마네에서 기도하실 때에도 예수님의 인성을 유혹하여 십자가 지심을 두려워하게 하고 갈등하게 하고 망설이게 하였고, 십자가에 못 박히셔서 예수님의 목적을 실현하실 때에도 마지막까지 유혹하고 공격하기를 멈추지 않았습니다(마 26:36-42; 27:39-43).

> "……네가 만일 하나님의 아들이어든 자기를 구원하고 십자가에서 내려오라" (마 27:40)

　이 유혹과 공격은 마태복음 4장에서 사역을 시작하실 때 유혹했던 방법과 동일합니다.

> "……네가 만일 하나님의 아들이어든 명하여 이 돌들로 떡덩이가 되게 하라" (마 4:3)

　사탄(마귀)은 계속적으로 신자로 하여금 하나님의 뜻, 하나님의 목적에 대하여 무지하도록, 불순종하도록 모략을 꾸미며 부추기는 유혹을 멈추지 않습니다. 예수님께서 자기가 예루살렘에 올라가 장로들과 대제사장들과 서기관들에게 많은 고난을 받고 죽임을 당하고 제 삼일에 살아나야 할 것을 제자들에게 가르치셨을 때 베드로는 "주여 그리 마옵소서 이 일이 결코 주에게 미치지 아니하리이다"라고 예수님을 붙잡고 간곡하게 만류했습니다. 그것은 하나님의 뜻, 하나님의 목적에 역행하는 말이었고 그 순간 베드로는 사탄의 유혹과 부추김을 당하고 있었던 것입니다. 예수님은 대번에 그 점을 아시고 책망하셨습니다.

> "예수께서 돌이키시며 베드로에게 이르시되 사탄아 내 뒤로 물러가라 너는 나

이처럼 사탄은 신자들로 하여금 인간중심을 강조하여 모든 가치척도를 인간중심으로 보도록(생각하도록) 유혹합니다. 물론 성경은 인간의 생명과 가치와 인간의 번영과 평화와 행복을 과소평가하지 않습니다. 예수님께서는 사람을 존중하셨고, 죽기까지 섬기셨고, 인간의 행복과 평화를 위해 관심을 기울이시고 우시기까지 하셨습니다(눅 19:41-44). 그러나 복음은 언제나 인간보다 하나님을 우위에 둡니다. 인간이 하나님을 섬기며 말씀에 순종하며 하나님의 뜻을 따를 때 인간의 진정한 가치를 발하고 행복과 평화를 누리게 된다는 것이 복음의 가르침입니다.

그러므로 하나님의 뜻을 어기는 것은 죄이며 불행을 초래한다고 가르치고 있습니다. 사탄은 인간으로 하여금 하나님의 뜻을 어기므로 불행해지도록 하는 것이 목적이므로 언제나 인간으로 하여금 인간중심으로 생각하고 하나님 중심으로 생각하지 못하도록 마음을 어둡게 하고 무디게 합니다. 베드로가 예수님을 붙잡고 "죽으시면 안 됩니다. 절대로 그렇게 되지 않도록 하겠습니다" 하고 만류한 것은 바로 사탄에 의해 마음이 어두워져서 하나님의 뜻을 생각하지 못하고 인간중심으로만 생각했다는 것을 보여줍니다.

하나님의 말씀의 씨앗을 빼앗는 자

예수님께서는 마귀를 가리켜 '하나님의 말씀의 씨앗을 빼앗는 악한 자'(마 13:19)라고 하셨습니다. 하나님 말씀을 듣고 믿음이 생기지 못하도록, 믿음이 자라지 못하도록 훼방한다는 것이지요. 또한 예수님은 하나님의 밭에 가라지를 심은 원수는 마귀라고 하셨습니다(마 13:19). 가라지는 거짓 신자, 또는 신앙으로 위장한 사탄의 일꾼을 의미합니다. 예수님은 또 유대교 지도자들에게 "너희는 너희 아버지 마귀에게서 났으니"(요 8:44)라고 하셨습니다.

예수님은 제자들이 악한 자(마귀)에게 빠지지 않기를 기도하셨습니다(요 17:15). 가룟 유다가 예수님을 대적자들에게 팔기 직전 사탄은 가룟 유다 속에 들어갔습니다(요 13:27). 또 베드로가 예수님을 세 번 부인하게 된 것은 사탄의 시험이었습니다(눅 22:31). 그럼에도 불구하고 베드로가 믿음을 잃지 않은 것은 예수님께서 기도하셨기 때문입니다(눅 22:32). 예수님의 대부분의 치유사역은 악한 영들을 내쫓는 일이 포함되어 있습니다. 이처럼 예수님의 사역과 가르침과 그 분을 믿고 따르는 사람들에게는 의심할 나위 없이 마귀(사탄)의 인격성과 유혹과 공격에 깊은 관계가 있습니다. 따라서 기독교신앙에는 필연적으로 영적 전쟁이 따릅니다.

마귀의 공격과 유혹에 대한 사도들의 경고

예수 그리스도의 사도들도 영적 전투에 대하여 주의하며 가르쳤습니다. 사도 바울은 신자들에게 "사탄도 자기를 광명의 천사로 가장한다"(고후 11:14)고 경고했으며, 바울은 또 자기에게 잘못한 자들을 용서하면서 "우리로 사탄에게 속지 않게 하려 함인데 왜냐하면 우리가 그 궤계를 알지 못하는 바가 아니기 때문이다"(고후 2:11)고 강조했습니다.

또한 사도 바울은 신자들에게 상호관계를 바르게 가지라고 촉구하면서 그것은 "마귀로 틈을 타지 못하게 함"이라고 말했습니다. 그는 계속해서 마귀의 올무(딤전 3:7)와 귀신들의 가르침(딤후 2:26)에 대하여 경고했고, "마귀의 간계를 능히 대적하기 위하여 하나님의 전신갑주를 입으라 우리의 씨름은 혈과 육을 상대하는 것이 아니요 통치자들과 권세들과 이 어둠의 세상 주관자들과 하늘에 있는 악의 영들을 상대함이라"(엡 6:11 이하)고 경고했습니다.

야고보는 "마귀를 대적하라 그리하면 너희를 피하리라"(약 4:7)고 가르쳤고, 사도 베드로는 "근신하라 깨어라 너희 대적 마귀가 우는 사자 같이 두루 다니며 삼킬 자를 찾나니 너희는 믿음을 굳건하게 하여 그를 대적하라……"(벧전 5:8 이하)고 강조했습니다.

영적 전투에 대한 교회사의 증거

기독교 지도자들은 영적 전투에 대하여 자주 진지하게 취급해 왔음을 교회사를 통하여 확인할 수 있습니다. 익나시우스 로욜라 (Ignatius Loyola 1491~1556)는 영적 전쟁과 승리에 대한 훌륭한 책을 저술했는데 그 책은 제수이트 교단에서 지금까지 널리 읽혀지고 있습니다. 그 책에는 「영들의 분별을 위한 규칙들」이라는 장이 있는데, 예를 들어 성령에 의한 죄의 깨우침과 절망으로 이끄는 사탄에 의한 정죄감을 대조해 보였으며, 또한 성령의 조명과 마귀의 거짓 조명을 대조해 보였습니다. 마귀의 거짓 조명은 더욱 죄를 짓게 하며 영적 어둠을 초래한다는 내용이 있습니다.

종교개혁자들도 로욜라의 지침을 성경적인 영적 전투의 지침서로 인정했습니다. 그들은 당시까지 전염병처럼 유행하고 있던 중세의 미신을 거부하고 영적 전투와 갈등을 진지하게 다뤘습니다.

마틴 루터(Martin Luther 1483~1679)는 악한 자(마귀)의 장기적이며 고통스러운 유혹과 공격을 간파했습니다. 특히 좌절과 실망의 영역에서 그것은 더욱 뚜렷하다는 것을 알았습니다.

윌리엄 거널(William Gurnall 1616~1679)이 쓴 『그리스도인의 무장』(Christian Armour)은 영적 전투에 대하여 에베소서 6:10-20을 탁월하게 강해한 내용입니다.

『천로역정』으로 유명한 존 번연(John Bunyan 1628~1688)은 어둠의 권세(사탄의 권세)를 하늘의 도성(천국)으로 가는 길 양쪽에 짧은 밧줄로 묶여있는 사자들로 묘사했는데, 이 사자들은 길 가운데서 옆으로 기우는 여행자들(불순종자들)은 삼킬 수 있지만 하나님의 뜻 가운데로 끝까지 걸어가는 사람들(믿음으로 말씀에 순종하는 자들)은 건드릴 수 없다고 묘사하고 있습니다. 풍부한 상상력과 성경적 정확성으로 번연은 악의 세력은 예수 그리스도의 승리(십자가의 죽음과 부활)로 인하여 사슬에 묶여있으며, 그래서 하나님의 뜻 가운데로 끝까지 걸어가는 사람들은 해칠 수 없다는 사실을 보여 주었습니다.

존 웨슬리(John Wesley 1703~1791)와 조지 휫필드(Geroge Whitefield 1714~1770) 역시 영적 전투에 대해서 그들의 설교와 저술을 통해서 명백하게 가르쳤습니다. 조지 휫필드는 이렇게 말했습니다. "사탄은 우리를 방해하려고 온갖 방법을 동원한다……주님, 영적 전쟁의 날을 대비하여 우리를 예비시켜 주소서."

조나단 에드워드(Jonathan Edwards 1703~1758)는 특히 영적 부흥의 기간 동안 사탄의 강한 반격이 있다는 사실을 인식했습니다. 그는 사탄의 주요전략이 박해작전, 비난작전, 잠입작전이라고 설명했으며, 사탄의 절망, 근심, 상호불신이라는 전선을 타고 기독교 지도자들과 영적 부흥을 공격하고 저지시킨다고 주의시켰습니다.

가능한 한 사탄은 그리스도인과 그리스도인을 대치시키며, 지도자와 지도자를 대치시켜 그들로 하여금 서로 분리하게 하여 힘을 쓰지 못하고 주저앉도록 하는 작전을 사용합니다. 만약에 사탄이 그리스도인들의 부흥을 막지 못했다면 차선의 작전으로 부흥하는 그리스도인들을 비건전하게 극단적으로 빠지게 합니다. 만약 과거 2천 년 기독교역사를 돌이켜 본다면 마귀가 얼마나 신앙의 부흥을 실패하게 하기 위해서 다양한 방법을 사용해 왔는지를 알 수 있습니다.

마귀는 자신이 신자들을 더 이상 조용하게 만들거나(전도하지 못하고 부흥되지 못하도록) 그들의 마음을 불신앙으로 돌이킬 수 없다고 판단되면 신자들로 하여금 극단적인 방종으로 치우치게 하거나 신비주의나 율법주의 등에 빠지도록 유도하기도 합니다.

영들의 분별

영들에 대한 분별은 그리스도의 교회를 위하여 주신 성령의 은사들 가운데 하나입니다. 그리고 그것은 예수님 자신과 사도들의 사역 가운데 중요한 부분이었습니다. 예수님께서는 악한 영들에 의하여 귀신이 들렸거나, 귀먹고 벙어리 되었거나, 몸이 구부러졌거나 창녀가 된 자들을 대했을 때 무엇에 그들이 그렇게 되었는지 즉각적으로 아셨습니다.

"말 못하고 못 듣는 귀신아 내가 네게 명하노니 그 아이에게서 나오고 다시 들어가지 말라" (막 9:25)

효과는 즉각적으로 나타났습니다. 예수님은 병자들을 대하실 때 단순히 육체적인 현상으로만 보지 않으셨습니다. 육체적인 질병 이면에 있는 원수 사탄을 직시하셨던 것입니다. 베드로 역시 사마리아의 마법사 시몬의 배후에 있는 영적 존재에 대해서 즉시 알고 저주했으며(행 13:10), 사도 바울은 빌립보 거리에서 점치는 귀신들린 여종으로부터 귀신을 쫓아내어 자유하게 해주었습니다(행 16:18).

그들은 문제의 속성을 정확하게 분별했습니다. 그러기 때문에 그들은 영적인 전쟁에서 승리할 수 있었던 것입니다. 만약 영들의 분별을 위한 성경적 원리를 바르게 알고 적용시킨다면 사탄의 세력의 역습과 유혹을 일방적으로 당하지 않을 뿐더러 물리칠 수 있을 것입니다.

사도 요한은 요한일서에서 "영을 다 믿지 말고 오직 영들이 하나님께 속하였나 시험하라"(요일 4:1)고 경고하고 있습니다. 이는 이단과 사이비종파들이 난무하는 현대에 특히 중요하게 적용되는 말씀입니다. 그러나 이에 대한 분별은 세심하고 신중하게 수행하지 않으면 하나님께서 하시는 일을 거짓으로, 이단으로, 사탄의 궤계로 매도하는 죄를 범할 수 있습니다. 그것은 하나님을 대적하는 일이므로 주의하지 않으면 안 됩니다. 그런 점에서 1세기 유대학자 가말리엘의 경고는 현명합니다.

> "만일 하나님께로부터 났으면 너희가 그들을 무너뜨릴 수 없겠고 도리어 하나님을 대적하는 자가 될까 하노라" (행 5:39)

　이단이나 사이비종파를 통해서 역사하는 사탄의 영을 구별하는 가장 적절한 방법은 사도 요한의 가르침을 따르는 것이 좋습니다.

> "사랑하는 자들아 영을 다 믿지 말고 오직 영들이 하나님께 속하였나 분별하라 많은 거짓 선지자가 세상에 나왔음이라 이로써 너희가 하나님의 영을 알지니 곧 예수 그리스도께서 육체로 오신 것을 시인하는 영마다 하나님께 속한 것이요 예수를 시인하지 아니하는 영마다 하나님께 속한 것이 아니니 이것이 곧 적그리스도의 영이니라……" (요일 4:1-3)

　적그리스도의 영, 곧 이단이나 사이비종파를 통해서 역사하는 거짓 영(사탄의 영)을 분별하는 기준은 그들이 예수 그리스도에 대하여 어떻게 시인(고백)하느냐 입니다. 예수님께서 성육신하신 하나님의 아들이심(사랑으로 오신 하나님의 아들, 구세주)을 고백하는 사람은 틀림없이 하나님께 속한 영, 곧 성령님이 함께하는 사람이라는 것이고, 예수님을 사람으로 오신 하나님의 아들로 고백하지 않는 사람은 사탄에게 속한 영을 받은 사람이라는 것입니다.

동서고금의 모든 이단들, 사이비종파들의 공통점이 예수 그리스도의 성육신과 십자가 구속과 부활에 대해서 부인하는 것입니다. 그러므로 아무리 신비한 영적 표적이 따르고, 추종하는 사람들이 많고, 훌륭한 가르침이 있다 하더라도 예수 그리스도에 관한 신앙고백이 틀리면 틀림없이 사탄의 영에 의한 이단이요 사이비종교로 보는 것이 좋습니다.

성령을 받은 사람은 절대로 예수님의 성육신, 십자가 구속, 부활을 부인하지 않고 어떤 일이 있더라도 확신합니다.

"그러므로 내가 너희에게 알리노니 하나님의 영으로 말하는 자는 누구든지 예수를 저주할 자라 하지 아니하고 또 성령으로 아니하고는 누구든지 예수를 주시라 할 수 없느니라" (고전 12:3)

"시몬 베드로가 대답하여 이르되 주는 그리스도시요 살아 계신 하나님의 아들이시니이다 예수께서 대답하여 이르시되 바요나 시몬아 네가 복이 있도다 이를 네게 알게 한 이는 혈육이 아니요 하늘에 계신 내 아버지시니라" (마 16:16,17)

세속의 풍조 속에 역사하는 사탄

사탄(마귀)은 예수님의 복음의 진리에 대하여 사람들의 마음이 우둔하고 어두워지게 하는 '세상 신'으로 묘사되고 있습니다(고후

4:4). 그는 또 이 세상 어둠(죄)의 왕국의 임금이며(요 12:31), 온 천하를 꾀는 자(계 12:9)입니다. 사탄은 무수한 악한 영들을 동원하여 사람들로 하여금 하나님에 관한 거짓 증언들을 믿게 하고, 하나님의 말씀을 믿지 못하게 하고, 불순종하게 하며, 영적 암흑에 가둬두기 위해서 육적인 일에만 혈안이 되게 합니다. 성경은 사탄의 세력에 속한 영들을 실수의 영들, 공포의 영들, 깨끗지 못한 영들, 악한 교훈과 사상과 풍조를 만들어내고 그것을 추종하게 하는 영들, 이단이 되게 하는 영들에 대해서 언급하고 있습니다.

사탄은 또 '공중권세 잡은 자'로 불리는 데(엡 2:2) 모든 방법으로 예수 그리스도의 통치를 반대하며 훼방하며, 악한 정치제도를 손아귀에 넣어 기독교를 박해하는가 하면, 뉴에이지와 포스트모더니즘 같은 시대사조를 만들어 복음을 대적하기도 하고, 마약, 섹스산업, 물질만능주의, 인명경시풍조, 도덕불감증, 폭력, 테러 등을 성행하게 합니다. 뿐만 아니라 사탄은 종교라는 안전한 도구를 사용하여 지구상의 사람들을 미혹합니다.

성경은 예수 그리스도만이 하나님께 나오게 하는 유일한 길이요 진리요 생명이라고 선언합니다(요 14:6). 또한 예수 그리스도 외에는 인간이 구원받을 만한 다른 이름을 우리에게 주신 일이 없다고 선포합니다(행 4:12).

그럼에도 불구하고 세상에는 구원에 이르게 한다는 무수한 종교가 있습니다. 유대교, 회교, 불교, 힌두교, 유교, 라마교, 통일교, 몰몬교, 여호와의 증인, 신천지…… 그들은 저마다 자기들이 신봉하는 종교만이 구원에 이르는 진리라고 주장합니다. 그러나 성경적으로 볼 때 그들은 사탄의 도구에 불과합니다. 또한 우리나라의 조상숭배나 샤머니즘의 영적 배후도 사탄이라는 사실을 직시해야 할 것입니다.

사탄의 직접공격 방법

사탄이 그리스도인들을 공격하는 방법에는 여러 가지가 있는데 그중에서 가장 보편적으로 사용하는 방법은 박해라는 직접적인 공격으로 성도를 괴롭혀 하나님과의 관계를 끊어놓으려고 함으로써 하나님을 대적하는 방법이 있습니다. 이 방법은 기독교 초기인 1세기부터 21세기인 현대까지 사용해 온 사탄의 가장 기본적인 공격방법입니다.

2천 년 동안 그리스도인들은 국가반역, 불순세력, 혁명적 음모, 법 파괴 등의 명목으로 박해를 당해왔습니다. 대개 복음이 처음 들어간 국가나 도시에서는 복음에 대하여 강력한 반발을 나타내며 근거 없는 기소를 조작하여 기독교를 박해했으며, 복음을 믿는 수많은 사람들의 목숨을 앗아갔거나 고문과 괴로움을 주었고 인권을 유린했습니다. 그런 일이 생기면 그리스도인들은 진실로 믿는 신자와 거짓으로 믿는 신자가 드러납니다. 복음을 진실로 믿는 신자들은 목숨을 잃어가면서도 믿음을 지켰지만, 그렇지 않은 사람들은 고문이나 죽음의 위협을 두려워하여 신앙을 부인하고 동료 신자들을 고발하기도 했습니다. 이런 일들은 이미 예수님께서 예언하신바 있습니다(마 10장).

마귀의 또 다른 직접공격 방법은 신자들의 몸, 마음, 영을 여러 가지 방법으로 고통을 가하고 괴롭힘으로서 무기력하게 하여 하나님 섬기는 것을 훼방하며 하나님을 대적하는 일입니다. 육체적 질병과 정신적 영적 질환의 원인을 정확하게 분별하는 것은 매우 어렵습니다. 그러나 이러한 질병들이 발병하는 시기, 증상, 원인 등을 자세히 살펴보면 사탄에 의한 것인지 단순한 질병인지를 분간할 수 있습니다.

욥의 경우도 사탄의 직접적인 공격방법에 의한 것이었습니다. 그런데 대개의 그리스도인들은 대부분의 육체적 질병과 마찬가지로 심리적인 증상에 대해서도(이를테면 절망감, 좌절감, 우울증 등) 사탄의 공격이라고 생각하지 않는 경향이 있습니다. 그러나 신자들의 깊은 좌절감과 절망감과 우울증의 배후에는 사탄의 세력에 의한 공격이 많음이 드러났습니다. 위대한 설교자 찰스 스펄전Charles Spurseon은 깊은 절망감은 가장 고통스러운 경험이라고 하면서 사탄의 공격이라고 말했습니다.

스펄전은 루터가 느꼈던 동일한 갈등에 대하여 언급하면서 이렇게 썼습니다. "루터의 영은 가끔 하늘 칠층 꼭대기까지 올라갔다가 절망의 나락으로 떨어졌다…… 그는 흐느끼면서 잠이 들기도 했다."

그러나 루터 자신은 이 문제에 대하여 매우 실용적이고 현명하게 대처해 나갔습니다. 그는 이렇게 말했습니다. "마귀와 다투지 말라. 모든 주제(절망감의 원인을 제공하는 것들)를 떨쳐버리는 것이 차라리 낫다…… 친구를 찾아 그와 별 볼일 없는 일(사소한 일)에 대하여 환담하라…… 그리고 먹고, 춤추고, 웃고, 노래하라…… 혼자 있는 시간을 피하라…… 육체적 노동을 하라. 적당한 육체노동은 영적 정신적 쉼을 제공하기도 한다."

이러한 자세는 절망감을 유발하는 사탄의 공격에 대한 건전한 반응이 될 수 있습니다. 우리는 질병을 유발시키는 네 가지 다른 요인의 상호작용을 인식할 필요가 있습니다. 즉 육체적 요인들인 질병, 피로, 영양실조, 생리적 불균형과 심리적 요인들인 선천적 성격, 기질(다혈질, 우울질, 담즙질, 점액질)과 타락한 심성과 마귀의 공격이 서로 작용하여 질병을 유발시킨다는 것입니다. 그러므로 어떠한 병이 생겼을 때 한 가지 치료형태보다 여러 가지, 즉 전인격의 치료가 적절한 회복에 유효할 것입니다.

참소와 모함

사탄은 박해나 영적 육신적 질병들의 직접공격 외에 간접공격
도 시도하는 데, 그것은 하나님의 일을 교란하는 일, 참소하는 일
과 모함하는 일입니다. 하나님의 성령의 역사에 대한 반대작업은
교회 밖에서뿐 아니라 교회 안에서도 옳니다. 즉 성령을 거스르는
일들이 교회 안에서 무수히 행해질 수 있다는 것입니다. 성령에 의
한 일들을 사탄에 의한 일이라고 무시하거나 대적하기도 하며, 사
탄에 의한 일들을 성령에 의한 일이라고 대접받기도 하는 일이 종
종 일어납니다.

사탄은 신자와 신자, 혹은 목회자와 신자, 혹은 목회자와 목회자
사이를 부지런히 왕래하면서 오해를 야기하고, 진리를 왜곡되게
하고, 거짓을 진리로 둔갑하게 하고, 서로 대적하게 하며 미워하게
하고 다투게 하고 시험에 들게 하고 분열되게 합니다. 바울은 하나
님의 이름과 말씀이 훼방을 받지 않게 하기 위하여 그리스도인들
이 자기들의 행위를 주의하여 살펴야 한다고 권면했습니다(딤전
6:1).

사탄은 참소하는 자인 동시에 모함꾼입니다. 신자들의 마음을
불신감으로 채워주고, 죄와 연약함을 지나치게 의식하게 하고 그
래서 늘 자기 정죄감, 낮은 자존감, 절망감에 빠지게 합니다. 또한
하나님을 모욕하는 생각과 악한 생각들이 들게 하여 신자를 괴롭

힙니다. 특히 주일을 앞두거나, 예배와 기도시간에 더욱 그렇습니다. 뿐만 아니라 예배를 드리지 못하도록 집안사람이나 친구가 찾아와서 교회출석을 못하게 하거나, 예배시간에 다른 생각이 나게 해서 설교에 집중하지 못하게 하고, 졸음이 쏟아지게도 하며 아이들이 울거나 싸우도록 하는 등 여러 가지로 훼방합니다. 또는 교회에 대해서 자꾸 부정적인 생각을 갖게 하거나, '나 같은 엉터리 신자는 믿어봐야 소용없으니 일찌감치 포기하자'는 마음이 들게 하여 교회출석을 그만두게 하기도 합니다. 기타 여러 가지 방법으로 사탄의 세력(어둠의 세력)은 신자들을 직접, 간접으로 공격하여 믿음에서 떨어져 나가도록 유도합니다.

사탄이 신자들을 모함하고 참소하는 다양함과 열심과 노력과 끈질김은 선거전을 치르는 정치인들이 상대정당후보를 이기기 위하여 참소하고 모함하고 훼방하는 것에 비할 바가 아닙니다. 이처럼 사탄은 사람이 구원에 이르는 것을 싫어하며 방해합니다. 그것은 역설적으로 구원에 이르는 것이 그토록 중요하다는 의미입니다.

전복

하나님은 진리의 하나님이십니다. 그러나 사탄은 그리스도인들, 특히 교회에서 영향력 있는 인물들을 사용하여 하나님의 진리의 말씀을 편협하고 경직되고 완고한 율법적 신앙, 혹은 미신적으로 신비적인 신비주의 신앙, 혹은 개인의 형통과 축복에만 치우친 기복신앙으로 전복시킵니다. 또한 교회에서의 영향력 있는 인물들은 대개 자기가 옳고 다른 사람이 틀렸다고 너무 확신하는 사람이 많기 때문에 형제 된 다른 사람을 혹평하고 매도하기 쉽습니다.

하나님은 평화의 하나님이십니다. 그러나 사탄은 우리의 연약함을 도용하여 우리로 하여금 평화를 만드는 사람(화평케 하는 자)이 되게 하는 것이 아니라, 평화를 즐기려고만 하는 자가 되도록 합니다. 그래서 갈등을 해결하려고 하기보다는 갈등을 회피하려고만 하고 서로의 관계에서 생기는 긴장을 해결하지 못하게 합니다. 교회 내에서 혹은 교회 밖에서 동료 신자가 이웃 간에 갈등을 유발하게 하고 그것을 해결하려고 하지 않고 무조건 회피하며 서로 외면하게 하고 다른 교회로 떠나게 하고 교제를 끊어놓는 일이 얼마나 많은지요. 많은 신자들이 이러한 사탄의 술책에 넘어가면서도 그것이 사탄의 술책인줄 깨닫지 못하고, 서로의 관계에서 생기는 갈등을 해결하려고 하지 않습니다. 하나님은 갈등을 회피하라고 하시는 것이 아니라 적극적으로 부딪쳐 해결하라고 하십니다. 그래야 화평케 하는 자가 되는 것이며 사탄에게 승리하는 것입니다.

그리스도인들도 모두 실수를 범할 수 있는 연약한 사람들입니다. 실수와 죄를 범하지 않는 완벽한 신자는 없습니다. 따라서 신자들은 대부분 사물을 완벽하게 판단하지 못합니다. 그러기 때문에 교회 안팎에서의 인간관계에서 긴장과 갈등을 야기할 수 있습니다. 그럴 때 사탄은 그것을 이용하여 서로의 관계를 파괴시키려 하고 교회를 파괴시키려 합니다. 그럴 때 그리스도인들은 겸손과 정직과 사랑과 용서를 가지고 긴장과 갈등을 해결하려고 하는 피나는 노력을 아끼지 말아야 합니다. 그래야 관계가 회복될 뿐 아니라 사탄에게 승리하게 되며 하나님께 영광 돌리게 됩니다. 문제가 생겼을 때 피하는 게 좋다, 부딪치지 않는 게 좋다는 생각은 평화를 만들어내는 것이 아니라, 평화를 즐기기만 하고 근본적으로는 평화의 관계를 파괴시키려는 사탄의 전복술책에 넘어가는 것입니다.

위조의 명수

사탄은 허위조장술이 뛰어난 존재입니다. 사탄은 뛰어난 허위조장술로 하나님의 일을 혼란시키고 신자들을 미혹하여 넘어뜨립니다. 사탄의 허위조장술의 또 다른 피해는 하나님의 순수한 성령운동까지 불신하게 만들어 성령훼방죄를 범하게 하는 것입니다. 사탄은 '빛의 천사'로 가장하여(고후 11:14) 신자들을 '미혹하게 하는 영과 귀신의 가르침'으로 유혹함으로써(딤전 4:1) 신자들을 율법주의 혹은 방종의 노예, 신비주의의 노예로 전락시킵니다. 사탄은 연약하고 분별력이 없는 그리스도인들을 속여 자기가 '의의 일꾼'

인 것처럼 행동하며(고후 11:15), 모든 능력과 표적과 거짓 기적과 불의의 모든 속임으로 활동하고 있습니다(살후 2:9).

사탄은 또 사람들을 거짓종교(사이비종교)로 유혹하는 데 그것은 겉으로 볼 때 기독교임이 틀림없는 형태를 갖추고 있을 수도 있습니다. 그러니까 많은 사람들이 속아 넘어가는 것이지요. 그러나 그 안에는 결정적인 복음이 없습니다. 복음이 없는 기독교는 겉으로 볼 때 아무리 훌륭해 보여도 생명력이 없는 사이비기독교에 불과합니다.

현대의 기독교는 순수한 성령운동과 병행하여 한편에서는 무수한 비복음적인 신비주의 운동과 동양종교의 신비주의가 독버섯처럼, 전염병처럼 퍼지고 있습니다. 특히 동양종교의 신비주의는 종교의 명분이 아닌 뉴에이지운동과 포스트모더니즘 운동에 편승하여 문화현상으로, 특히 대중매체를 통하여 무차별로 사람들에게 침투하여 세뇌시키고 있습니다. 더군다나 이런 것들은 정통교회의 영적 무기력현상 때문에 점점 더 기승을 부리고 있습니다.

신약성경시대 이후 교회사의 내용이 바로 이런 것입니다. 사도들과 속사도들과 교부들은 영지주의적 이단들과 신비적 종교들을 미혹하는 것들, 적그리스도의 영들, 실족하게 하는 영들이라고 말하며 정신을 바짝 차리라고 경고했습니다. 신약의 많은 서신서들은 사망하게 할 이단을 가만히 끌어들이는 거짓선지자들에 대하여 자주 경고하고 있습니다(벧후 2:1).

거짓선지자들이나 그들의 메시지를 믿고 따르는 사람들은 '진리를 대적하며 마음이 부패하며 믿음에 관하여는 버리운 자들'(딤후 3:8)이라고 사도 바울은 경고했습니다. 예수님께서는 당신의 재림이 가까울수록 더욱 거짓그리스도들과 거짓선지자들이 들끓어 할 수만 있다면 택하신 백성들까지도 미혹하기 위하여 혈안이 될 것이라고 예언하셨습니다(마 24:5,11,24). 그들은 모두 광명의 천사로 위장한 사탄의 하수인들입니다. 현대교회는 1세기 때에 비교할 수 없을 만큼 사탄에 의한 위조된 영적 현상이 만연되어 있습니다.

유혹자

사탄은 하나님의 백성을 유혹함으로 그들을 파멸시키려고 부단히 노력합니다. 사탄은 성경에서 유혹자라고 부르기도 합니다. 사탄은 그리스도인들을 유혹하여 거짓진리를 믿게 하고, 시험에 들게 하고, 방탕한 삶을 살게도 하고, 간음에 빠지게 하고, 이웃에게 거짓증거를 하며, 육신의 정욕, 안목의 정욕, 이생의 자랑에 사로잡혀 살게도 하고, 남을 시기하며, 교만에 빠지며, 물질과 권세의 노예가 되게도 하고, 우상숭배에 빠지게도 합니다. 그리하여 그리스도인으로서 허약한 삶을 살게 합니다.

가장 극복하기 어려운 유혹은 세속적 물질주의, 즉 세련되고 풍요로운 삶에 대한 끊임없는 동경과 갈망과 성취욕일 것입니다. 그들에게 신앙이란 단순히 전체적인 삶 가운데 지극히 일부분을 차지하는 취미생활에 불과합니다. 따라서 그들은 그리스도의 제자로서의 삶을 회피하며 단지 주일에 한 번 교회에 출석하는 것으로 만족합니다. 그것도 특별한 일이 없을 때에 한해서입니다.

그리스도인은 이 세상 안에서 살도록 부름 받았지만 이 세상 가치에 순응하도록 부름 받은 것은 아닙니다. 그러므로 신자들은 성경적인 가치관과 세상의 가치관에 대한 구분을 바르게 할 수 있어야 합니다. 세상적 가치관에 따라 사는 그리스도인들은 그들 마음속에 있는 예수님을 추방하는 것입니다. 세상의 정치, 경제, 문화, 예술, 산업, 레저, TV, 언론 등은 세상의 입장에서 볼 때 나쁜 일이 아니고 꼭 필요한 것이지만 본질적으로는 사탄의 지배하에 있는 세상에 속해있습니다. 그 일에 종사하는 사람들의 의식이 성경적 (기독교적) 가치관으로 바뀌지 않는 한(그리스도의 통치하에 들어가지 않는 한) 그 모든 것은 세상나라에 속한 것이고 하나님 나라에 대항하는 것입니다.

예수님께서는 세상나라에 속한 사람들의 삶의 모습을 예리하게 포착하셨습니다.

이러한 모습이 세상나라에 속한 삶의 전부입니다. 예수님께서
는 그들이 탐욕스러웠으며, 간음했으며, 도박했으며, 살인했다고
말씀하지 않으셨습니다. 물론 당시의 사람들이 그런 악한 행위를
하지 않았기 때문이 아닙니다. 그 시대는 하나님께서 인간의 창조
를 후회하실 만큼 죄악이 관영했던 시대였습니다(창 6:1-6).

그러나 예수님께서는 노아시대 사람들의 단지 일상적이며 단순
한 일들만을 언급하시면서 그 시대의 심판을 상기시켰습니다. 그
시대의 사람들은 노아가 방주에 들어가고 홍수가 나서 모든 사람
들을 다 멸하실 때까지 그러한 평범한 삶을 계속했습니다. 세속적
가치관으로 볼 때 먹고, 마시고, 시집가고 장가가고, 집 짓고 사고
파는 일은 지극히 당연한 일이고 오히려 그런 일을 이상하게 여기
는 것이 정상이 아닙니다. 그러나 성경적 가치관으로 볼 때 그들의
삶 속에는 하나님이 전혀 없었습니다. 그들은 하나님을 밀어내고
하나님을 제외한 모든 일에 몰두했던 것입니다. 노아와 그의 가족
들만 예외였습니다. 그것은 창조주 하나님이 보실 때 하나님의 창
조의 목적을 완전히 거역하는 죄악이었습니다. 하나님은 언제나
인간의 삶의 중심에 자리 잡고 계셔야 할 분입니다.

문제는 먹고, 마시고, 시집가고, 장가가고, 집 짓고, 돈 버는 일들

을 피하라는 것이 아닙니다. 그런 일들은 인간의 생존수단으로 누구나 피할 수 없는 일이며 당연한 일입니다. 그런 일들의 중심에 하나님이 계셔서 하나님의 가치관에 따라 살아가도록 해야 한다는 것입니다. 그러나 사탄은 사람들로 하여금 하나님을 삶의 중심에서 밀어내고 사람의 주인이 되어 세상의 가치관인 육신의 정욕과 안목의 정욕과 이생의 자랑에 따라 세상과 벗하며 살도록 유혹하여 하나님의 진노의 대상이 되게 한다는 것입니다(약 4:4).

그리스도인이 된다는 것은 그러한 하나님이 진노하시는 삶에서 돌이켜(회개하고) 하나님을 삶의 중심에 모시는 삶을 살겠다는 뜻입니다. 예수 그리스도 안에서, 그 분의 십자가를 통하여 신자들은 세상에 대하여 못 박혔고 세상은 신자들에 대하여 못 박혔다고 바울은 말했습니다(갈 6:15). 즉 예수를 믿는 사람은 더 이상 세상가치관에 따라 사는 사람이 아니라는 것입니다. 새로운 세상(하나님 나라)의 시민이 되었기 때문입니다.

유혹을 이기는 법

실제로 성경적 가치관을 따라 하나님, 또는 예수님을 삶의 중심에 모시고 살기 위해서는 그 분의 성령으로 하여금 자신의 삶을 다스리게 하고, 계속해서 예수님을 닮아가도록 순종하여 헌신해야 합니다. 그리스도인은 하나님과 세상을 동시에 따를 수 없고 똑같이 사랑할 수 없습니다(마 6:24). 어느 한쪽으로 치우칠 수밖에 없습니다. 그런데 사탄은 그리스도인으로 하여금 세상 쪽으로 치우치도록 끊임없이 유혹합니다. 그리스도인들은 그러한 사탄의 유혹과 끊임없이 싸워야 예수님 중심, 하나님 중심의 삶을 지속적으로 살 수 있습니다. 자신의 힘으로 싸우는 것이 아니라 자신 안에 계신 성령께 도움을 구하고 기도하며 말씀을 믿고 그 분을 의지할 때 사탄과의 영적 전투에서 이길 수 있습니다.

"그런즉 너희는 하나님께 복종할지어다 마귀를 대적하라 그리하면 너희를 피하리라" (약 4:7)

귀신들림

사탄과 그의 세력은 하나님의 형상을 따라 피조 된 인간을 사로잡음으로써 하나님을 대적하며 조롱하기도 합니다. 사탄은 살인자요(요 8:44), 무저갱의 사자의 자격으로 하나님의 일을 파괴하려고 노력하고 있습니다.

악한 영에 의하여 사로잡힌 인간의 인격과 육신이 파멸해가는 현상은 경악스러운 일입니다. 복음서에도 그러한 현상이 자주 기록되어 있습니다. 더러운 귀신들린 사람이 귀신에 의하여 이리저리 끌려 다니다가(불 가운데로, 물 가운데로) 예수님의 명령으로 귀신이 즉시 그 사람에게서 쫓겨났습니다(눅 4:33-36). 군대라고 스스로 밝힌 귀신들은 그 사람으로 하여금 몸에 둘린 사슬과 착고를 끊고 광야로 나가게도 하며 무덤가에서 살게도 하다가 마지막에 예수님에게 발견되어 쫓겨나게 되자 그 귀신들은 모두 2천 마리나 되는 돼지 떼에게로 들어가 돼지 떼가 발작하여 한꺼번에 물에 빠져죽는 바람에 돼지 키우던 사람들이 골탕 먹은 일도 있습니다(눅 8:26-33).

더러운 귀신에 사로잡힌 소년은 귀신에 의하여 고통을 당하며 자주 넘어지고 경련을 일으켰습니다. 예수님 앞에 그 소년이 나오자 귀신은 예수님의 명령을 받고 그 소년에게서 떠나갈 때 그 소년으로 하여금 경련을 일으키고 거품을 흘리게 한 후 심히 상하게 하고서야 나갔습니다.

그런데 귀신은 쫓겨나간다고 해도 안심할 수 없는 존재입니다. 쫓겨나갔다가 다시 돌아오되 깨끗이 청소되어 있지만 텅 비어 있는 것을 보면 일곱 귀신을 데리고 와서 머물게 될 것이라고, 그리하여 그 사람의 나중 형편이 전보다 더 심하게 나빠질 것이라고 예수님은 말씀하셨습니다(눅 11:24-26). '텅 비어 있다는 것'은 예수님을 믿는 믿음과 말씀으로 채우지 않은 상태를 의미합니다. 굳센 믿음과 하나님 말씀으로 채워진 마음에는 귀신이 들어와 사로잡을 수 없지만 믿음도 없고 말씀도 없는 상태로 그냥 놔두면 귀신들의 처소가 되기 쉽다는 말씀입니다.

귀신들린 현상은 예수님 시대뿐 아니라 오늘날에도 여전히 존재합니다. 많은 그리스도인들과 설교자들은 귀신들린 상태에 빠진 사람을 종종 목격할 수 있습니다. 그들은 자신의 인격을 귀신에게 빼앗긴 채(때로 본정신이 돌아올 때도 있지만 귀신들린 상태가 지속될수록 점점 귀신의 인격에 지배당하는 시간이 많아짐) 하나님을 모독하고 광포하고 추악한 언행을 하는 데 그 사람의 평소 언행과 전혀 다른 생소한 목소리와 행동을 하게 됩니다.

종종 신비주의적 종교행위, 강신술, 초혼술, 샤머니즘 행위를 좇던 사람들 중에 귀신들림 현상이 있고, 교인들 중에도 신비주의, 은사주의에 치우친 사람들 중에 그런 현상이 일어날 수 있습니다. 귀신들린 현상은 다른 방법으로는 구원할 수 없고, 예수 그리스도의 이름으로 귀신에게 명할 수 있으며, 기도의 싸움으로 귀신을 쫓아낼 수 있습니다. 악령에 붙잡혔던 사람이 예수님에게 돌아와 구원을 얻는 일은 예수님 시대뿐 아니라 지금도 여전히 일어나고 있습니다.

제도와 권력과 세상 풍조와 사탄

사탄은 인간의 제도를 통하여 활동하여 개인을 굴욕스럽게 만들며, 사회적 정치적 제도를 통하여 활동하며 사람들에게 고통을 가하며, 특히 교회에 불이익을 초래하여 그리스도인들을 괴롭힙니다. 예를 들어 국가에서 국가고시나 무슨 자격시험을 치게 한다든지, 무슨 행사를 하게 함으로써 관련된 기독교인들로 하여금 주일을 범하도록 만듭니다.

사탄은 또 인간의 타락한 육욕을 자극시켜 세상을 성적으로 부패시키며 할 수만 있다면 그리스도인들도 성적 타락, 성적 범죄에 빠져들게 합니다. 성적 부패와 타락의 배후에는 반드시 사탄의 세력이 있음을 기억해야 합니다. 성적 부패와 타락을 통하여 사탄은 인간이 하나님의 선물인 성을 왜곡하여 하나님을 대적하며 가정과 사회와 국가를 병들고 파괴시키도록 부추겨 하나님의 진노와 심판을 초래하도록 합니다. 노아시대, 소돔과 고모라의 심판이 그 좋은 예입니다. 그러므로 인간은 사탄의 세력과 싸우며 그 궤계를 물리치면서 선하고 바른 삶, 하나님의 창조의 질서를 지키고 하나님의 의도대로 살도록 힘써야 하는 데 그 일을 바르게 수행할 사람들이 그리스도인들입니다. 사탄이 그리스도인들을 타락하도록 부추기는 일은 그러한 일들을 수행하지 못하게 하기 위함입니다.

무엇보다도 인간이 물질주의적 삶에서 헤어나지 못하고 집착하게 하여 하나님보다 돈을 사랑하고, 하나님보다 돈을 의지하고, 하나님보다 돈을 바라보며, 자랑하며 살도록 부추깁니다. 남녀노소 모든 사람들이 돈에 집착하는 배후에는 사탄이 있습니다. 오늘날

돈처럼 사탄의 좋은 도구가 되는 것은 없습니다. 돈은 누구에게 사용되느냐에 따라 엄청난 선도, 엄청난 악도 창출되는 도구가 될 수 있습니다. 사탄은 사람들로 하여금 돈을 악하게 벌고 악하게 사용하도록 유도합니다. 그리하여 돈으로 하여금 파괴적인 힘을 발휘하도록 합니다. 그리스도인들은 돈을 선하게 벌고 선하게 사용하여 자신과 세상에 선한 결과를 끼쳐야 하는 데, 자칫하면 그리스도인들도 사탄의 유혹에 빠져서 돈에 대하여 잘못된 자세를 갖게 되고 하나님과 세상에 범죄하게 됩니다.

또한 사탄의 세력은 전쟁, 테러, 살인, 학살 같은 일들의 배후에 역사하고 있으며 사람들로 하여금 시기와 증오심의 노예가 되게도 합니다. 이 땅에서 우리를 미워하고 박해하는 사람들이 있다면 그들이 우리의 원수가 아닙니다. 그들의 배후에 있는 사탄이 바로 우리의 원수입니다. 그러기 때문에 예수님께서 우리에게 원수를 사랑하라고 말씀하셨으며 박해자들을 위하여 기도하라고 말씀하신 것입니다. 사도 바울도 "우리의 싸움은 혈과 육에 대한 것이 아니라 정사와 권세와 이 어두움의 세상 주관자들과 하늘에 있는 악의 영들에게 대함이라"(엡 6:12)고 했습니다. 혈과 육은 곧 인간을 말합니다. 그리스도인들은 사람을 향해 싸우는 자가 되지 말고, 국가와 사회구조와 인간을 지배하는 영적 권세자인 사탄의 세력과 영적 전투를 하는 자들이 되어야 한다는 뜻입니다.

영적 전투는 그 규모와 강도와 증후가 매우 다양하고 미묘하기 때문에 그리스도인들은 영적 분별력을 위하여, 영적인 권세를 행하기 위하여 하나님께 특별히 기도해야 합니다.

영적 투사가 되는 길

신약성경은(특히 서신서들) 영적 전투에서의 승리를 위하여 유용한 교훈들을 많이 언급하고 있습니다.

적을 알 것

사탄의 유혹과 공격에 대하여 말하면서 바울은 "우리가 그 궤계를 알지 못하는 바가 아니로다"(고후 2:11)라고 말했습니다. 그리스도인들은 사탄의 세력의 성격과 전략에 대해서 익숙해야 합니다. 그렇지만 하나님과 예수 그리스도를 제쳐놓고 늘 사탄에 관한 것만 몰두해서는 안 됩니다. 그렇게 되는 것도 사탄의 궤계 중의 하나입니다. 그러나 사탄의 파괴적인 속성, 사탄의 활동영역, 사탄의 궤계에 관한 여러 가지 특징 등에 대해서 절대로 소홀하거나 잊어서는 안 됩니다. 사탄은 신자들이 시험에 들게 하는 데 혈안이 되어 있으므로 예수님께서는 "시험에 들지 않게 깨어 기도하라"고 꾸벅꾸벅 조는 제자들에게 경고하셨습니다(마 26:41). 그리고 주기도문에서 "우리를 시험에 들게 하지 마옵시고 다만 악에서 구하옵소서"(마 6:13)라고 가르쳤습니다.

하나님의 사랑 안에 머물 것

유다는 마지막 때에 나타날 기롱하는 자들, 당을 짓는 자들, 육에 속한 자들, 성령이 없는 자들에 관하여 말하면서 하나님께서 "능히 너를 보호하사 거침이 없게 하시고 너희로 그 영광 앞에 흠이 없이 즐거움으로 서게 하실 분"이심을 확신케 합니다(유 1:24,25). 또한 "사랑하는 자들아 너희는 너희의 지극히 거룩한 믿음 위에 자기를 건축하며 성령으로 기도하며 하나님의 사랑 안에서 자기를 지키며 영생에 이르도록 우리 주 예수 그리스도의 긍휼을 기다리라"(유 1:20,21)고 당부했습니다.

만약 우리가 그리스도 안에서 빛 가운데 행한다면 어둠의 권세를 두려워할 이유가 없습니다. 예수 그리스도를 확실히 믿고 그 분과 연합된 사람은 이 세상의 어떤 악의 힘도 두려워할 이유가 전혀 없습니다. 왜냐하면 그 분은 사탄의 권세를 깨뜨리신 분이며, 승리하신 분이며, 창조주이시기 때문이며, 우리는 그 분의 사랑 안에 거하기 때문입니다.

자신이 하나님의 사랑 안에 거한다는 사실을 확신하는 사람은 영적 전투에서 승리할 수 있는 사람입니다.

그리스도 안에서 강할 것

사도 바울은 에베소 교회 신자들을 향하여 "너희가 주 안에서와 그 힘의 능력으로 강건하라"(엡 6:10)고 했고, 예수 그리스도는 "모든 정사와 권세와 능력과 주관하는 자와 이 세상뿐 아니라 오는 세상에 일컫는 모든 이름 위에 뛰어나며 또 모든 만물을 그 발 아래 복종시키신다"(엡 1:21)고 했습니다. 그러므로 예수 그리스도를 믿는 사람은 모두 영적 투사가 될 수 있으며 사탄의 세력과 영적으로 싸울 때 예수님을 힘입어(믿음으로) 승리할 수 있습니다. 왜냐하면 예수님은 사탄과 비교할 수 없을 만큼 크신 분이기 때문입니다. 사도 요한은 그 점에 대해서 "너희 안에 계신 이(예수 그리스도)가 세상에 있는 이(사탄)보다 크다"(요일 4:4)고 말했습니다.

특별히 그리스도인이 사탄에 대하여 승리하는 것은 예수님의 십자가 안에서입니다. 왜냐하면 예수님께서 사탄과 싸워 승리하신 것이 십자가에서였기 때문입니다. 예수님은 십자가로 말미암아 사탄의 권세인 죄와 죽음에 대해서 이기셨고 죄인들을 구원하여 하나님과 화평하게 하여 주셨습니다.

"그의 십자가의 피로 화평을 이루사 만물 곧 땅에 있는 것들이나 하늘에 있는 것들이 그로 말미암아 자기와 화목하게 되기를 기뻐하심이라" (골 1:20)

예수님께서 십자가에서 흘리신 피는 사탄의 권세인 죄악과 죽음을 무력화하는 대속의 피요, 멸망할 죄인들에게 새 생명을 주는 피입니다. 그러므로 예수님의 피, 곧 어린양의 피야말로 사탄의 권세를 물리치는 능력입니다.

"또 우리 형제들이 어린 양의 피와 자기들이 증언하는 말씀으로써 그(사탄)를 이겼으니……" (계12:11)

사람을 사탄의 속박으로부터 해방시키는 십자가의 능력은 정말 큽니다. 사탄과 그의 세력(귀신들)이 제일 두려워 떠는 것이 십자가인 것은 사탄의 세력과 실제적으로 전투를 해본 사람이면 모두 실감하게 됩니다. 사탄에게 가장 치명적인 것은 십자가입니다. 예수 그리스도의 십자가 구속을 믿어 십자가 신앙이 확고한 사람을 사탄은 두려워하며 물러갑니다. 사탄이 제일 싫어하고 두려워하는 성경구절도 예수 그리스도의 십자가에 관한 구절, 예수께서 흘리신 피에 관한 구절입니다. 그러므로 사탄은 할 수만 있다면 사람들로 하여금 예수님의 십자가의 복음을 듣지 못하게, 깨닫지 못하게, 믿지 못하게 하려고 방해합니다. 예수 그리스도께서 우리를 위하여 십자가 위에서 승리하셨습니다. 우리는 그러므로 십자가 안에 굳게 설 수 있으며, 그것을 기뻐해야 하며 증거해야 합니다. 그것이 곧 사탄을 저지하는 방법이요 영적 싸움의 기초입니다.

성령 충만할 것

사도 바울은 에베소 교인들에게 "열매 없는 어두움의 일에 참여하지 말 것"과 "지금은 때가 악하다"고 경고하면서 "오직 성령의 충만을 받으라"고 촉구했습니다(엡 5:1-8). 열매 없는 어두움의 일에 참여하지 말라는 말은 사탄에게 끌려 죄를 범하지 말라는 것이고, 때가 악하다는 말은 우리가 살고 있는 이 세대는 배후에 있는 사탄의 역사로 말미암아 죄악이 만연하다는 뜻으로, 성령 충만하지 못하면 사탄과의 전투에서 이길 수 없으므로 성령 충만하라는 것입니다.

성령 충만은 성령과 일체를 이루는 인격과 삶을 뜻합니다. 그렇게 되면 자신의 육신적 자아에 따라 살지 않고, 성령의 인도하심을 민감하게 따르고 성령을 의지하는 영적인 삶을 살게 됩니다. 육신적인 삶을 사는 사람은 사탄의 포로가 되기 쉽고 결코 성령 충만이 될 수 없습니다. 그리스도인은 모든 삶의 영역에서 오직 성령님만 의지하는 상태가 되어야 합니다. 만약에 그리스도인이 매일 매순간 예수님의 보혈에 의하여 자신의 죄를 씻지 아니하고 성령 충만해지기를 원치 않는다면 결코 악한 자(사탄)를 이길 수 없습니다.

마음의 균형을 유지할 것

바울은 에베소 교인들을 향해서 "성령의 충만을 받으라"는 동일한 문맥에서 "세월을 아끼라", "때가 악하니라"(엡 5:16-18), 그리고 "잠(영적 잠)에서 깨어나라"(술 취하지 말라)고 촉구했습니다. 유다도 그리스도인들로 하여금 의심하는 자에게 확신을 주며 다른 사람들(불신자들)을 불에서 건지라고 권면했습니다(유 1:20-23). 이러한 권면들은 다른 말로 모든 그리스도인들이 우주적 영적 전쟁에 참여하여 잠시라도 영적으로 해이해지지 말라는 권면이기도 합니다. 우리는 매일 주님의 뜻이 무엇인지, 무엇을 행하기를 원하시는지를 알 필요가 있습니다. 아이작 와츠Isaac Watts는 "사탄은 게으른 사람이 무엇인가 큰 재난을 일으키기를 기대한다"고 말했고, 칼 융Carl Jung은 "서두르라…… 마귀가 있다"고 말했는데 주목해야 할 말들입니다.

중요한 것은 마음의 균형입니다. 예수님은 마지막 순간까지 마음의 균형을 잃지 않으셨습니다. 예수님은 너무 서두르신 적도 없고 너무 늦추신 적도 없으며, 너무 정신없이 바쁘신 적도 너무 한가한 적도 없으며, 종종 정진하시기 위한 후퇴와 우회를 시도하셨습니다. 예수님의 영혼은 언제나 고요했고 평화로우셨습니다. 예수님은 부지런하셨지만 성급하지는 않으셨고, 경계는 하셨지만 긴장하지는 않으셨습니다. 예수님은 그렇게 마음의 균형을 유지하면서 하나님께서 맡기신 일을 온전히 성취하셨습니다. 그러한 예수님의 균형에 사탄은 틈을 비집고 들어올 수가 없습니다.

잘못된 인간관계를 바로잡을 것

교회는 죄인들의 사귐입니다. 죄인들은 서로에게 상처를 입힙니다. 그것은 피할 수 없는 일입니다. 그러므로 예수님은 용서의 필요성을 가르치셔야 했습니다. 바울은 우리가 분을 낼 것이라는 것을 알았습니다. 그러므로 분한 마음은 될 수 있으면 빨리 버려야 합니다. 어떤 사람에게 화가 나 있으면 가능한 한 속히 화를 풀어야 합니다. 화를 안 내고 살아갈 수만 있다면 그것처럼 좋은 일은 없겠지만 우리가 사는 세상은 죄로 가득 찼고, 우리와 관계된 사람들은 죄인이기 때문에 화나는 일을 만나는 것은 불가피한 일입니다.

그러므로 현명한 그리스도인이 되려면 화내는 일, 분내는 일을 잘 처리할 줄 알아야 합니다. 화날 일을 만나면 '과연 이것이 화낼 일일까?'라고 다시 한 번 생각해 보고, 화를 낸 후에 있게 될 불편한 심리적 고통에 대해서 생각해 보고할 수만 있다면 화내고 분내는 일을 달래는 것이 좋고, 불가피하게 화를 냈다면 빨리 마음을 풀어 상대방과의 불편한 관계가 오래가지 않도록 하는 것이 현명합니다. 그래야 분한 마음으로 말미암아 마귀가 틈타지 못하도록 차단할 수 있습니다. 그 문제에 대하여 주님께 도움을 구해야 하며 분한 마음은 죄이므로 회개해야 합니다.

그리스도인들은 또 자신의 마음을 그리스도의 사랑 안에서 다른 사람들을 향하여 개방하고 있어야 합니다. 나에게 무슨 일이 일어났는지, 내가 어떤 일을 겪고 있는지를 다른 동료 신자들이 모른다면 그들은 나에게 아무런 도움도 줄 수 없습니다. 하나님께서는 우리의 당면한 어려움을 도우시고 해결해 주실 때 다른 그리스도인들을 통하여 응답해 주시는 일이 많기 때문입니다. 그러므로 그리스도인들이 다른 동료 신자들에게 마음을 닫고 개방하지 않으면 그만큼 하나님의 은혜를 차단하는 불이익을 당하게 됩니다.

영적 전쟁에서 승리하기 위해서는 반드시 다른 동료신자들을 향하여 마음을 개방해야 합니다. 혼자서 하는 싸움보다 두 사람,

혹은 여럿이 힘을 합하는 싸움이 승리할 수 있다는 것은 지극히 상식적인 일입니다. 내가 넘어질 때 다른 사람이 나를 일으켜 세울 수 있고, 그 사람이 넘어질 때 내가 일으켜 세울 수 있다는 사실을 기억하십시오. 그리스도인들은 함께 기도해야 하며, 서로 의지해야 하며, 사랑 안에서 연합하여 사탄과의 영적 전쟁에 임해야 합니다.

하나님의 전신갑주를 입을 것

하나님께서는 사탄과의 영적 전투에서 우리가 필요로 하는 모든 방어도구들을 주셨습니다. 진리의 허리띠, 의의 흉배, 구원의 투구, 믿음의 방패, 성령의 검, 평안의 복음의 신……(엡 6:10–18) 우리가 만일 하나님께서 예비해 주신 이와 같은 도구들을 적절하게 사용할 줄만 안다면 우리는 영적 전투에서 승리할 것입니다. 문제는 이와 같은 도구들(하나님의 전신갑주)을 하나님으로부터 받은 줄도 모르고, 사용할 줄도 모르는 그리스도인들이 너무 많다는 것입니다. 예수님께서 사탄과의 영적 전투에서 온전히 승리하실 수 있었던 것은 이러한 도구들을 적절하게 사용하셨기 때문입니다. 예수님께서는 광야에서 사탄이 시험했을 때 하나님의 검(성령의 검)을 휘둘러 마귀를 무찌르셨고, 사도행전의 사도들도 하나님이 주신 전신갑주를 사용하여 사탄의 세력과 싸워 승리하곤 했습니다.

사탄은 복음의 진리를 두려워하며, 죄를 멀리하는 정결한 사람을 두려워하며, 구원의 확신이 분명한 사람을 무서워하고, 평안의 복음 즉 평화를 가져오는 사람을 두려워하고, 믿음이 꿋꿋한 사람을 해치지 못하며, 하나님의 말씀을 굳게 의지하고 있는 사람, 말씀에 순종하는 사람을 쓰러뜨리지 못합니다.

끊임없이 기도할 것

사도 바울은 하나님의 전신갑주를 취하여 입으라는 말끝에 "모든 기도와 간구를 하되 항상 성령 안에서 기도하고 이를 위하여 깨어 구하기를 항상 힘쓰며 여러 성도를 위하여 구하라"(엡 6:18)라고 권면했습니다. 기도의 뒷받침이 있을 때 그러한 영적인 무기들이 제대로 효력을 발휘할 수 있다는 것입니다. 만약 기도에 소홀하여 그리스도인들이 하나님과의 밀접한 관계를 상실한다면 영적 전투에서 결코 승리하기 어려울 것입니다. 우리는 매일 기도해야 하며 매순간 기도하는 마음으로 깨어있어야 합니다. 기도는 그리스도인의 영혼의 호흡이며 생명력입니다. 기도로 하나님을 의지하며 신뢰하며 도움을 청하며 구하는 바를 말씀드리며, 힘을 얻으며 그분과 교제해야 하며, 성령의 충만함을 얻어야 합니다. 예수님께서는 종종 밤이 맞도록(밤을 새워) 기도하셨고, 기도를 통하여 하나님과 대면하셨고, 기도를 통하여 순종하셨으며, 하나님께서 맡기신 일을 이루셨습니다.

초대교회의 폭발적인 부흥과 박해를 극복한 일과 이방선교에서의 영적 전투는 기도 없이는 불가능한 일이었습니다. 기도는 하나님 앞에 겸손의 표시이며 연약함에 대한 고백이며 하나님의 방법대로 살겠다는 표시이며 하나님의 도우심 없이는 아무 일도 할 수 없다는 표시입니다. 그러나 기도만큼 영적 전투에서 신자를 강하고 능력 있게 하는 것은 없습니다. 그것이 기도의 역설입니다.

찬양

영적 전투에서 또 하나의 강력한 무기는 찬양입니다. 여호사밧은 적과의 전쟁에 임했을 때 군사를 제일 앞에 세운 것이 아니라, 하나님을 찬양하는 찬양대를 군사보다 앞에 세워 행진할 때 찬양하게 했습니다(역대하 20장). 그 전쟁에서 하나님은 여호사밧의 군대에게 큰 승리를 안겨주셨습니다.

사울에게 임했던 악신은 다윗의 비파와 찬양소리에 물러갔습니다(삼상 16:23). 시편 기자들은 "즐거운 소리로 하나님께 외칠지어다"(시 47편), "호흡이 있는 자마다 여호와를 찬양하라"(시 150:6)고

했으며, 다윗은 "내 영혼아 여호와를 송축하라 내 속에 있는 것들아 다 그의 거룩한 이름을 송축하라 내 영혼아 여호와를 송축하며 그의 모든 은택을 잊지 말지어다 그가 네 모든 악을 사하시며 네 모든 병을 고치시며 네 생명을 파멸에서 속량하시고 인자와 긍휼로 관을 씌우시며 좋은 것으로 네 소원을 만족하게 하사 네 청춘을 독수리 같이 새롭게 하시는도다(시 103:1-5)라고 찬양했습니다.

하나님을 찬양하는 것의 유익함이 여기에 다 들어있습니다. 다윗은 찬양의 사람, 찬양의 용사였습니다. 다윗의 영적 전사로서의 탁월함의 비밀은 찬양에 있었음을 기억해야 합니다. 사탄의 세력, 어둠의 세력이 가장 싫어하고 두려워하는 것 중의 하나가 그리스도인들이 하나님 아버지와 주 예수 그리스도를 찬양하는 소리입니다. 찬양의 기본자세는 하나님께 영광 돌리는 것이라는 사실을 기억하십시오.

영적 성장

그리스도인은 육신의 생명만을 가진 존재가 아니라 영적인 생명을 가진 자들입니다. 누구든지 예수 그리스도를 믿고 거듭난 사람은 그 속에 영적 생명이 있습니다. 사람의 육신이 모태에서 태어나면 자라듯이 거듭난 영적 생명도 자라도록 되어 있습니다. 어린아이가 해마다 자라듯이 영적인 생명도 시간이 흐른 만큼 자라야 마땅합니다. 10년 전에 거듭난 사람이라면 십 년 만큼 성장해 있어야 하고, 일 년 전에 거듭난 사람이라면 일 년 만큼 성장해 있는 것이 자연스러운 일입니다.

그러나 실제로 신자의 영적 성장 상태를 보면 반드시 그렇지만은 않습니다. 영적 성장이 눈에 띄는 사람이 있는가하면 마냥 그대로 있는 경우도 흔합니다. 각자가 영적으로 성장할 수 있는 영양소를 부지런히, 충분히 섭취했느냐 그렇지 않았느냐에 달려있습니다.

영적 영양소

육체적으로 잘 자라지 않거나 약한 아이는 잘 먹지 않고 활동성이 부족한 것처럼 영적 성장도 그와 똑같다고 할 수 있습니다. 건강한 영적 성장의 필수요건은 영적인 자양분의 공급원이 되는 성경말씀을 얼마나 규칙적으로 읽고 묵상하고 배웠는가에 있습니다. 수세기 동안 사람들은 개인적으로 성경을 소지할 수 없었던 시대가 있었습니다. 그때는 성직자만 성경을 소지할 수가 있었습니다. 그래서 성직자가 읽어주고 해석해 줄 경우에만 하나님의 말씀을 들을 수 있었습니다. 그러나 불행하게도 그 시절의 성직자들은 대부분 성경을 올바로 해석해서 들려주지 못하고 자기들의 목적을 위하여 성경을 인용하고 신자들로 하여금 맹목적으로 복종할 것을 요구하는 일이 많았습니다.

성경을 볼 수 없었던 신자들은 성직자들이 무슨 말을 하던 그것이 거짓말인지 참 진리인지 확인하지 못하고 무조건 복종할 수밖에 없었습니다. 그래서 지옥에 가지 않으려면 돈을 주고 죄를 용서받는 면죄부를 사라는 말을 믿고 그대로 따랐던 시절이 있었습니다. 그 시대에 비하면 지금의 신자들은 얼마나 다행스럽고 행복한지 알아야 합니다. 이 시대의 신자들은 헤아릴 수 없이 많은 성경을, 그것도 이전보다 정확히 번역된 성경을 소유할 수 있습니다. 한국어, 영어, 중국어, 히브리어, 헬라어 등으로 번역된 성경을 쉽게 구입해서 비교하며 볼 수 있는 축복을 누리고 있습니다. 또한 성경이 필요한 사람에게 얼마든지 선물할 수 있습니다.

하나님은 신자에게 성경을 통하여 말씀을 들려주시기를 원하시며, 잘못과 죄를 깨닫기를 원하시며, 회개하기를 원하시며, 위로하시며, 격려하시며, 지혜를 주시고 성장하기를 원하십니다. 믿음으로 성경을 꾸준히 보는 사람은 많은 지혜를 얻게 됩니다. 그것은 하나님께서 분명히 약속하신 것입니다(약 1:5-8).

믿음으로 읽어야

성경을 읽을 때 가장 중요한 요소는 믿음입니다. 성경은 인간의 생각이나 상식이나 논리도 아니며 인간의 지혜도 아니며 살아계신 하나님, 곧 인격자이신 하나님의 말씀입니다. 그러므로 성경말씀을 그대로 믿을 때 그 말씀대로 이루어지는 것입니다. 만약 하나님 말씀대로 이루어지지 않는다면 하나님이 거짓말하신 것이 아니라 읽는 사람이 믿음을 갖지 않았기 때문입니다(히 4:2). 야고보는 두 마음을 품지 말라고 했는데(약 1:8) 두 마음을 품는다는 것은 믿지 않고 의심하며 갈등하는 마음을 말합니다.

많은 사람이 믿음이란 마음속에 머무는 것이라고 생각합니다. 그러나 성경은 믿음은 마음속에 머무는 것이 아니라 행위로 나타나는 것이라고 합니다. "행함이 없는 믿음은 죽은 것"(약 2:26)이라고 했습니다. 여기서 죽은 것이란 아무런 효력도 없는 것이란 말보다 더 강한 뜻이 있습니다. 무엇이든지, 사람이든 동물이든 식물이든 죽은 것은 보기 흉합니다. 죽은 것은 썩어 악취를 풍깁니다. 행함이 없는 믿음은 바로 썩어서 악취를 풍기듯 흉하다는 것입니다.

히브리서 11장의 주제는 믿음인데 거기에 나오는 믿음의 사람들은 두 마음을 품은 사람도 아니요, 마음속으로만 믿은 사람도 아니요, 행함으로 나타낸 믿음의 사람들이었습니다. 믿음은 맡기고 의지하고 순종하는 것입니다. 믿음의 두 가지 요소는 맡기는 것과 순종하는 것입니다. 그것은 인생의 중대한 문제에서부터 아주 사소한 부분까지 하나님께 맡기고 순종하는 것을 의미합니다. 대부분의 신자들은 사소한 일들은 내 힘과 내 방법으로 하고, 자기가 할 수 없다고 생각되는 일을 만나면 믿음을 동원하는 경우가 많습니다. 그것은 성경적인 믿음이 아닙니다.

내 삶의 모든 영역에서 하나님과 상관없는 일은 아무것도 없으며 하나님 없이 할 수 있는 일은 아무것도 없다는 자세로 사는 것이 믿음입니다. 성경은 "믿음으로 좇아 하지 아니하는 모든 것이 죄니라"(롬 14:32)고 말씀하고 있습니다. 그런데 믿음은 들음에서 난다고 했습니다(롬 10:17). 하나님 말씀을 믿음으로 계속 듣고 읽음으로써 믿음이 지속되며 성장합니다. 하나님 말씀은 살아있는 생명이요 하나님은 인격이기 때문입니다(히 4:11). 누구든지 하나님 말씀을 듣지도 않고 읽지도 않는다면 믿음이 지속될 수 없고 성장할 수도 없습니다.

성경은 혼자 읽는 것도 중요하지만 함께 모여 읽고 나누는 것도 중요합니다. 또한 체계적으로 성경을 배우는 것도 중요합니다. 같은 하나님 말씀이라도 혼자 읽는 때와 다른 사람과 함께 읽고 각자에게 주신 깨달음을 나눌 때와 또 함께 성경을 공부하면서 깨닫는 것은 많은 차이점이 있으며 색다른 은혜를 체험하게 됩니다. 그럼으로써 하나님 말씀이 각자에게 어떻게 역사하고 적용되는지 그 넓이와 깊이와 다양함에 대해서 배우게 되고 영적으로 충분한 영양을 공급받으며 성장하게 됩니다.

기도와 찬양

그 다음 영적인 생명이 자라기 위한 요소는 기도와 찬양입니다. 우리의 육신이 호흡을 함으로 생명을 유지하듯이 영적 생명도 호흡 없이는 유지될 수 없습니다. 하나님 말씀이 영적 생명이라면 기도는 영적 호흡입니다. 양식과 호흡은 생명을 유지하는 데 없어서는 안 될 절대적 요소입니다. 신자는 항상 기도하는 자세로 살아야 합니다. 하나님 말씀과 기도는 성령님과 밀접한 관계가 있습니다. 성령님은 항상 말씀과 기도 속에 역사하십니다. 성령 충만한 신자는 하나님 말씀을 가까이하며 말씀대로 행하기를 힘쓰며 기도하는 자세로 사는 사람입니다. 하나님 말씀을 가까이하지 않고 말씀대로 순종하기를 힘쓰지 않으며 기도하지 않는 신자가 성령 충만한 경우는 없습니다.

찬양은 곡조가 있는 기도이며 신앙고백이며 하나님을 기뻐하고 즐거워한다는 표시입니다. 하나님을 사랑하며 감사하며 즐거워하는 마음으로, 하나님을 믿고 의지하는 마음으로 찬양하기를 즐겨한다면 성령으로 충만해질 것이고 자신의 내면에서 평화와 기쁨과 힘이 솟아오름을 느낄 것입니다.

성령님의 내주

예수님은 신자와 떨어져 있으면서 이따금씩 방문하는 분이 아님에도 대부분의 신자들은 예수님께서 이따금씩 자신을 방문하는 것으로 생각하고 있습니다. 그것은 성경적인 신앙이 아닙니다. 한 번 예수님을 구주로 믿고 영접하였으면 그때부터 신자와 늘 함께 계십니다. 그것을 성령의 내주하심이라고 하는 데 성령님이 신자의 마음속에 늘 계신다는 뜻입니다. 성령님은 교회 건물 안에 계시는 분이 아니라 예수님을 믿는 신자의 마음속에 계시는 분입니다. 그러므로 신자가 곧 성령의 전이라고 성경은 말씀합니다(고전 3:16; 6:19). 성령님이 신자 안에 계시다는 것은 예수님이 신자 안에 계시다는 것과 같은 뜻이며, 하나님이 신자 안에 계시다는 것과 같은 뜻입니다. 하나님은 삼위일체로 계시기 때문입니다. 이는 상징적인 의미로 함께 하신다는 것이 아닌 실제 상황을 의미합니다.

하나님은 인격이십니다. 인격은 지성과 의지와 감성을 가지고 있습니다. 하나님께서 신자와 함께 하신다는 것은 그 분이 신자의 삶을 영원한 생명 길로 인도하시며 신자의 삶을 주장하시며 인격적으로 깊은 교제를 나누시겠다는 것입니다. 그러므로 신자는 더 이상 자신이 주인이 되어 자신의 마음대로 자신의 방법과 힘으로 사는 자세가 아닌, 하나님께 물으며 하나님을 의지하며 순종하며 사는 사람이 되어야 합니다. 그러기 위해서 하나님과 늘 인격적인 교제, 곧 말씀을 듣고 기도함이 있어야 하는 것입니다.

어떤 사람은 평소에 예수님, 하나님, 성령님에 대해서 까맣게 잊고 지내다가 교회 와서 예배드릴 때만 비로소 하나님을 생각하고 교제한다고 생각하는 사람이 있는데 그것은 참으로 잘못된 일입니다. 신자는 늘 자신과 함께하시는 하나님을 의식하며 언제든지 순간순간 그 분과 교제(말씀, 기도, 찬양)가 있어야 합니다. 성경에 "쉬지 말고 기도하라"(살전 5:17)는 말씀은 늘 하나님(예수님, 성령님)과 동행하며 그 분과의 교제로 말미암아 그 분과 기쁨, 슬픔, 행복, 괴로움을 함께 나누며 모든 사고의 초점을 그 분께 맞추며 그 분의 인도하심과 지혜를 구하고 의지하고 맡기고 순종하라는 뜻입니다. 24시간 무릎 꿇고 기도만 하라는 뜻이 아닙니다.

기도에 관해서 알고 있어야 할 것 중의 하나는 교회에서 예배드릴 때의 기도와 일상생활에서의 기도의 언어가 항상 똑같아야 할 필요는 없다는 것입니다. 교회에서 예배드릴 때는 하나님과 예수님을 만유의 왕으로서 예배드리기 때문에 의례적인 언어를 사용할 수밖에 없지만 일상생활 속에서 함께하시는 예수님은 왕이요 주인이시지만 신자의 친근한 친구가 되어주실 뿐 아니라, 하나님은 자상한 아버지이십니다. 예수님께는 친구와 대화하듯, 하나님께는 아버지와 대화하듯 할 수 있습니다. 공식적인 기도 때에는 하나님께 은밀한 비밀얘기나 개인적인 고민거리 같은 얘기를 기도할 수 없지만 개인적인 기도 때에는 무슨 내용이든지 말씀드릴 수 있습니다. 그렇다고 해서 하나님의 뜻과는 상관없이 내가 원하는 것은 무엇이든지 요구하며 떼를 써도 된다는, 하나님(예수님)을 만만한 존재로 여겨도 된다는 뜻은 아닙니다.

신자가 하나님 말씀을 많이 읽고 자신 안에 계신 하나님을 늘 의식하며 많은 교제를 나누다보면 무엇을 기도해야 하는지 지혜가 생깁니다. 또 성령님께서 그때그때마다 기도할 것을 깨우쳐주시고 인도해주시기도 합니다. 하나님은 모든 만물의 주인으로서 뜻을 정하시고 계획하시고 이루시는 분이시며 신자 각 사람의 생각과 말과 행동을 감찰하시는 분이며 선악 간에 심판하시는 분이심을 잊어서는 안 됩니다. 신자는 하나님의 뜻과 계획을 구해야 하는 사람이지 내 뜻과 계획을 이루기위해서 하나님을 이용하려고 드는 사람이 되어서는 안 됩니다. 그런 것은 성경적인 신앙이 아니라 샤머니즘입니다. 샤머니즘적 신앙의 특징이 자신의 소원을 이루기위해서 무엇을 바치며 치성을 드리는 것인데 기독교를 잘못 이해하면 그렇게 되기 쉽습니다.

물론 신자가 하나님께 자신의 소원을 말씀드릴 수 없다는 얘기가 아니고, 소원을 갖는 것이 나쁘다는 얘기도 아닙니다. 단지 신자의 소원이 하나님의 뜻(바람)과 합한 것이어야 하고 하나님의 계획에서 벗어남이 없는 것이어야 하는 데 하나님의 뜻, 하나님의 계획은 성경을 통해서 알 수 있습니다. 하나님께서 신자에게 요구하시는 것은 구하지 아니하고 내 육신적 요구만을 소원하며 계획하며 구하는 일이 되어서는 안 된다는 것입니다.

예수님은 그것을 "너희는 먼저 그의 나라와 그의 의를 구하라 그리하면 이 모든 것을 너희에게 더하시리라"(마 6:33)고 하셨습니다. 성경의 신앙인들의 기도를 보면 대개 예수님께서 말씀하신대로 구했던 것을 알 수 있고, 그들의 기도는 응답을 받았습니다(왕상 3:7-13). 예수님이 나의 진정한 왕이요 주님이시라면 내가 원하는 것을 졸라대기보다는 그 분이 원하시는 것이 무엇인지에 대하여 관심을 가지고 그것을 소원하며 구해야 마땅할 것입니다.

생수의 강

　건강한 육체를 유지하기 위해서는 양질의 음식, 신선한 공기, 깨끗한 물이 필요합니다. 성경은 성령님을 생수에 비유합니다(요 7:37-39). 누구든지 예수님을 믿으면 성령님께서 생수의 강이 되어 신자의 속에서 흘러넘칩니다. 이는 성령님의 능력과 사역을 상징한 표현인데 성령님은 고여 있는 물처럼 가만히 계신 분이 아니라 끊임없이 안에서 밖으로 흘러넘치는 분이십니다. 다른 사람의 갈증을 해소시키고 새 생명을 주시고 치유하시고 화합하게 하시고 용서하시고 선한 열매를 맺게 하십니다. 그러므로 성령님의 생수를 받는 사람은 자기 혼자의 안일과 평안에 만족하지 않고 다른 사람과의 교제와 나눔을 원하고 예수님을 증거하며 봉사와 섬김에 대한 욕구가 생깁니다. 그럼으로써 더욱 건강하고 활기찬 신자가 되어 갑니다. 샘물은 사용할수록 깨끗한 물이 나옵니다. 그러나 사용하지 않는 샘물은 더러워지고 썩게 됩니다. 마찬가지로 성령님을 모신 사람이 자신에게 주어진 생수를 사용하지 않고 개인적인 삶에만 머물러있다면 그 신앙은 활기차지 못하고 성장하지 못하며 병이 듭니다. 건강한 육체를 유지하기 위해서는 운동이 필요한 것처럼 성령님을 모신 사람은 자신에게서 생수가 흘러넘치도록 영적 운동을 해야 합니다.

　이처럼 신자는 하나님의 뜻을 구하며 하나님께 합당한 삶을 살기 위하여, 영적 생명을 건강하게 유지하기 위해서 힘쓰며 성숙해지도록 해야 합니다. 신자들은 자신의 전 생애를 하나님의 뜻과 말씀에 비춰보면서 자신의 삶과 생각과 구하는 것과 행위가 하나님께 합당한지 살펴보아야 합니다. 신자가 하는 모든 일은 궁극적으로 주님을 위한 것, 하나님의 영광을 위한 것이어야 합니다. 그것이 성경에서 말씀하고 있는 신자의 본분이요, 복이요, 영광입니다 (고전 10:31; 고후 5:15).

신자가 하는 일을 예수님께서 합당히 여기신다면 그 일이 성공하기를 예수님은 원하시고 복을 주실 것입니다. 그러나 신자가 하는 일이 하나님 나라와 의를 구하는 것이 아니라 오히려 그 반대라면 예수님은 회개하기를 원하시며 책망하실 것입니다. 그러므로 신자는 항상 자신이 원하는 것과 행하는 일이 예수님 마음에 맞는 것인지 아닌지를 분별하게 해 달라고 기도해야 합니다. 신자가 예수님의 뜻에 초점을 맞추며 구하기만 한다면 신자가 필요한 육신에 소용되는 것들은 온전히 책임져주실 것입니다.

감사하는 삶

기독교신앙의 중요한 요소 중의 하나가 감사하는 생활입니다. 믿음이 좋다는 신자들을 보면 언제, 무슨 일을 만나든지 범사에 감사하는 것을 봅니다. 다른 사람들이 볼 때는 전혀 감사할만한 일이 못 되는 데도, 또는 아주 사소한 일에도, 혹은 오히려 불평과 원망을 해야 할 상황인데도 감사하는 것을 봅니다. 그런 사람들의 얼굴은 항상 평안과 기쁨으로 채워져 있으며 절망스러운 상황에서도 소망을 가지고 있음을 봅니다.

사람은 바라던 일이 이루어졌을 때, 또는 뜻밖에 기쁜 일이 생겼을 때 어린아이처럼 단순한 마음이 되어 감사를 느끼는 마음의 상태가 됩니다. 그러나 성경은 반드시 바라던 일이 이루어진 경우가 아니더라도, 또는 기쁜 일이 생기지 않았을지라도 믿음의 눈을 가지고 세상을 어떻게 사느냐에 따라 더욱 깊고 풍부한 감사생활을 할 수 있음을 가르쳐줍니다.

감사의 의미

감사라는 히브리말은 '호다'이고 헬라말로는 '엑소모로마이'ἐξο μόλομαι입니다. 성경에서 말씀하고 있는 감사의 참뜻을 정확히 알기 위해서는 호다와 엑소모로마이가 지니고 있는 의미를 알아야 하는 데 이 말들은 둘 다 고백한다, 찬양한다는 의미를 지니고 있습니다. 고백은 때로는 죄에 대한 회개일 수도 있겠고, 또는 도우심과 구원을 호소하는 기도일 수도 있겠고, 혹은 원하던 일이 이루어진 것에 대한 기쁨과 감사의 고백일 수도 있을 것입니다. 그렇다면 고백은 곧 기도에 해당될 수 있고 찬양과 관계있는 말이라는 사실을 알 수 있습니다. 기도와 감사와 찬양은 분리될 수 없는 밀접한 관계가 있기 때문입니다. 그러므로 호다와 엑소모로마이의 근본의미를 종합해 보면 감사와 기도와 찬양하는 것임을 알 수 있습니다. 기도와 감사와 찬양은 믿음에서 우러나오는 것입니다. 믿음이 없이는 하나님께 기도와 감사와 찬양을 할 수 없습니다.

감사의 조건

성경에 나오는 감사하는 장면을 살펴보면 두 가지 사실을 발견하게 됩니다. 그 하나는 감사할 조건이 있어서 감사하는 경우이고, 다른 하나는 감사할 조건이 없음에도(세상적으로 볼 때) 감사하는 경우입니다.

우리는 보통 바라던 일이 이루어졌을 때, 혹은 생각지도 않았던 좋은 일이 생겼을 때에 감사한 마음을 가지게 됩니다. 그것은 조건이 있기 때문에 감사하는 것이며 당연한 감사입니다. 이러한 감사는 깊은 신앙심이 없더라도 가질 수 있는 감사이기 때문에 차원 높은 감사라고 할 수 없습니다. 그러나 감사할 조건이 없어 보이는 데도(세상적으로 볼 때) 감사하는 경우는 하나님께 대한 깊은 신뢰와 사랑과 경외심이 없이는 불가능합니다. 따라서 차원 높은 감사라고 할 수 있습니다.

시편에는 '감사의 시'라고 부르는 시가 14편이 있습니다. 이 감사의 시에는 감사할 조건이 없어 보이는 데도, 오히려 그 반대로 여겨지는 데도 감사하는 내용으로 되어 있습니다(시 18, 30, 32, 34, 41, 66, 67, 75, 92, 107, 116, 118, 128, 138편). 곧 하나님께 대한 깊은 신뢰와 사랑과 경외심 때문에 감사하는 내용입니다. 이를테면 하나님께서 선하시기 때문에, 자비하시기 때문에, 긍휼이 많으시고 사랑이 많으시기 때문에, 의로우시기 때문에 감사하는 것이며 하나님의 이름이 영화롭기 때문에 감사하는 내용입니다. 물론 이것은 자신의 현실 상황을 떠나 하나님의 성품에 대해서 감사하며 그 분을 신뢰하는 내용입니다(시 18:1; 30:1; 66:1,2; 67:4; 75:5; 92:4; 118:1,6–9 등).

신자가 하나님에 대해서 더 깊이 알고 그 분을 신뢰하게 되면 어떠한 상황에서도, 시련과 고난과 위기 속에서도 감사하게 됩니다. 왜냐하면 자신이 겪고 있는 시련이나 고난이나 위기 속에서도 하나님은 함께하시며, 필요하고 유익하기 때문에 허락하신 것이고, 반드시 선한 결과가 되게 하시며, 나를 사랑하신다는 사실을 확신하기 때문입니다(롬 8:28). 그러므로 사도 바울은 범사에 감사하라(살전 5:18)고 했던 것입니다. 그러나 가장 큰 감사의 조건은 구원으로 인한 감사입니다. 죗값으로 멸망할 수밖에 없는 죄인을 구원해 주신 은혜는 감사해야 할 가장 근본적인 이유가 됩니다.

예수님은 하나님께 감사드리는 것이 무엇인지를 몸소 본을 보여 주셨습니다. 예수님은 하나님의 아들이요 세상만물의 주인이 되심에도 불구하고 세상에 사실 때 가장 가난한 상태로 사셨습니다. "여우도 굴이 있고 공중의 새도 거처가 있으되 오직 인자는 머리 둘 곳이 없다"(마 8:20)고 말씀하셨음에도 예수님은 범사에 하나님을 찬송하며 감사하는 삶을 사셨습니다.

사도 바울은 복음을 전하면서 자주 옥에 갇히고 매를 맞아 죽을 지경까지 갔었고, 굶주리기도 했으며, 핍박과 조롱과 능욕을 당하는 삶을 살면서도 항상 감사하는 삶을 살았습니다. 그는 빌립보 교인들에게 편지하면서 "주 안에서 항상 기뻐하라 내가 다시 말하노니 기뻐하라"(빌 4:4)고 강조했고, 데살로니가 교인들에게는 "항상 기뻐하라 쉬지 말고 기도하라 범사에 감사하라 이는 그리스도 예수 안에서 너희를 향하신 하나님의 뜻이니라"(살전 5:16-18)고 말했습니다.

야고보는 "내 형제들아 너희가 여러 가지 시험을 만나거든 온전히 기쁘게 여기라 이는 너희 믿음의 시련이 인내를 만들어 내는 줄 너희가 앎이라"(약 1:2)고 말했습니다.

또한 사도 베드로는 "그러므로 너희가 이제 여러 가지 시험으로 인하여 잠깐 근심하게 되지 않을 수 없었으나 오히려 크게 기뻐하도다 너희 믿음의 시련이 불로 연단하여도 없어질 금보다 더 귀하여 예수 그리스도의 나타나실 때에 칭찬과 영광과 존귀를 얻게 하려 함이라"(벧전 1:6,7)고 말했습니다.

이상으로 볼 때 신앙 안에서의 감사생활은 세상 사람들의 감사조건과 근본적으로 다르다는 것을 알 수 있습니다. 세상 사람들은 육신적(정욕적)으로 좋은 일을 만났을 때만 기뻐하고 감사하지만 기독교신자들은 육신적으로 어려운 일을 만났을 때, 세상 사람들의 감사조건과 반대상황을 만났을 때에도 감사하는 삶을 살 수 있습니다. 그것은 하나님의 사랑과 은혜를 믿기 때문이며, 그 분을 신뢰하기 때문이며, 시련과 고난도 나를 유익하게 하기 위한 하나님의 주권으로 허락되는 것임을 알기 때문입니다. 그러기에 사도 바울은 옥에 갇혀서도 기뻐하며 감사하면서 찬양할 수 있었고 야고보와 사도 베드로도 시련 중에 감사하며 기뻐했던 것입니다.

신자가 감사 대신 염려와 근심, 불평과 원망과 한숨으로 날을 보내는 것은 믿음이 없다는 증거이며 자신의 삶의 주권을 가지고 계신 하나님을 인정하지 않는다는 표시이기 때문에 죄가 됩니다. 출애굽한 이스라엘 백성이 감사 대신 원망과 불평과 한숨으로 하나님의 은혜와 사랑에 거역한 불신앙 때문에 그들의 광야생활이 40년으로 연장되었던 것을 신자는 늘 기억해야 합니다.

예수님께서는 염려는 백해무익한 것이므로 염려를 내일까지 연장시키지 말고 그 날로 국한시키라고 하셨습니다(마 6:27). 사람이 살다보면 기쁜 일을 만날 때도 있지만 염려할 일을 만날 때가 더 많습니다. 또 사람은 본능적으로 내일에 대한 불안과 궁금증과 염려하는 마음이 있습니다. 그래서 불신자들은 점도 치고 미신행위를 하므로 해결하려고 합니다. 그러나 그런 행위로서는 염려와 근심과 불안으로부터 벗어날 수가 없습니다. 전능하신 하나님께 자신의 삶을 의지하고 신뢰하며 그 분께 순종할 때 사람은 염려와 근심과 불안으로부터 벗어나고 마음의 평안을 누리며 깊은 감사생활을 할 수 있습니다.

전도서를 쓴 솔로몬은 "헛되고 헛되고 헛되고 헛되니 모든 것이 헛되도다"(전 1:1)라고 말하며 세상 것들에게서 감사의 조건을 찾지 못하였습니다. 그리고 하나님 안에서 감사의 조건을 찾았습니다(전 5:18,19; 3:12,13; 12:13). 신자들은 세상에서 감사의 조건을 찾는 사람이 아니라 하나님 안에서의 삶 속에서 감사의 조건을 찾는 사람입니다. 그렇게 될 때 깊고 아름다운 감사생활을 할 수 있으며 하나님께 영광을 돌리는 삶을 살게 됩니다.

◎ 참고문헌

기독교강요(Institution Of Christian Religion), 존 칼빈(John Calvin), 혜문사.

돈, 섹스, 권력(MONEY, SEX, POWER), 리차드 포스터(Richard Foster), 두란노서원.

치유하시는 은혜(HEALING GRACE), 데이빗 A. 씨맨즈(David Seamands), 두란노서원.

좌절된 꿈의 치유(LIVING WITH YOUR DREAMS), 데이빗 씨맨즈, 두란노서원.

탓(IF ONLY), 데이빗 씨맨즈, 두란노서원.

영적 침체(SPIRITUAL DEPRESSION ITS CAUSE AND CURE), 마틴 로이드 존스(D. Martin Lloyd-Jones), 새순출판사.

크리스천의 아는 것과 믿는 것, 박해경, 풍만출판사.

영적 학대(CHURCHES THAT ABUSE), 로널드 엔로스(Ronald M. Enroth), 생명의 말씀사.

악마의 편지들(The Screwtape Letters), C. S. 루이스, 성서연구사.

크리스챤 카운셀링(CHRISTIAN COUNSELLING), 게리 콜린스(Gary R. Collins), 두란노서원.

하나님을 아는 지식(KNOWING GOD), 제임스 I. 패커(James I.

Packer), 기독교문서선교회.

제자도(Discipleship), 데이빗 왓슨(David Watson), 두란노서원.

율법과 윤리(LAW MORALITY AND THE BIBLE), 제임스 I. 패커, 백합출판사.

위기에 처한 복음주의(THE GREAT EVANGELICAL DISASTER), 프란시스 쉐퍼(Francis A. Schaeffer), 생명의 말씀사.

현대와 크리스챤의 신앙, 손봉호, 엠마오.

한국교회와 종교개혁, 이종윤, 엠마오.

한국교회와 제사문제, 손봉호, 엠마오.

왜 신천지는 이단인가, 전민수, 영창서원.

찬양(Let Us Praise), 저드슨 콘월(Judson Cornwall), 두란노서원.

상실의 기쁨, 양승훈, CUP.

그 외.